### 국가공인자격
# 빅데이터
# 분석기사

**빅데이터 분석기사
온라인 시험문제 제공**

## 필기 1000

### 최신 출제기준 100% 반영

**빅데이터 분석 핵심 키워드로 만든
1,043개의 문제 제공**

· 최신 기출 문제와 실전 예상 문제 풀이로 비전공자도 알기
  쉽게 해설
· 읽기만 해도 저절로 학습이 되는 문제 풀이형 훈련 학습법
· 기초 문제부터 난이도 높은 문제까지 필기 시험의 바이블

인공지능교육전문출판
**STORY JOA**

황윤찬 · 김종혁 · 강필성 · 이성철 공저

## 국가공인자격
# 빅데이터 분석기사
### 필기 1000

| | |
|---|---|
| 인　　쇄 | 2022년 02월 07일 초판 1쇄 인쇄 |
| 발　　행 | 2022년 02월 10일 초판 1쇄 발행 |
| 지 은 이 | 황윤찬 · 김종혁 · 강필성 · 이성철 공저 |
| 발 행 처 | STORYJOA |
| 발 행 인 | 황윤찬 |
| 주　　소 | 서울특별시 강남구 영동대로 602 6층 C112호 (삼성동) |
| 홈페이지 | www.storyjoa.com |
| 이 메 일 | korea56@gmail.com |
| 등록번호 | 제 2020-000296호 |
| I S B N | 979-11-972490-2-0  13530 |
| 구입 및 내용 문의 | korea56@gmail.com |
| 정　　가 | 25,000원 |

본 교재는 과학기술정보통신부 및 정보통신기획평가원(IITP)에서 지원하는
「소프트웨어중심대학」사업의 결과물입니다.

- 샘플파일 다운로드
  홈페이지 : www.storyjoa.com / 인공지능 출판
  접속하시면 샘플 파일이 있습니다.
- 본 교재 소유자에 한해 무료로 받아서 보실 수 있습니다.

- 저작권법에 의하여 한국 내에서 보호를 받는 저작물이므로 무단전재와 무단복제를 금합니다.

# 저자 소개

## 황윤찬

현) 스토리조아 대표(빅데이터 분석 및 인공지능 교육)
현) 경희사이버대학교 컴퓨터정보통신학과 겸임 교수

**경력 사항**
- 숭실대학교 통계학 전공
- 서울, 대전, 부산 인재개발원, 중앙공무원 교육원 등 빅데이터 & AI 강의
- e-koreatech 빅데이터 시각화 NCS 기반 이러닝 콘텐츠 교수설계
- e-koreatech 빅데이터 기획 이러닝 콘텐츠 교수설계
- e-koreatech 통계를 활용한 빅데이터 분석 콘텐츠 교수설계

## 김종혁

현) 선문대학교 컴퓨터공학과 교수
- Ph.D in information system, Yonsei Univ. Korea, 2016
- MS in software engineering, Carnegie Mellon Univ. US, 2008
- BS in Applied Statistics, Yonsei Univ. Korea, 2004
- 2014~2019 : Kolon 빅데이터분석팀(수석팀장)
- 2011~2014 : 특허정보원 국제협력팀(수석연구원)
- 2009~2011 : M.C. Dean, Inc. Contract Dept. US(PM)

## 강필성

현) 선문대학교 컴퓨터공학과 교수
- PhD in Computer Science, Virginia Tech, 2010
- MS in Computer Science, The University of Texas at Austin, 2004
- 서울대학교 전기공학부 학사, 1996
- 고성능 컴퓨팅-병렬 시스템-양자 컴퓨팅
- 삼성전자 메모리사업부 수석

## 이성철

현) 선문대학교 컴퓨터 공학과 교수
- Ph.D in Computer Science, University of Nevada, Las Vegas, US, 2018
- MS in Computer Science, University of Nevada, Las Vegas, US, 2012
- BS in Computer Engineering, Konkuk University, Korea, 2009
- 모바일 헬스, 빅데이터, 웹 서비스

# 목 차

국가공인자격 빅데이터 분석기사 [필기] 1000

## Part 01 빅데이터 분석 기획
- 01 빅데이터의 이해 _016
- 02 데이터 분석 계획 _038
- 03 데이터 수집 및 저장 계획 _060

## Part 02 빅데이터 탐색
- 01 데이터 전처리 _092
- 02 데이터 탐색 _114
- 03 통계기법의 이해 _132

## Part 03 빅데이터 모델링
- 01 분석모형 설계 _156
- 02 분석기법 적용 _172

## Part 04 빅데이터 결과 해석
- 01 분석모형 평가 및 개선 _226
- 02 분석결과 해석 및 활용 _248

## Part 05 실전 모의고사
- 01 실전 모의고사 제1회 _268
- 02 실전 모의고사 제2회 _288
- 03 실전 모의고사 제3회 _308
- 04 실전 모의고사 제4회 _328
- 05 실전 모의고사 제5회 _348
- 실전 모의고사 정답 _368

# 국가기술자격 소개

## 관련 근거[한국데이터산업진흥원 발췌]

국가기술자격법 및 동법 시행령

## 빅데이터 분석기사 정의

빅데이터 이해를 기반으로 빅데이터 분석 기획, 빅데이터 수집·저장·처리, 빅데이터 분석 및 시각화를 수행하는 실무자를 말한다.

## 빅데이터 분석기사의 필요성

전 세계적으로 빅데이터가 미래성장동력으로 인식돼, 각국 정부에서는 관련 기업투자를 끌어내는 등 국가·기업의 주요 전략분야로 부상하고 있다.

국가와 기업의 경쟁력 확보를 위해 빅데이터 분석 전문가의 수요는 증가하고 있으나, 수요 대비 공급 부족으로 인력 확보에 어려움이 높은 실정이다.

이에 정부 차원에서 빅데이터 분석 전문가 양성과 함께 체계적으로 역량을 검증할 수 있는 국가기술 자격 수요가 높은 편이다.

## 빅데이터 분석기사의 직무

대용량의 데이터 집합으로부터 유용한 정보를 찾고 결과를 예측하기 위해 목적에 따라 분석 기술과 방법론을 기반으로 정형/비정형 대용량 데이터를 구축, 탐색, 분석하고 시각화를 수행하는 업무를 수행한다.

## 1. 시험 일정

| 구분 | 등급 | 시험명 | 접수 기간 | 수험표 발급 | 시험일 | 결과 발표 | 증빙서류 제출기간 |
|---|---|---|---|---|---|---|---|
| 빅데이터 분석기사 | 기사 | 상반(필기) | 3월 초 | 4월 초 | 4월 중순 | 5월 초 | 5월 중순 |
| | | 상반(실기) | 5월 말 | 6월 초 | 6월 중순 | 7월 중순 | - |
| | | 하반(필기) | 9월 초 | 9월 말 | 10월 초 | 10월 말 | 10월 말 |
| | | 하반(실기) | 11월 초 | 11월 중순 | 12월 초 | 12월 말 | - |

## 2. 시험 주요 내용

### (1) 필기

- 직무 분야 : 정보통신
- 중직무 분야 : 정보기술
- 자격 종목 : 빅데이터 분석기사
- 적용 기간 : 4년(2020. 1. 1.~2023. 12. 31.)
- 직무 내용 : 대용량의 데이터 집합으로부터 유용한 정보를 찾고 결과를 예측하기 위해 목적에 따라 분석기술과 방법론을 기반으로 정형/비정형 대용량 데이터를 구축, 탐색, 분석하고 시각화를 수행하는 업무를 수행한다.
- 필기 검정 방법 : 객관식
- 문제 수 : 80문항
- 시험 시간 : 120분

### 과목 1 _ 빅데이터 분석 기획 (문항 : 20, 배점 : 25)

| 필기 과목명 | 주요 항목 | 세부 항목 | 세세 항목 |
|---|---|---|---|
| 빅데이터 분석 기획 | 빅데이터의 이해 | 빅데이터 개요 및 활용 | • 빅데이터의 특징<br>• 빅데이터의 가치<br>• 데이터 산업의 이해<br>• 빅데이터 조직 및 인력 |
| | | 빅데이터 기술 및 제도 | • 빅데이터 플랫폼<br>• 빅데이터와 인공지능<br>• 개인정보 법 · 제도<br>• 개인정보 활용 |
| | 데이터 분석 계획 | 분석 방안 수립 | • 분석 로드맵 설정<br>• 분석 문제 정의<br>• 데이터 분석 방안 |
| | | 분석 작업 계획 | • 데이터 확보 계획<br>• 분석 절차 및 작업 계획 |
| | 데이터 수집 및 저장 계획 | 데이터 수집 및 전환 | • 데이터 수집<br>• 데이터 유형 및 속성 파악<br>• 데이터 변환<br>• 데이터 비식별화<br>• 데이터 품질 검증 |
| | | 데이터 적재 및 저장 | • 데이터 적재<br>• 데이터 저장 |

## 과목 2 _빅데이터 탐색

(문항 : 20, 배점 : 25)

| 필기 과목명 | 주요 항목 | 세부 항목 | 세세 항목 |
|---|---|---|---|
| 빅데이터 탐색 | 데이터 전처리 | 데이터 정제 | • 데이터 정제<br>• 데이터 결측값 처리<br>• 데이터 이상값 처리 |
| | | 분석 변수 처리 | • 변수 선택<br>• 차원 축소<br>• 파생변수 생성<br>• 변수 변환<br>• 불균형 데이터 처리 |
| | 데이터 탐색 | 데이터 탐색 기초 | • 데이터 탐색 개요<br>• 상관 관계 분석<br>• 기초통계량 추출 및 이해<br>• 시각적 데이터 탐색 |
| | | 고급 데이터 탐색 | • 시공간 데이터 탐색<br>• 다변량 데이터 탐색<br>• 비정형 데이터 탐색 |
| | 통계 기법 이해 | 기술 통계 | • 데이터 요약<br>• 표본 추출<br>• 확률 분포<br>• 표본 분포 |
| | | 추론 통계 | • 점 추정<br>• 구간 추정<br>• 가설 검정 |

## 과목 3 _ 빅데이터 모델링

(문항 : 20, 배점 : 25)

| 필기 과목명 | 주요 항목 | 세부 항목 | 세세 항목 |
|---|---|---|---|
| 빅데이터 모델링 | 분석기법 적용 | 분석기법 | • 회귀 분석<br>• 로지스틱 회귀 분석<br>• 의사결정나무<br>• 인공신경망<br>• 서포트벡터머신<br>• 연관성 분석<br>• 군집 분석 |
| | 데이터 분석 계획 | 고급 분석기법 | • 범주형 자료 분석<br>• 다변량 분석<br>• 시계열 분석<br>• 베이지안 기법<br>• 딥러닝 분석<br>• 비정형 데이터 분석<br>• 앙상블 분석<br>• 비모수 통계 |

## 과목 4 _ 빅데이터 결과 해석

(문항 : 20, 배점 : 25)

| 필기 과목명 | 주요 항목 | 세부 항목 | 세세 항목 |
|---|---|---|---|
| 빅데이터 결과 해석 | 분석 모형 평가 및 개선 | 분석 모형 평가 | • 평가 지표<br>• 분석모형 진단<br>• 교차 검증<br>• 모수 유의성 검정<br>• 적합도 검정 |
| | | 분석 모형 개선 | • 과대적합 방지<br>• 매개변수 최적화<br>• 분석 모형 융합<br>• 최종 모형 선정 |
| | 분석 결과 해석 및 활용 | 분석 결과 해석 | • 분석 모형 해석<br>• 비즈니스 기여도 평가 |
| | | 분석 결과 시각화 | • 시공간 시각화<br>• 관계 시각화<br>• 비교 시각화<br>• 인포그래픽 |
| | | 분석 결과 활용 | • 분석 모형 전개<br>• 분석 결과 활용 시나리오 개발<br>• 분석 모형 모니터링<br>• 분석 모형 리모델링 |

※ 자료 출처 : 한국데이터산업진흥원

## (2) 실기

| 실기 과목명 | 주요 항목 | 세부 항목 | 세세 항목 |
|---|---|---|---|
| 빅데이터 분석 실무 | 데이터 수집 작업 | 데이터 수집하기 | • 정형, 반정형, 비정형 등 다양한 형태의 데이터를 읽을 수 있다.<br>• 필요시 공개 데이터를 수집할 수 있다. |
| | 데이터 전처리 작업 | 데이터 정제하기 | • 정제가 필요한 결측값, 이상값 등이 무엇인지 파악할 수 있다.<br>• 결측값과 이상값에 대한 처리 기준을 정하고 제거 또는 임의의 값으로 대체할 수 있다. |
| | | 데이터 변환하기 | • 데이터의 유형을 원하는 형태로 변환할 수 있다.<br>• 데이터의 범위를 표준화 또는 정규화를 통해 일치시킬 수 있다.<br>• 기존 변수를 이용하여 의미 있는 새로운 변수를 생성하거나 변수를 선택할 수 있다. |
| | 데이터 모형 구축 작업 | 분석 모형 선택하기 | • 다양한 분석모형을 이해할 수 있다.<br>• 주어진 데이터와 분석 목적에 맞는 분석모형을 선택할 수 있다.<br>• 선정모형에 필요한 가정 등을 이해할 수 있다. |
| | | 분석 모형 구축하기 | • 모형 구축에 부합하는 변수를 지정할 수 있다.<br>• 모형 구축에 적합한 형태로 데이터를 조작할 수 있다.<br>• 모형 구축에 적절한 매개변수를 지정할 수 있다. |
| | 데이터 모형 평가 작업 | 구축된 모형 평가하기 | • 최종 모형을 선정하기 위해 필요한 모형 평가 지표들을 잘 사용할 수 있다.<br>• 선택한 평가지표를 이용하여 구축된 여러 모형을 비교하고 선택할 수 있다.<br>• 성능 향상을 위해 구축된 여러 모형을 적절하게 결합할 수 있다. |
| | | 분석 결과 활용하기 | • 최종 모형 또는 분석 결과를 해석할 수 있다.<br>• 최종 모형 또는 분석 결과를 저장할 수 있다. |

## 3. 응시 환경

- **제공 언어 : R(3.6), Python(3.6)**
  ※ 문제별로 제공 언어를 선택할 수 있으나, 단일 문제에 복수 언어 사용은 불가
  ※ 제공되는 라이브러리 및 패키지는 첨부된 리스트와 유사하며, 문제에 따라 일부 추가 가능

- **제공 환경 : 클라우드 기반 코딩 플랫폼**
  ※ 코딩 플랫폼 예시 (가나다순)
  - 구름devth (https://devth.goorm.io/)
  - 온코더 (https://www.oncoder.com/ground/r1KQacTxQ)
  - 프로그래머스 (https://programmers.co.kr/learn/challenges)

- **응시 환경 체험하기 : (응시 환경 접속은 크롬 이용)**
  - https://dataq.goorm.io/exam/116674/체험하기/quiz/1

### (1) 단답형 예시

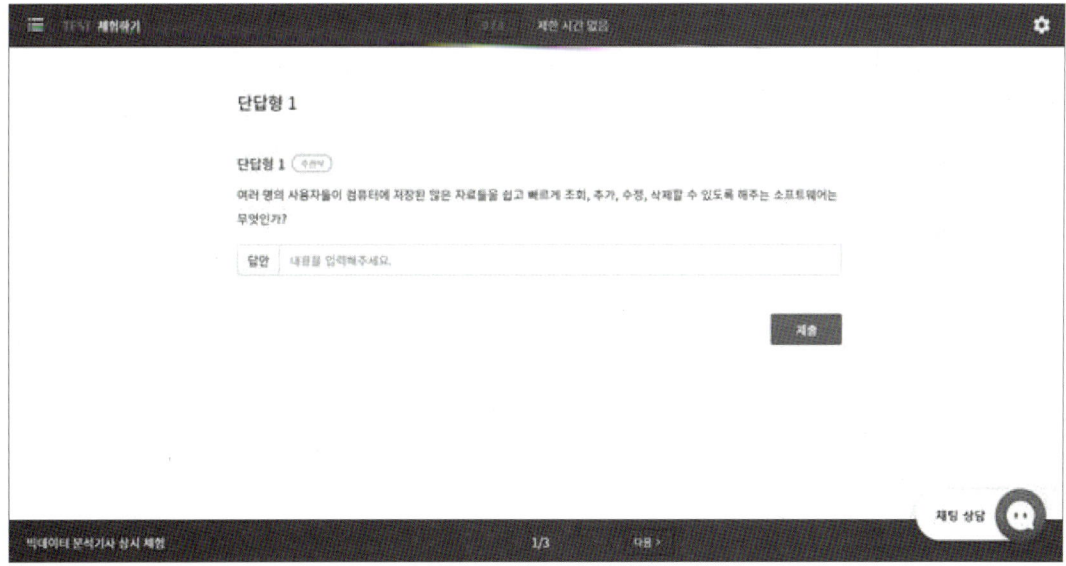

▲ 시험은 오픈북이 아니며, 별도의 레퍼런스 제공없이 응시 환경 내에서만 작업 가능

## (2) 작업형 예시

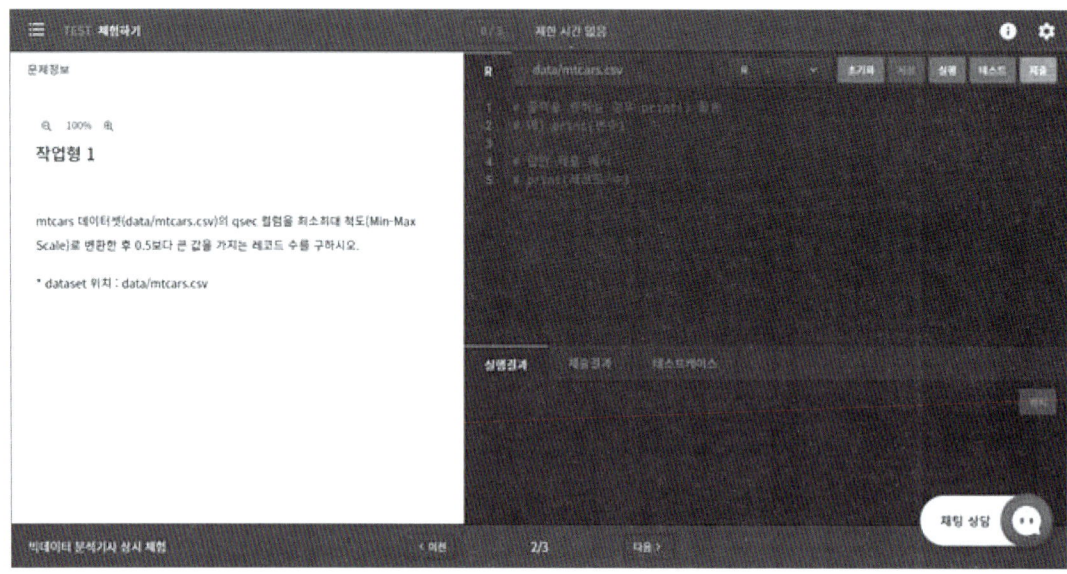

▲ (단, 응시 환경 내 help 함수 이용 가능)

- **답안 제출 방법**
  - 단답형 : 정답 입력 후 제출
  - 작업형 제1유형 : 단답형 답을 가진 변수를 print 명령어로 출력하는 코드 제출
  - 작업형 제2유형 : write.csv, to_csv 명령어를 이용하여 답안을 csv로 생성하는 코드 제출

## (3) 실기시험 문제 유형

| 유형 | | 문항 수 | 문항당 배점 | 총점 | 배정 시간 |
|---|---|---|---|---|---|
| 단답형 | | 10문항 | 3점 | 30점 | 180분 |
| 작업형 | 제1유형 | 3문항 | 10점 | 30점 | |
| | 제2유형 | 1문항 | 40점 | 40점 | |
| 합계 | | 14문항 | | 100점 | 180분 |

## (4) 합격 기준

- **필기** : 100점을 만점으로 하여 과목당 40점 이상, 전 과목 평균 60점 이상
- **실기** : 100점을 만점으로 하여 평균 60점 이상

| 구 분 | 합격 기준 | 과락 기준 |
|---|---|---|
| 필기 합격 | 100점 만점 기준 - 60점 이상 | 100점 만점 기준 - 40점 미만 |
| | 필기 합격 후 응시 자격 심의 | |
| 실기 합격 | 100점 만점 기준 - 60점 이상 | |

## (5) 응시 수수료

- 필기 : 17,800원
- 실기 : 40,800원

## (6) 응시 자격(국가기술자격법 시행령 별표4의 2)

- 다음 중 하나에 해당하는 사람
    1. 대학 졸업자 등 또는 졸업 예정자(전공 무관)
    2. 기사 등급 이상의 자격을 취득한 사람(종목 무관)
    3. 3년제 전문대학 졸업자 등으로서 졸업 후 1년 이상 직장 경력이 있는 사람(전공, 직무분야 무관)
    4. 2년제 전문대학 졸업자 등으로서 졸업 후 2년 이상 직장 경력이 있는 사람(전공, 직무분야 무관)
    5. 기사 수준 기술훈련과정 이수자 또는 그 이수 예정자(종목 무관)
    6. 산업기사 수준 기술훈련과정 이수자로서 이수 후 2년 이상 직장 경력이 있는 사람(종목, 직무분야 무관)
    7. 4년 이상 직장 경력이 있는 사람(직무분야 무관)

        ※ 졸업 증명서 및 경력 증명서 제출 필요

# 01 PART

## 빅데이터 분석 기획

 **CHAPTER 01 빅데이터의 이해**
- 빅데이터의 가치, 정형, 반정형, 비정형 데이터, DB, DBMS, DW, OLTP, OLAP
- 빅데이터 특징, 데이터 산업 구조, 데이터 사이언스, 데이터 산업의 이해
- 빅데이터 플랫폼, 크롤링, 하둡, 인공지능, 딥러닝, 비식별화, 빅데이터 조직 및 인력, 인공지능, 개인정보, 법, 제도, 개인정보 활용

 **CHAPTER 02 데이터 분석 계획**
- 분석 문제, 데이터 분석 기획, 로드맵, 상향식과 하향식, 프로토타이핑 접근, 데이터 분석 방안
- 계층적 프로세스 모델, 폭포수, 원형, 나선형, 반복, 진화 모델, KDD, CRISP-DM, SEMMA
- 분석 절차, 전처리, 정확도와 정밀도, 데이터 확보 계획, 작업 계획

 **CHAPTER 03 데이터 수집 및 저장 계획**
- 데이터 수집, 데이터 유형, 데이터 속성, 데이터 변환, 데이터 비식별화, 데이터 수집 절차, Sqoop, Scrapy, HDFS, 가명처리, 총계처리, 데이터 품질 검증, 데이터 적재, 데이터 저장, 스트리밍, NoSQL

PART 01 | 빅데이터 분석 기획

# CHAPTER 01 빅데이터의 이해

| 60문항

## 01
[2021. 3회 기출문제 유사] 빅데이터 3V

**다음 중 빅데이터의 특징에 대한 설명이 바르지 못한 것은?**

① 규모 – 정보량의 폭발적인 증가
② 다양성 – 정형·비정형·반정형으로 나눔
③ 속도 – 실시간성·가속화에 대한 데이터 분석 처리 속도
④ 가치 – 노이즈와 오류 제거로 품질 향상

**해설** 노이즈와 오류 제거로 품질 향상은 신뢰성을 의미한다. 가치는 정확성과 시간성과 관련되어 있다.
빅데이터의 특징은 3V(Volume, Variety, Velocity)이며, Veracity는 5V에 해당한다.
- 5V : Volume(규모), Variety(다양성), Velocity(속도) + Veracity(신뢰성), Value(가치)
- 7V : 5V + Validity(정확성), Volatility(휘발성)

### 핵심 키워드 검색

빅데이터는 방대한 규모의 다양한 데이터를 빠르게 처리하기 위한 특징을 가지고 있다.
- Volume(규모) : 데이터 규모가 폭증
  (byte → KB → MB → GB → TB(테라) → PB(페타) → EB(엑사) → ZB(제타)
- Variety(다양성) : 정형 데이터, 비정형 데이터, 반정형 데이터 유형의 다양화
- Velocity(속도) : 데이터를 분석하기 위한 처리 속도

빅데이터는 데이터 품질에 대한 신뢰성과 그 가치가 연구대상이다.
- Veracity(신뢰성) : 노이즈나 데이터 오류에 따른 품질과 일관성 제고
- Value(가치) : 수집된 데이터를 통해 얻을 수 있는 가치

빅데이터는 타당성이 확보되고 오랫동안 가치를 유지하고 장기적으로 활용할 수 있어야 한다.
- Validity(타당성) : 수집된 데이터에 대한 유효성과 정밀성 측정(데이터 라벨링)
- Volatility(휘발성) : 데이터가 맥락에 따라 의미나 의도가 달라질 수 있으며, 데이터 활용 가치가 오랫동안 지속될 수 있는지 판단함.

## 02

**다음 중 빅데이터의 특징에서 데이터가 맥락에 따라 의미나 의도가 달라질 수 있으며, 데이터 활용 가치가 오랫동안 지속될 수 있는지 판단하는 특징은 무엇인가?**

① Veracity(신뢰성)
② Volume(규모)
③ Value(가치)
④ Volatility(휘발성)

**해설** 빅데이터의 특징에서 데이터가 맥락에 따라 의미나 의도가 달라질 수 있으며, 데이터 활용 가치가 오랫동안 지속될 수 있는지 판단하는 것은 휘발성(Volatility)에 해당한다.

> 🔍 **핵심 키워드 검색**
>
> 01 문제 설명 동일
> - 5V : Volume(규모), Variety(다양성), Velocity(속도) + Veracity(신뢰성), Value(가치)
> - 7V : 5V + Validity(정확성), Volatility(휘발성)

## 03

DIKW 피라미드에 해당하지 않는 것은?

① 데이터  ② 통찰
③ 지혜  ④ 지식

**해설** DIKW 피라미드는 데이터(Data), 정보(Information), 지식(Knowledge), 지혜(Wisdom)를 말한다.

> 🔍 **핵심 키워드 검색**
>
>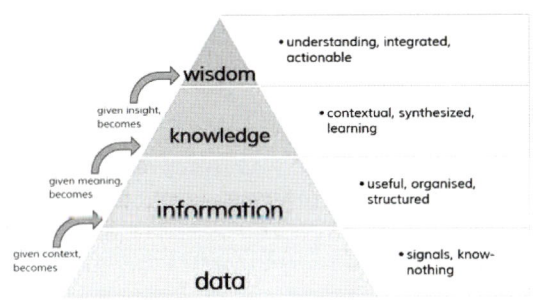
>
> Data, Information, Knowledge, Wisdom으로 이루어진 계층도
>
> - 데이터(Data) : A식당의 된장찌개 5,000원, 김치찌개 4,000원, B식당의 김치찌개 6,000원
> - 정보(Information) : A식당의 김치찌개가 더 저렴함.
> - 지식(Knowledge) : 김치찌개를 먹을 때는 A식당으로 가는 것이 유리함.
> - 지혜(Wisdom) : A식당의 다른 음식도 B식당보다 쌀 것이라고 예측

## 04

빅데이터의 가치는 현실 세계의 (　　)를 기반으로 한 (　　)과 과거 전망을 예측하여 (　　)을 제거하기 위한 것이다. 괄호 안에 들어갈 단어가 올바르게 짝지어진 것은?

① 데이터 - 패턴 분석 - 확실성  ② 데이터 - 자연어 분석 - 노이즈
③ 노이즈 - 패턴 분석 - 위험징후  ④ 데이터 - 패턴 분석 - 불확실성

**해설** 빅데이터의 가치는 현실 세계의 데이터를 기반으로 한 패턴 분석과 과거 전망을 예측하여 불확실성을 제거한다.

> 🔍 **핵심 키워드 검색**
>
> 패턴 분석, 자연어 분석

**정답** 01 ④  02 ④  03 ②  04 ④

## 05

**다음 중 빅데이터의 정의와 관련하여 가장 올바르게 표현된 것은?**

① 빅데이터는 수십 TB 이상의 정형·비정형·반정형 데이터에서 가치를 찾아 분석하는 기술이다.
② 빅데이터는 특정한 종류의 대규모 데이터에 대한 생성, 수집, 분석, 표현을 그 특징으로 한다.
③ 개인화된 현대 사회 구성원마다 맞춤형 정보를 제공, 관리, 분석이 불가능해 과거에는 불가능했던 기술을 실현시키기 어렵다.
④ 빅데이터의 순기능은 바로 사생활 침해와 보안 측면에 자리하고 있다.

**해설**
- 빅데이터는 다양한 종류의 대규모 데이터에 대한 생성, 수집, 분석, 표현을 그 특징으로 한다.
- 개인화된 현대 사회 구성원마다 맞춤형 정보를 제공, 관리, 분석이 가능해 졌으며, 빅데이터의 문제점은 바로 사생활 침해와 보안 측면에 자리하고 있다.

**핵심 키워드 검색**
정형·비정형·반정형, 맞춤형 정보, 빅데이터 문제점, 사생활 침해, 보안

## 06

**다음 중 구조적 관점의 빅데이터 유형중 정형 데이터에 속하는 것은 무엇인가?**

① RDBMS(SQL)
② XML, JSON
③ TXT
④ SNS

**해설** RDBMS는 oracle 또는 SQL과 같은 정형화된 데이터의 집합을 의미하며, 스프레드시트 데이터를 의미한다.

**핵심 키워드 검색**
RDBMS, SQL, XML, JSON, TXT, SNS

## 07

[2021. 3회 기출문제 유사] 비정형/반정형/정형 데이터 분류

**다음 중 반정형 데이터가 아닌 것은 무엇인가?**

① RSS
② JSON
③ HTML
④ 오디오, 동영상 파일

**해설** 반정형 데이터는 XML, JSON, HTML, RSS, 웹/시스템 로그, 알람, 센서 데이터를 의미하며, 비정형 데이터는 텍스트, 이미지, 동영상, 오디오, SNS, 이진파일을 의미한다.

**핵심 키워드 검색**
반정형, XML, JSON, HTML, RSS, 웹/시스템 로그, 알람, 센서, 비정형, 텍스트, 이미지, 동영상, 오디오, SNS, 이진파일

## 08

다음 빅데이터 위기 요인에 해당하지 않는 것은 무엇인가?

① 책임원칙 훼손
② 사생활 침해
③ 알고리즘 접근허용
④ 데이터 오용

**해설**
- 빅데이터 위기 요인 : 사생활 침해 · 책임원칙 훼손 · 데이터 오용
- 위기 요인에 대한 통제방안 : 알고리즘 접근 허용 · 책임 강조 · 결과기반 책임 적용

**핵심 키워드 검색**
빅데이터 위기요인, 사생활 침해, 책임원칙 훼손 · 데이터 오용, 통제방안, 알고리즘 접근 허용 · 책임 강조 · 결과기반 책임 적용

## 09

데이터에 대한 설명이 바르지 못한 것은?

① 문자, 숫자, 소리, 그림, 영상, 단어 등의 형태로 된 의미 단위
② 자료를 의미 있게 정리하면 정보가 된다.
③ 보통 연구나 조사 등의 바탕이 되는 재료
④ 자료(data)와 정보(information)는 서로 교환되어 사용하는 경우가 많이 같은 의미로 사용한다.

**해설**
- 자료(data)와 정보(information)는 서로 교환되어 사용하는 경우가 많다. 하지만 자료와 정보의 의미는 다르다.
- 정보(Information)는 데이터를 가공, 처리하여 데이터 간의 연관관계와 함께 의미가 도출되는 단계이다.

**핵심 키워드 검색**
자료, 정보, 데이터

## 10

획득된 다양한 정보를 구조화하여 유의미한 정보로 분류하고 일반화한 결과물은?

① 데이터
② 정보
③ 지식
④ 학습

**해설** 획득된 다양한 정보를 구조화하여 유의미한 정보로 분류하고 일반화한 결과물은 지식이다.

**핵심 키워드 검색**
데이터, 정보

**정답** 05 ① 06 ① 07 ④ 08 ③ 09 ④ 10 ③

## 11

다음 중 수치로 측정이 불가능한 자료인 질적 자료에 해당하지 않는 것은 무엇인가?

① 전화번호  
② 성별  
③ 혈액형  
④ 주가 지수

**해설**
- 주가지수는 양적 자료에 해당하며 수치로 측정이 가능한 자료이다.
  - 양적 자료 **예** : 온도, 지능 지수, 절대 온도, 가격, 주가 지수, 실업률, 매출액, 기업내 과장의 수 등
  - 질적 자료 **예** : 전화번호, 등번호, 성별, 혈액형, 계급, 순위, 등급, 종교 분류 등

🔍 **핵심 키워드 검색**

양적 자료, 질적 자료

## 12

다음 중 클라우드 컴퓨팅(Cloud Computing)에 대한 설명으로 바르지 못한 것은?

① 대규모 데이터의 저장소이다.
② 데이터 스토리지(클라우드 스토리지)와 컴퓨팅 파워와 같은 컴퓨터 시스템 리소스를 필요 시 바로 제공(on-demand availability)하는 것을 말한다.
③ 최소한의 관리 노력으로 빠르게 예비 및 릴리스를 가능케 한다.
④ 전기망을 통한 전력망과 비슷한 일관성 및 규모의 경제를 달성하기 위해 자원의 공유에 의존하지 않는다.

**해설** 클라우드 컴퓨팅 기술은 전기망을 통한 전력망과 비슷한 일관성 및 규모의 경제를 달성하기 위해 자원의 공유에 의존한다.

## 13

[2021. 3회 기출문제 유사] 비정형/반정형/정형 데이터 분류

다음 중 반정형 데이터에 대한 설명으로 올바른 것은?

① 대표적으로 웹 로그, 알람 데이터가 있다.
② 이미지, 오디오와 같이 값과 형식에 일관성이 없는 데이터이다.
③ 일정한 형식이나 틀이 있는 데이터이다.
④ 주로 RDB를 이용해 데이터를 저장한다.

**해설**

| 정 형 | 일정한 형식이나 틀이 있는 데이터 | 데이터베이스(RDB), 스프레드시트, CSV |
|---|---|---|
| 반정형 | 고정된 형식은 아니지만, 스키마를 포함하는 데이터 | 웹 로그, 알람 데이터 |
| 비정형 | 값과 형식이 일관성 없는 데이터 | 이미지, 오디오 |

🔍 **핵심 키워드 검색**

정형, 비정형, 반정형

## 14

다음 중 빅데이터가 정부에게 주는 가치가 아닌 것은?

① 상황 분석
② 미래 대응 가능
③ 환경 탐색
④ 혁신 수단 제공

**해설**
- 빅데이터가 주는 가치

| 기 업 | 혁신 수단 제공, 경쟁력 강화, 생산성 향상 |
|---|---|
| 정 부 | 환경 탐색, 상황 분석, 미래 대응 가능 |
| 개 인 | 목적에 따른 활용 |

**핵심 키워드 검색**
빅데이터의 가치, 기업에 대한 가치, 정부에 대한 가치, 개인에 대한 가치

## 15

다음은 데이터의 양을 측정하는 단위이다. 크기에 따라 올바르게 나열한 것은?

① TB < ZB < PB < EB < YB
② TB < PB < EB < ZB < YB
③ EB < TB < PB < YB < ZB
④ TB < EB < ZB < YB < PB

**해설** GB(기가바이트) < TB(테라바이트) < PB(페타바이트) < EB(엑사바이트) < ZB(제타바이트) < YB(요타바이트)

**핵심 키워드 검색**
데이터 양 측정 단위, GB(기가바이트), TB(테라바이트), PB(페타바이트), EB(엑사바이트), ZB(제타바이트), YB(요타바이트)

## 16

다음 중 빅데이터에 대한 영향으로 볼 수 없는 것은 무엇인가?

① 경제적 효과 증가
② 위험요소 감소
③ 정치 경제 사회 문화 융합에 대한 효과
④ 미래 예측의 불확실성 증가

**해설** 빅데이터 기술로 인해 사회현상 및 SNS로 인한 현실세계 데이터를 기반으로 한 패턴 분석과 미래 전망이 가능하며, 여러 가지 가능성에 대한 시나리오 시뮬레이션을 통해 불확실성이 감소한다.

**핵심 키워드 검색**
빅데이터 영향, 빅데이터 활용, 빅데이터 기술, 빅데이터 플랫폼

**정답** 11 ④  12 ④  13 ①  14 ④  15 ②  16 ④

## 17

데이터의 재사용, 데이터의 재조명, 다목적용 데이터 개발 등이 일반화되면서 특정 데이터를 언제 누가 어디서 활용하였는지 알 수 없어서 가치 산정이 어려워진 것은 무엇에 대한 문제인가?

① 데이터 활용 방식
② 새로운 가치 창출
③ 분석 기술 발전
④ 데이터 관리 체계

**해설**
- 빅데이터를 측정하는 3가지 방식

| 데이터 활용 방식 | 데이터의 재사용, 데이터의 재조명, 다목적용 데이터 개발 등이 일반화되면서 특정 데이터를 언제 누가 어디서 활용하였는지 알 수 없어서 가치 산정이 어려움 |
|---|---|
| 새로운 가치 창출 | 빅데이터 시대에 데이터가 기존에 없던 가치를 창출하여 가치 산정이 어려움 |
| 분석 기술 발전 | 비용 문제로 인해 분석할 수 없었던 것을 저렴한 비용에 분석하면서 활용도가 증가하여 가치 산정이 어려움 |

**핵심 키워드 검색**
빅데이터를 측정하는 3가지 방식, 데이터 활용 방식, 새로운 가치 창출, 분석 기술 발전

## 18

복잡한 비즈니스 문제에 대해 모델링하고 인사이트를 통해 통계학, 알고리즘, 데이터 수집 및 분석 기법 등을 통해, 그 속에서 가치를 찾아낸다는 뜻을 가진 단어는?

① 데이터 사이언티스트
② 데이터 아키텍처
③ 시그니처
④ 데이터 프로세싱

**해설** 데이터 아키텍처(DA, Data Architecture)란 기업의 모든 업무를 데이터 측면에서 처음부터 끝까지 체계화하는 것이다. 시그니처 파일은 텍스트, 그래픽스, 이미지, 오디오, 비디오 등의 멀티미디어 데이터는 하이퍼미디어 시스템, 전자 도서관 시스템, 홈 쇼핑 시스템, 의료 정보 시스템 등을 말함.

**핵심 키워드 검색**
데이터 사이언티스트, 데이터 아키텍처, 시그니처

## 19

다음 중 빅데이터 시대에서 발생할 수 있는 빅데이터 기반 분석과 예측 기술이 발전하면서 정확도가 증가하여 발생할 수 있는 침해 종류는 무엇인가?

① 사생활 침해
② 책임 원칙 훼손
③ 데이터 오용
④ 데이터 통제

**해설** 빅데이터 시대 위기 요인으로는 사생활 침해, 책임 원칙 훼손, 데이터 오용이 있다.
예측 기술과 빅데이터 분석 기술의 발전은 분석 대상이 되는 사람들이 예측 알고리즘의 희생양이 될 수 있으며 이를 책임 원칙 훼손과 관련된 침해 사유로 볼 수 있다.

🔍 **핵심 키워드 검색**

빅데이터 침해 종류, 빅데이터 시대 위기 요인, 사생활 침해, 책임 원칙 훼손, 데이터 오용

## 20

**다음 사건 중에서 연관규칙학습에 해당하는 것은 무엇인가?**

① 음료수 구매자는 초콜릿을 더 많이 구매하는가?
② 학습자는 어떤 특성을 갖는가?
③ 시청률 증가를 얻기 위해 어떤 프로그램을 어떤 시간대에 방송해야 하는가?
④ 새로운 배송 정책에 대한 고객의 평가는 어떠한가?

**해설**
- (유형 분석) 학습자는 어떤 특성을 갖는가?
- (유전 알고리즘) 시청률 증가를 얻기 위해 어떤 프로그램을 어떤 시간대에 방송해야 하는가?
- (감성 분석) 새로운 배송 정책에 대한 고객의 평가는 어떠한가?

🔍 **핵심 키워드 검색**

연관 분석, 유형 분석, 유전 알고리즘, 감성 분석

## 21

**정보 검색을 목적으로 구축된 데이터베이스를 무엇이라고 하는가?**

① DW : 데이터 웨어하우스
② ERP : 기업 자원 관리
③ CRM : 고객 관계관리
④ BI : 데이터 기반 의사결정을 지원하기 위한 리포트 중심의 도구

**해설**
- DW(데이터 웨어하우스) : 정보 검색을 목적으로 구축된 데이터베이스
- ERP : 기업 자원 관리
- BI : 데이터 기반 의사결정을 지원하기 위한 리포트 중심의 도구
- BA : 경영 의사결정을 위한 통계적이고 수학적 분석에 초점을 둔 기법
- CRM : 고객 관계관리

🔍 **핵심 키워드 검색**

DW(데이터 웨어하우스), ERP, BI, BA, CRM

**정답** 17 ② 18 ① 19 ② 20 ① 21 ①

## 22

**빅데이터 조직 구조의 설계 특성 중 가장 옳지 않은 것은?**

[2021. 3회 기출문제 유사] 빅데이터 조직 구조

① 의사소통 및 조정
② 직무 전문화
③ 공급망 관리
④ 통제 범위

**해설** 조직 구조를 설계할 때는 공식화, 분업화, 직무 전문성, 통제 범위, 의사소통 및 조정 등의 특성을 고려한다.

🔍 **핵심 키워드 검색**

빅데이터 조직 구조

## 23

**기업 애플리케이션 통합을 의미하는 것은 무엇인가?**

① EAI
② EDW
③ SCM
④ KMS

**해설**
- EAI : 기업 애플리케이션 통합을 의미함
- EDW : 회사 내 방대한 양의 데이터를 다차원적으로 신속하게 분석하여 필요한 정보에 용이하게 접근, 활용할 수 있게 하는 시스템
- SCM : 공급망 관리
- KMS : 지식 관리 시스템

🔍 **핵심 키워드 검색**

EAI, EDW, SCM, KMS

## 24

**분석의 지속적 개선/개발, 확산 및 서비스 관리로 지속적 분석 고도화, 분석과제 추가발굴 등 기업 문화로 정착, 안정적으로 분석 운영에 필요하며 체계적인 관리의 중요성에 대한 필요에 의해 데이터를 관리할 수 있는 조직 및 서비스를 구축하는 데이터 관점에서의 관리 체계를 무엇이라 하는가?**

① 데이터 인벤토리
② 데이터 거버넌스
③ 데이터 품질 관리
④ 메타데이터 관리

**해설** 데이터 거버넌스(data governance)란 전사적인 차원에서 보유하고 있는 모든 데이터에 대해 관리 정책, 지침, 표준, 전략 및 방향을 수립하고, 데이터를 관리할 수 있는 조직 및 서비스를 구축하는 데이터 관점에서의 IT 관리 체계(IT 거버넌스)를 의미한다.

🔍 **핵심 키워드 검색**

데이터 거버넌스, 데이터 인벤토리, 메타데이터, 데이터 품질 관리

## 25

[2021. 3회 기출문제 유사] 데이터 웨어하우스 특성

**다음 중 데이터 웨어하우스의 4가지 특성이 아닌 것은 무엇인가?**

① 주체 지향성
② 데이터 통합
③ 데이터의 시계열성
④ 데이터의 휘발성

**해설**
- 데이터 웨어하우스는 기업내 의사결정 어플리케이션에 대한 정보 기반 중심의 통합된 데이터 저장 공간을 의미한다.
- 데이터 웨어하우스의 4가지 특성은 주체 지향성, 데이터 통합, 데이터의 시계열성, 데이터의 비휘발성이 있다.

**핵심 키워드 검색**
데이터 웨어하우스 4가지 특징

## 26

**다음 중 빅데이터의 출현 배경으로 가장 부적절한 것은 무엇인가?**

① 분산 처리 기술의 발전
② 사물 인터넷의 발전
③ SNS의 급격한 확산
④ 데이터의 질 향상

**해설**
빅데이터의 출현 배경은 분산 처리 기술의 발전, 사물 인터넷의 발전, SNS의 급격한 확산에 있다. 하지만 데이터의 질에 대한 문제는 데이터가 방대하다고 하여 데이터의 질이 향상되었다고 볼 수 없다.

**핵심 키워드 검색**
빅데이터 출현 배경

## 27

**다음 중 데이터베이스의 구조와 제약 조건에 관한 명세를 의미하며 데이터 개체 및 속성 관계 등 데이터 값들이 갖는 제약 조건 등에 관해 전반적으로 정의한 구조를 무엇이라 하는가?**

① 데이터
② 스키마
③ 알고리즘
④ 클러스터링

**해설**
데이터베이스의 구조와 제약 조건에 관한 명세를 의미하며 데이터 개체 및 속성 관계 등 데이터 값들이 갖는 제약 조건 등에 관해 전반적으로 정의한 구조를 '스키마'라고 한다. 클러스터란 비슷한 특성을 가진 데이터들의 집단이며 클러스터링은 군집 분석으로 데이터 마이닝의 한 방법이다.

**핵심 키워드 검색**
스키마, 알고리즘, 클러스터링, 군집 분석, 비계층적 군집 분석 (K-means)

**정답** 22 ③　23 ②　24 ②　25 ④　26 ①　27 ②

## 28

텍스트에 나오는 여러 개체들이 유사한 속성을 지닌 대상을 몇 개의 집단으로 그룹화하여 집단의 성격을 파악함으로써 텍스트 전체의 구조에 대해 이해하고자 하는 탐색적 분석기법을 무엇이라 하는가?

① 텍스트 애널리스틱
② 텍스트 클러스터링
③ 텍스트 마이닝
④ 텍스트 커넥팅

**해설** 텍스트에 나오는 여러 개체들이 유사한 속성을 지닌 대상을 몇 개의 집단으로 그룹화하여 집단의 성격을 파악함으로써 텍스트 전체의 구조에 대해 이해하고자 하는 탐색적 분석기법을 '텍스트 클러스터링'이라 한다.

**핵심 키워드 검색**
클러스터링, 텍스트 마이닝

## 29

[2021. 3회 기출문제 유사] 데이터 사이언티스트 역할

다음 중 가트너가 제시한 데이터 사이언티스트의 역량으로 가장 올바르지 않은 것은?

① 데이터 관리
② 분석 모델링
③ 비즈니스 분석
④ 시스템 운영

**해설** 가트너는 데이터 사이언티스트 갖춰야 할 역량으로 분석 모델링, 데이터 관리, 소프트 스킬, 비즈니스 분석을 제시했다.

**핵심 키워드 검색**
가트너, 데이터 사이언티스트 역량, 소프트 스킬, 하드 스킬

## 30

다음 중 데이터 사이언티스트가 요구되는 인문학적 사고 중에서 통찰력에 해당하는 것은 무엇인가?

① 무슨 일이 일어났는가?
② 무슨 일이 일어나고 있는가?
③ 무슨 일이 일어날 것인가?
④ 어떻게, 왜 일어났는가?

**해설** 정보와 통찰력의 차이를 알아야 한다.
정보는 무슨 일이 일어났는가?, 무슨 일이 일어나고 있는가?, 무슨 일이 일어날 것인가?
통찰력은 어떻게, 왜 일어났는가, 차선 행동은 무엇인가?, 최악 또는 최선의 상황은 무엇인가?

**핵심 키워드 검색**
통찰력, 정보, 인문학적 사고

## 31

다음 중 Hard Skill에 해당되는 것을 모두 고른 것은?

A. 분석의 통찰력
B. 빅데이터 관련 이론적 지식
C. 여러 분야의 협력능력
D. 분석 기술의 숙련도

① A, B　　　② A, C　　　③ B, D　　　④ C, D

**해설**
- 소프트 스킬(Soft Skill) : 분석의 통찰력, 여러 분야의 협력능력, 설득력 있는 전달력
- 하드 스킬(Hard Skill) : 빅데이터 관련 이론적 지식, 분석 기술의 숙련도

**핵심 키워드 검색**
소프트 스킬, 하드 스킬

## 32
다음 중 구매자의 성별이 구매 차량의 타입에 어떤 영향을 미치는가에 대해 조사할 때 필요한 분석 방법은 무엇인가?

① 기계 학습　　　② 회귀 분석　　　③ 유전 알고리즘　　　④ 감성 분석

**해설** 구매자의 성별이 구매 차량의 타입에 어떤 영향을 미치는가에 대해 조사할 때 필요한 분석 방법은 회귀 분석을 의미한다. 독립변수를 조작하여 종속변수의 변화를 관계시킬 수 있다.

**핵심 키워드 검색**
기계 학습, 회귀 분석, 유전 알고리즘, 감성 분석

## 33
균형 성과표(BSC; Balanced Score Card) 관리의 관점에 해당하지 않는 것은?

① 재무적 관점
② 고객 관점
③ 외부 업무 프로세스 관점
④ 학습과 성장 관점

**해설** 균형 성과표(BSC)의 관점에는 재무, 고객, 내부 프로세스, 학습성장이 있다.

**핵심 키워드 검색**
균형성과표, BSC

## 34
일반적으로 공동 활용의 목적으로 API를 통해 공개하여 활용하도록 유, 무형의 구조물을 의미하는 기능을 무엇이라 하는가?

① 플랫폼
② 클라우드
③ ERP(전사적 자원관리)
④ KMS(지식관리시스템)

**해설** 일반적으로 공동 활용의 목적으로 API를 통해 공개하여 활용하도록 유, 무형의 구조물을 의미하는 기능을 '플랫폼'이라 한다.

**핵심 키워드 검색**
플랫폼, 클라우드, ERP, KMS

**정답** 28 ②　29 ④　30 ④　31 ③　32 ②　33 ③　34 ①

## 35

다음 중 빅데이터 플랫폼 데이터 유형으로 가장 옳지 않은 것은?

① 정형 데이터
② 비정형 데이터
③ 반정형 데이터
④ 센서 데이터

**해설** 빅데이터 플랫폼의 데이터 유형으로는 정형 데이터, 반정형 데이터, 비정형 데이터가 있다.

**핵심 키워드 검색**
데이터 유형, 정형, 비정형, 반정형, 센서

## 36

[2021. 3회 기출문제 유사] 비정형/반정형/정형 데이터 분류

반정형 데이터에 대한 설명으로 가장 가까운 것은?

① RDBMS에 데이터를 처리한다.
② 고정 필드 및 메타데이터(스키마 포함)가 정의되지 않는다.
③ 데이터 내부의 데이터 구조에 대한 메타 정보가 포함된 구조이다.
④ Crawler, API, RSS 등의 수집 기술을 활용한다.

**해설** 1은 정형 데이터, 2, 4 는 비정형 데이터에 대한 설명이다.

**핵심 키워드 검색**
반정형, RDBMS, 스키마, crawler, API, RSS

## 37

기업에서 데이터를 수집, 정리, 분석하고 활용하여 효율적인 의사결정을 할 수 있는 방법에 대해 연구하는 학문을 무엇이라 하는가?

① 비즈니스 거버넌스
② 비즈니스 애널리시스
③ 비즈니스 메타버스
④ 비즈니스 인텔리전스

**해설** 기업에서 데이터를 수집, 정리, 분석하고 활용하여 효율적인 의사결정을 할 수 있는 방법에 대해 연구하는 학문을 '비즈니스 인텔리전스'라 한다.

**핵심 키워드 검색**
비즈니스 거버넌스, 비즈니스 인텔리전스

## 38

다음은 빅데이터 플랫폼 데이터 형식 예시이다. 어떤 형식에 해당하는가?

{
"이름" : "빅데이터 분석기사",

"성별" : 여자,
"직업" : "DB innovation",
"생년월일" : "2025-12-19",
"자격증명" : ["빅데이터 수집", "빅데이터 저장", "빅데이터 처리"]
}

① XML(eXtensible Markup Language)    ② CSV(Comma Separated Values)
③ JSON(JavaScript Object Notation)    ④ HTML(Hypertext Markup Language)

**해설**  JSON은 〈키-값〉으로 이루어진 데이터 오브젝트를 전달하기 위한 텍스트를 사용하는 개방형 표준 포맷이다.

**핵심 키워드 검색**

XML 데이터 형식, CSV 데이터 형식, JSON 데이터 형식, HTML 데이터 형식

## 39
다음 중 빅데이터 플랫폼 데이터 형식으로 적절하지 않은 것은?

① HTML            ② R            ③ XML            ④ JSON

**해설**  R은 데이터 형식이 아니며 데이터 분석을 위한 프로그래밍 언어이다.

**핵심 키워드 검색**

R, Python, Hadoop, Django, Anaconda, jupyter Notebook

## 40
다음 중 분산 컴퓨팅 환경 소프트웨어 구성 요소가 아닌 것은?

① 맵리듀스(Map Reduce)        ② 스쿱(Sqoop)
③ 스파크(Apache Spark)        ④ 하둡(Apache Hadoop)

**해설**  스쿱은 관계형 데이터베이스와 하둡 사이에서 데이터 이관을 지원하는 툴이다.

**핵심 키워드 검색**

분산 컴퓨팅 환경, 관계형 데이터베이스, 하둡, 맵리듀스, 스쿱, 스파크

**정답**  35 ④  36 ③  37 ④  38 ③  39 ②  40 ②

## 41

[2021. 3회 기출문제 유사] 하둡 데이터 저장소

다음 중 대용량 파일을 분산된 서버에 저장하고, 그 저장된 데이터를 빠르게 처리할 수 있게 하는 하둡 분산 파일 시스템을 설명하는 용어는 무엇인가?

① Sqoop  ② HDFS  ③ Map Reduce  ④ HBase

**해설** Map Reduce는 대용량 데이터 세트를 분산 병렬 컴퓨팅에서 처리하거나 생성하기 위한 목적으로 만들어진 소프트웨어 프레임워크이다. 분산된 각 서버에서 에이전트를 실행하고, 컬렉터(Collector)가 에이전트로부터 데이터를 받아 HDFS에 저장하는 것은 척와(Chukwa)에 관한 설명이다.

**핵심 키워드 검색**
Sqoop, HDFS, MapREduce, HBase

## 42

[2021. 3회 기출문제 유사] 하둡 데이터 저장소

다음 중 하둡 에코시스템의 주요 기술 연결이 바르게 된 것은 무엇인가?

① 데이터 마이닝 : 임팔라(Impala)
② 실시간 SQL 질의 : 우지(Oozie)
③ 워크플로우 관리 : Pig
④ 분산 코디네이션 : Zookeeper

**해설**
- 데이터 가공 : 피그(Pig), 하이브(Hive) • 데이터 마이닝 : 머하웃(Mahout) • 실시간 SQL 질의 : 임팔라(Impala)
- 워크플로우 관리 : 우지(Oozie) • 분산 코디네이션 : 주키퍼(Zookeeper)

**핵심 키워드 검색**
하둡 에코시스템, 피그, 하이브, 머하웃, 우지, 주키퍼, 임팔라

## 43

데이터에 포함된 개인 식별정보를 삭제 또는 알아볼 수 없는 형태로 변환하는 것을 말하는 것을 가장 큰 의미로 무엇이라 하는가?

① 일반화  ② 익명화  ③ 치환  ④ 섭동

**해설** 데이터에 포함된 개인 식별정보를 삭제 또는 알아볼 수 없는 형태로 변환하는 것을 말하는 것을 '익명화'라 한다.

**핵심 키워드 검색**
일반화, 익명화, 섭동

## 44

침입 차단시스템과 같이 접근 통제장치 설치, 접속 기록에 대한 위, 변조 방지 조치, 백신 소프트웨어 설치 운영 등 악성 프로그램에 의한 침해 방지 조치를 나타내는 용어는 무엇인가?

① 개인정보  ② 보호조치  ③ 비식별화  ④ 개인정보보호

**해설**
- 개인정보보호 : 정보 주체(개인)의 개인정보 자기 결정권을 철저히 보장하는 활동
- 개인정보 : 살아 있는 개인에 관한 정보로서 성명, 주민등록번호 및 영상 등을 통하여 개인을 알아볼 수 있는 정보를 의미
- 비식별화 : 데이터 값 삭제, 가명처리, 총계처리, 범주화, 데이터 마스킹 등을 통해 개인정보의 일부 또는 전부를 삭제하거나 대체함으로써 다른 정보와 쉽게 결합하여도 특정 개인을 식별할 수 없도록 하는 조치

**핵심 키워드 검색**
개인정보 보호, 개인정보, 비식별화, 보호조치

## 45
개인정보 보호 관련 법령으로 가장 거리가 먼 것은?

① 개인정보 보호법  ② 정보통신망법
③ 위치정보 보호법  ④ 가명처리법

**해설** 전자금융 거래법은 개인정보와 관련하여 개인정보 보호법을 준용하고 있다.
개인정보보호 관련 법률에는 개인정보 보호법, 정보통신망법, 신용정보법, 위치정보 보호법, 안전성 확보 조치 기준이 있다.

**핵심 키워드 검색**
개인정보 보호 관련 법률

## 46
[2021. 3회 기출문제 유사] 개인정보 비식별화

개인정보 비식별화 절차를 단계별로 바르게 나열한 것은?

① 적정성 평가 → 사전 검토 → 사후관리 → 비식별 조치
② 사전 검토 → 적정성 평가 → 비식별 조치 → 사후관리
③ 사전 검토 → 비식별 조치 → 적정성 평가 → 사후관리
④ 사전 검토 → 사후관리 → 비식별 조치 → 사후관리

**해설** 개인정보 비식별화는 사전검토 → 비식별 조치 → 적정성 평가 → 사후관리 순으로 진행한다.

**핵심 키워드 검색**
개인정보 비식별화 절차

---

**정답** 41 ②  42 ④  43 ②  44 ②  45 ②  46 ③

## 47

주민번호가 882341-1234567일 경우 80년대생 남자라고 처리할 경우 사용된 비식별화된 조치는 무엇인가?

① 데이터 삭제(Data Reduction)
② 총계처리(Aggregation)
③ 데이터 범주화(Data Suppression)
④ 가명처리(Pseudonymization)

**해설** 개인정보 비식별 조치 방법에는 가명처리, 총계처리, 데이터 삭제, 데이터 범주화, 데이터 마스킹이 있다. 그 중에서 데이터 삭제(Data Reduction)에 해당한다.

🔍 **핵심 키워드 검색**

개인정보 비식별 조치 방법, 가명처리, 총계처리, 데이터 삭제, 데이터 범주화, 데이터 마스킹

## 48

다음 중 데이터 비식별화 처리 기법에 대한 설명이 잘못 짝지어진 것은?

① 가명처리 – 개인 식별이 가능한 데이터에 대하여 직접 식별할 수 없는 다른 값으로 대체하는 기법
② 데이터 범주화 – 단일 식별 정보를 해당 그룹의 대푯값으로 변환(범주화)하거나 구간 값으로 변환(범위화)하여 고유 정보 추적 및 식별 방지 기법
③ 총계처리 – 개인 식별 정보에 대하여 전체 또는 부분적으로 대체값으로 변환하는 기법
④ 데이터 삭제 – 개인정보 식별이 가능한 특정 데이터 값 삭제 처리 기법

**해설**
- 가명처리 : 개인 식별이 가능한 데이터에 대하여 직접 식별할 수 없는 다른 값으로 대체하는 기법
- 총계처리 : 개인정보에 대하여 통계값을 적용하여 특정 개인을 판단할 수 없도록 하는 기법
- 데이터 삭제 : 개인정보 식별이 가능한 특정 데이터 값 삭제 처리 기법
- 데이터 범주화 : 단일 식별 정보를 해당 그룹의 대푯값으로 변환(범주화)하거나 구간 값으로 변환(범위화)하여 고유 정보 추적 및 식별 방지 기법
- 데이터 마스킹 : 개인 식별 정보에 대하여 전체 또는 부분적으로 대체값으로 변환하는 기법

🔍 **핵심 키워드 검색**

데이터 비식별화 처리 기법

## 49

다음에서 설명하는 비식별 조치 방법은 무엇인가?

김분석, 34세 구글 재직 중 → 김 OO, 30대, OO 재직 중

① 가명 처리
② 총계 처리
③ 데이터 범주화
④ 데이터 마스킹

해설
- 단일 식별 정보를 해당 그룹의 대푯값으로 변환(범주화)하거나 구간 값으로 변환(범위화)하여 고유 정보 추적 및 식별 방지 기법은 데이터 범주화이다.
- 데이터 마스킹은 개인 식별 정보에 대하여 전체 또는 부분적으로 대체값으로 변환하는 기법이다.

🔍 **핵심 키워드 검색**

비식별 조치 방법, 데이터 범주화, 데이터 마스킹

## 50

컴퓨팅 분야에서 완전한 수명 주기를 거치며 데이터의 정확성과 일관성을 유지하고 보증하는 것을 가리키며 데이터베이스나 RDBMS 시스템의 중요한 기능에 속하는 용어는 무엇인가?

① 무결성  ② 정확성
③ 일관성  ④ 통일성

해설  컴퓨팅 분야에서 완전한 수명 주기를 거치며 데이터의 정확성과 일관성을 유지하고 보증하는 것을 가리키며 데이터베이스나 RDBMS 시스템의 중요한 기능을 '무결성'이라 한다.

🔍 **핵심 키워드 검색**

수명 주기, 무결성

## 51

[2021. 3회 기출문제 유사] 매개변수 최적화 유형

어떤 미지의 함수 Y = f(x)를 최적화하는 해 x를 찾기 위해, 진화를 모방한(Simulated evolution) 탐색 알고리즘을 무엇이라 하는가?

① 총체적 접근법  ② 유전 알고리즘
③ 데이터 마이닝  ④ 베이즈 추론

해설  어떤 미지의 함수 Y = f(x)를 최적화하는 해 x를 찾기 위해, 진화를 모방한(Simulated evolution) 탐색 알고리즘을 '유전 알고리즘'이라 한다.

🔍 **핵심 키워드 검색**

유전 알고리즘, 진화 모방 탐색 알고리즘

정답  47 ①  48 ③  49 ④  50 ①  51 ②

## 52

[2021. 3회 기출문제 유사] 시계열자료 변동 유형

Corpus를 검색하면 그 말뭉치가 시계열 분석과 같이 시간의 흐름에 따라 어떤 빈도로 사용되어 왔는지 보여주며 모든 책을 디지털 전환하겠다는 구글의 프로젝트는 무엇인가?

① Ngram Viewer
② 베이즈 추론
③ 몬테카를로 시뮬레이션
④ 연관 규칙 학습

**해설** Corpus를 검색하면 그 말뭉치가 시계열 분석과 같이 시간의 흐름에 따라 어떤 빈도로 사용되어 왔는지 보여주며 모든 책을 디지털 전환하겠다는 구글의 프로젝트는 'Ngram Viewer'라 한다.

**핵심 키워드 검색**
Ngram Viewer, corpus, 베이즈 추론, 몬테카를로, 연관규칙학습

## 53

다음 중 사용자의 직접적인 관리 없이 특히, 데이터 스토리지와 컴퓨팅 파워와 같은 컴퓨터 시스템 리소스를 필요 시 바로 제공하는 것을 말하는 용어를 무엇이라 하는가?

① 클라우드 컴퓨팅
② 딥러닝
③ 데이터베이스
④ 인텔리전스

**해설** 클라우드 컴퓨팅은 사용자의 직접적인 관리 없이 특히, 데이터 스토리지와 컴퓨팅 파워와 같은 컴퓨터 시스템 리소스를 필요시 바로 제공하는 것을 말한다.

**핵심 키워드 검색**
클라우드, 딥러닝

## 54

지능형 교통체계, 국가교통 DB 구축을 통해 교통 소통을 목적으로 운전자에게 정보를 제공할 때 사용되는 비즈니스 용어는 무엇인가?

① KMS(Knowledge Management Systems)
② ITS(Intelligent Transport system)
③ OLTP(Online transaction processing, OLTP)
④ BI(Business Intelligent)

**해설**
- 지능형 교통체계, 국가교통 DB 구축을 통해 교통 소통을 목적으로 운전자에게 정보를 제공할때 사용되는 비즈니스 용어는 'ITS(Intelligent Transport system)'라 한다.
- Knowledge Management Systems : 조직 내부에서 인적자원들이 축적하고 있는 지식을 체계화하여 공유함으로써 조직의 역량을 강화
- 온라인 트랜잭션 처리(Online transaction processing, OLTP) : 트랜잭션 지향 애플리케이션을 손쉽게 관리할 수 있도록 도와주는 정보 시스템의 한 계열
- Business Intelligent : 경영 의사결정을 위한 통계적이고 수학적인 분석에 초점을 둔 기법

> **핵심 키워드 검색**
>
> ITS, OLTP, BI, KMS

## 55 [2021. 3회 기출문제 유사] 하둡 데이터 저장소

**다음 중 하둡 에코시스템에서 비정형 데이터 수집 방법이 아닌 것은 무엇인가?**

① 척와
② 플럼
③ 스크라이브
④ 스쿱

**해설** 하둡 에코시스템에서 비정형 데이터 수집 방법은 척와, 플럼, 스크라이브가 있으며, 정형 데이터 수집은 스쿱, 히호가 있다. 분산 데이터의 저장 및 처리는 HDFS, 맵리듀스, HBase가 있다.

> **핵심 키워드 검색**
>
> 하둡 비정형 수집 방법, 척와, 플럼, 스크라이브

## 56 [2021. 3회 기출문제 유사] 하둡 데이터 저장소

**다음 중 하둡 에코시스템의 기술에 대한 설명으로 부적절한 것은?**

① 플럼(Flume)은 많은 양의 데이터를 효율적으로 수집, 집계, 이동하기 위해 이벤트와 에이전트를 활용하는 기술이다.
② 스쿱(Sqoop)은 RDBMS와 HDFS 상호 간 대용량 데이터 전송 솔루션이다.
③ 맵리듀스(Map Reduce)는 대용량 데이터 세트를 분산 병렬 컴퓨팅에서 처리하거나 생성하기 위한 목적으로 만들어진 소프트웨어 프레임워크이다.
④ HBase는 칼럼 기반 저장소로 네임노드와 데이터노드를 제공한다.

**해설** 대용량 데이터 세트를 분산 병렬 컴퓨팅에서 처리하거나 생성하기 위한 목적으로 만들어진 소프트웨어 프레임워크는 맵리듀스(Map Reduce)에 대한 설명이다. HBase는 칼럼 기반 저장소로 HDFS와 인터페이스를 제공한다. HDFS는 분산된 서버에 저장 및 처리하는 기술로 네임노드와 데이터노드를 가진다.

> **핵심 키워드 검색**
>
> 맵리듀스, HBase, HDFS

**정답** 52 ① 53 ① 54 ② 55 ④ 56 ④

## 57

다음 중 자신에 관한 정보가 언제/어떻게/어느 범위까지 타인에게 전달/이용될 수 있는지 정보 주체가 스스로 결정할 수 있는 권리를 무엇이라 하는가?

① 개인정보 보호법  ② 정보통신망법
③ 개인정보 자기 결정권  ④ 개인정보 보호

**해설** 자신에 관한 정보가 언제/어떻게/어느 범위까지 타인에게 전달/이용될 수 있는지 정보 주체가 스스로 결정할 수 있는 권리를 '개인정보 자기 결정권'이라 한다.

**핵심 키워드 검색**
개인정보 자기 결정권

## 58

다음 중 데이터의 양을 측정하는 바이트(byte) 크기가 잘못된 것은?

① GB(103 MB = 109 Bytes)  ② EB(103 GB = 1012 Bytes)
③ ZB(103 EB = 1021 Bytes)  ④ YB(103 ZB = 1024 Bytes)

**해설**
- TB(103 GB = 1012 Bytes)로 P(103 TB = 1015 Bytes)
- 데이터의 양을 측정하는 Byte 크기

| 기호 | 이름 | 값 |
|---|---|---|
| KB | 킬로바이트 | 103 Bytes |
| MB | 메가바이트 | 103 KB = 106 Bytes |
| GB | 기가바이트 | 103 MB = 109 Bytes |
| TB | 테라바이트 | 103 GB = 1012 Bytes |
| PB | 페타바이트 | 103 TB = 1015 Bytes |
| EB | 엑사바이트 | 103 PB = 1018 Bytes |
| ZB | 제타바이트 | 103 EB = 1021 Bytes |
| YB | 요타바이트 | 103 ZB = 1024 Bytes |

**핵심 키워드 검색**
데이터의 양 측정

## 59

[2021. 3회 기출문제 유사] 데이터 사이언티스트의 차별점

다음 중 데이터 사이언티스트의 요구 역량으로 설득력 있는 전달력을 위해 분석결과를 쉽게 이해할 수 있도록 도표(GRAPH)를 통해 정보를 시각적으로 전달하는 과정을 무엇이라고 하는가?

① 애널리스틱  ② 커뮤니케이션
③ 비주얼라이제이션  ④ 딥러닝

**해설** 설득력 있는 전달력을 위해 분석결과를 쉽게 이해할 수 있도록 도표(GRAPH)를 통해 정보를 시각적으로 전달하는 과정을 '비주얼라이제이션'이라 한다.

**핵심 키워드 검색**

비주얼라이제이션, 데이터 시각화, d3js

## 60

다음 중 소규모 기업을 운영하거나 사업, 부서 또는 개인 차원의 목표가 달성되었는지 CSF(핵심 성공 요인)와 목표 달성에 필요한 측정 지표를 관리하는 것을 무엇이라고 하는가?

① KPI
② KPO
③ KPS
④ KPL

**해설** KPI(Key Performance Indicator : 핵심 성과 지표)는 사업, 부서 또는 개인 차원의 목표가 달성되었는지 CSF(핵심 성공 요인)와 목표 달성을 측정하고 수량화 하는 지표를 말한다.

**핵심 키워드 검색**

KPI, 핵심 성과 지표

**정답** 57 ③  58 ②  59 ③  60 ①

PART 01 | 빅데이터 분석 기획

# CHAPTER 02 데이터 분석 계획

| 52문항

## 01

다음 분석 작업 중에서 데이터 분석가가 분석에 필요한 데이터들로부터 변수 후보를 탐색하고 최종적으로 도출하는 일정을 수립하는 단계는 무엇인가?

① 데이터 분석 과제 정의
② 데이터 준비 및 탐색
③ 데이터 분석 모델링 및 검증
④ 산출물 정리

- 데이터 분석 과제 정의 단계는 분석 목표 정의서를 기준으로 프로젝트 전체 일정에 맞게 사전 준비를 하는 단계이다. 데이터 분석 모델링 과정에 대해서 실험방법 및 절차를 구분하는 단계는 데이터 분석 모델링 및 검증 단계이다.
- 데이터 분석 모델링 및 검증 : 데이터 준비 및 탐색이 완료된 이후 데이터 분석 가설이 증명된 내용을 중심으로 데이터 분석 모델링을 진행하는 단계
- 산출물 정리 : 데이터 분석 단계별 산출물을 정리하고, 분석 모델링 과정에서 개발된 분석 스크립트 등을 정리하여 최종 산출물로 정리하는 단계

**핵심 키워드 검색**

[2021. 2회 기출문제 유사]
데이터 분석 과제 정의 단계

## 02

문제를 모르고 세부 내용 발견에서부터 시작해 인사이트를 제시하는 상향식 접근 방법에 대한 설명이 바르지 못한 것은 무엇인가?

① 하향식 접근법의 한계를 극복하기 위한 분석 방법이다.
② 사물을 있는 그대로 인식하는 what 관점에서 접근한다.
③ 문제 탐색 → 문제 정의 → 타당성 검토 → 솔루션 탐색 → 선택과 같은 절차를 따른다.
④ 비지도학습 방법으로 수행한다.

하향식 접근 방식 방식을 이용한 과제 발굴 절차는 '문제 탐색, 문제정의, 해결방안 탐색, 타당성 검토, 선택' 순이다.

**핵심 키워드 검색**

상향식 접근 방식, 하향식 접근 방식

## 03

난이도 : 중 [2021. 2회 기출문제 유사]

**하향식 접근 방식에 대한 설명으로 올바르지 않는 것은?**

① 분석과제가 정해져 있고 이에 대한 해법을 찾기 위해 체계적으로 분석하는 방법이다.
② 문제 탐색, 문제 정의, 해결 방안 탐색, 타당성 검토 과정을 거쳐 과제를 발굴한다.
③ 비지도학습 방법을 사용한다.
④ 사용자 관점에서 비즈니스 문제를 데이터 문제로 변환하여 문제를 정의한다.

**해설** 비지도학습 방법을 사용하는 접근 방식은 상향식 접근 방식이다.

**핵심 키워드 검색**

상향식 접근 방식, 하향식 접근 방식
- 비지도학습
- 데이터 자체의 결합, 연관성, 유사성 등을 중심으로 데이터의 상태를 표현
- 데이터 마이닝 기법
- 연관 분석, 장바구니 분석, 군집 분석, 기술 통계 및 프로 파일링
- 지도학습
- 명확한 목적에서 기계적으로 데이터 분석을 실시하는 것
- 분류, 추측, 예측, 최적화를 통해 사용자의 주도하에 분석을 실시하고 지식을 도출

## 04

**다음 중 비지도학습에 속하지 않는 것은 무엇인가?**

① 연관 분석
② 군집 분석
③ 분류
④ 기술 통계 및 프로파일링

**해설**
- 비지도학습
  - 기계 학습의 일종으로, 데이터가 어떻게 구성되었는지를 알아내는 문제의 범주에 속한다.
  - 데이터 마이닝 기법으로 장바구니 분석, 군집 분석, 기술 통계 및 프로 파일링 등이 있다.
- 지도학습
  - 특정 입력(Input)에 대하여 올바른 정답(Right Answer)이 있는 데이터 집합이 주어지는 경우의 학습 방법이다.
  - 분류, 추측, 예측, 최적화를 통해 사용자의 주도하에 분석을 실시하고 지식을 도출

**핵심 키워드 검색**

지도학습, 비지도학습, 강화학습

**정답** 01 ② 02 ③ 03 ③ 04 ③

## 05

다음 중 분석 방법론 적용 모델 중에서 일부분을 먼저 개발하여 제공한 후 그 결과를 통해 개선작업을 하는 모델은 무엇인가?

① 폭포수 모델
② 프로토타입 모델
③ 나선형 모델
④ 바이어스 모델

**해설**
- **폭포수 모델**
  - 폭포수 모델(waterfall model)은 순차적인 소프트웨어 개발 프로세스(소프트웨어를 만들기 위한 프로세스)로, 개발의 흐름이 마치 폭포수처럼 지속적으로 아래로 향하는 것처럼 보이는 데서 이름이 붙여졌다. 이 폭포수 모델의 흐름은 소프트웨어 요구 사항 분석 단계에서 시작하여, 소프트웨어 설계, 소프트웨어 구현, 소프트웨어 시험, 소프트웨어 통합 단계 등을 거쳐, 소프트웨어 유지보수 단계에까지 이른다.
- **프로토타입 모델**
  - 프로토타입은 사용자의 모든 요구사항이 정확하게 반영할 때까지 계속해서 개선/보완된다.
- **나선형 모델**
  - 폭포수 모형과 원형 모형의 장점을 수용하고 위험 분석을 추가한 점증적 개발 모델

**핵심 키워드 검색**
폭포수 모델, 프로토타입 모델, 나선형 모델

## 06

데이터를 파악하기 힘든 상황 또는 시행착오로 결과를 기반으로 반복적으로 개선해 나가는 접근법을 무엇이라 하는가?

① 프로토타이핑 접근법
② 상향식 접근법
③ 하향식 접근법
④ 프로세스 접근법

**해설** 프로토타이핑 접근법은 데이터 파악이 힘든 경우 시행착오를 통한 문제 해결을 위해 사용되며 가설의 생성, 디자인에 대한 실험, 실제 환경에서의 테스트, 테스트 결과에서의 통찰 도출 및 가설 확인의 프로세스로 실행된다.

**핵심 키워드 검색**
프로토타이핑 접근법

## 07

다음 중 명확한 입력 하에 데이터를 분석하며 분류, 예측, 최적화를 통해 분석을 실시하고 지식을 도출하는 기계 학습 기법을 무엇이라 하는가?

① 강화학습
② 지도학습
③ 프로토 타이핑 접근법
④ 비지도학습

**해설** 지도학습은 명확한 입력 하에 데이터를 분석하며 분류, 예측, 최적화를 통해 분석을 실시하고 지식을 도출하는 기계 학습 기법을 말한다.

🔍 **핵심 키워드 검색**

지도학습, 강화학습, 프로토 타이핑 접근법, 비지도학습

## 08

가설 설정을 통해 통계 모델을 만들거나 기계 학습(지도학습, 비지도학습 등)을 이용하여 모델을 만드는 모델링 과정으로 거리가 먼 것은?

① 훈련용(Training)과 테스트용(Testing)으로 분할하여 과적합(Over-Fitting)을 방지하고 모델의 일반화에 이용한다.
② Training과 Testing용으로 분할하며 교차검증(Cross Validation)을 수행하거나 앙상블(Essemble) 기법을 적용할 경우 데이터 분할, 검증 횟수, 생성모델 개수 등을 설정한다.
③ 분류(Classification), 예측(Prediction), 군집(Clustering) 등의 모델을 만들어 가동중인 운영 시스템에 적용하는 것을 데이터 모델링이라 한다.
④ 프로젝트 정의서의 평가 기준에 따라 모델의 완성도 평가, 검증은 별도의 데이터 셋이 아닌 분석용 데이터 셋으로 검증한다.

**해설** • 프로젝트 정의서의 평가 기준에 따라 모델의 완성도 평가, 검증은 분석용 데이터 셋이 아닌 별도의 데이터 셋으로 검증한다.

🔍 **핵심 키워드 검색**

가설 설정, 통계 모델, 모델링, 프로젝트 정의서

## 09

데이터 분석 기획 시 분석의 대상을 정확하게 모르는 경우(Un-Known)에 기존 분석 방식(Known)을 활용하여 새로운 지식을 도출하는 유형으로 가장 적절한 것은?

① 솔루션 유형　　　　　　② 최적화 유형
③ 통찰 유형　　　　　　　④ 발견 유형

**해설** 데이터 분석 기획 시 분석의 대상을 정확하게 모르는 경우(Un-Known)에 기존 분석 방식(Known)을 활용하여 새로운 지식을 도출하는 유형은 통찰 유형이다.

🔍 **핵심 키워드 검색**

데이터 분석 기획, 솔루션 유형, 통찰 유형, 최적화

**정답** 05 ②　06 ①　07 ②　08 ④　09 ③

## 10
[2021. 3회 기출문제 유사] 데이터 분석 방법론

**다음 중 데이터 분석 방법론의 구성 요소로 가장 거리가 먼 것은?**

① 방법(Methods)
② 비전(Vision)
③ 상세한 절차(Procedure)
④ 도구와 기법(Tools & Technique)

**해설**
• 데이터 분석 방법론의 구성 요소로는 절차, 방법, 도구와 기법, 템플릿과 산출물이 있다.

**핵심 키워드 검색**
데이터 분석 방법론의 구성 요소, 절차, 방법, 도구와 기법, 템플릿과 산출물

## 11
난이도 : 하 [2021. 2회 기출문제 적중]

**데이터 분석 기획 시 분석의 대상이 어떤 것인지 알고 있는 경우(Known)에 기존 분석 방식(Known)을 활용하여 개선을 통해 분석을 수행하는데 가장 적절한 것은?**

① 솔루션
② 최적화
③ 통찰
④ 발견

**해설**
최적화는 데이터 분석 기획 시 분석의 대상이 어떤 것인지 알고 있는 경우(Known)에 기존 분석 방식(Known)을 활용하여 개선을 통해 분석을 수행하는 유형이다.

**핵심 키워드 검색**
• 최적화(Optimization) : 분석 대상 및 분석 방법을 이해하고 현 문제를 분석함
• 솔루션(Solution) : 분석 과제는 수행되고, 분석 방법을 알지 못하는 경우 분석 방법을 찾는 방식으로 분석과제 수행
• 통찰(Insight) : 분석 대상이 불분명하고, 분석 방법을 알고 있는 경우 분석 대상을 찾음
• 발견(Discovery) : 분석 대상, 방법을 모르는 경우 분석 대상 자체를 새롭게 도출

## 12
**다음 중 데이터 기반 의사 결정의 필요성에서 문제의 표현 방식에 따라 동일한 사건이나 상황을 어떤 요소로 인해 개인의 판단이나 선택이 달라질 수 있는 현상을 무엇이라 하는가?**

① 고정 관념
② 편향된 생각(Bias)
③ 프레이밍 효과(Framing Effect)
④ 섭동

**해설**
데이터 기반 의사 결정의 필요성에서 문제의 표현 방식에 따라 동일한 사건이나 상황을 어떤 요소로 인해 개인의 판단이나 선택이 달라질 수 있는 현상을 '프레이밍 효과'라 한다.

**핵심 키워드 검색**
데이터 기반 의사 결정, 프레이밍 효과, 섭동

## 13

다음 중 빅데이터 분석 기획 단계에서 프로젝트 위험 대응 계획을 수립하려는 경우 예상되는 위험을 대응하는 방법에 해당하지 않는 것은?

① 이관(Escalate)
② 전가(Transfer)
③ 완화(Mitigate)
④ 활용(Exploit)

**해설** 프로젝트 위험 대응 방법에는 이관, 회피, 전가, 완화, 수용이 있다.

🔍 **핵심 키워드 검색**

프로젝트 위험 대응 방법, 이관, 회피, 전가, 완화, 수용

## 14

다음 중 데이터 정의, 데이터 스토어 설계, 데이터 수집 및 정합성 검증과 같은 빅데이터 분석 단계는 무엇인가?

① 데이터 준비 단계
② 데이터 정제 단계
③ 데이터 분석 단계
④ 데이터 시각화 단계

**해설** 데이터 준비 단계에는 필요 데이터 정의, 데이터 스토어 설계, 데이터 수집 및 정합성 검증이 있다.

🔍 **핵심 키워드 검색**

데이터 준비 단계, 데이터 정의, 데이터 스토어 설계, 데이터 수집 및 정합성 검증

## 15

빅데이터를 분석하는 경우 각각의 변수가 특정한 위험을 제외한 다른 위험을 파악하는 목적에 미치는 영향 정도를 평가하는 기법으로 정량적 위험 분석에 활용할 수 있는 분석 방법은 무엇인가?

① 민감도 분석
② 의사 결정 나무
③ 시뮬레이션
④ 분류 트리 분석

**해설** 각각의 변수가 특정한 결과물의 목적에 미치는 영향 정도를 평가하는 기법으로 정량적 위험 분석에 활용할 수 있는 분석 방법은 민감도 분석이다.

🔍 **핵심 키워드 검색**

민감도 분석, 의사 결정 나무, 분류 분석, 감성 분석, 사회 연결망 분석, 회귀 분석

**정답** 10 ② 11 ② 12 ③ 13 ④ 14 ① 15 ①

## 16

민감도 분석결과를 표현하는 방법으로 사용되는 다이어그램은 무엇인가?

① 시퀀스 다이어그램
② 유스케이스 다이어그램
③ 벤 다이어그램
④ 토네이도 다이어그램

**해설** 민감도 분석은 영향력의 상대적 중요도를 비교하고자 영향력이 높은 것부터 위에서 아래로 표시하는 토네이도 다이어그램을 이용하여 결과를 표현한다.

**핵심 키워드 검색**
민감도 분석, 토네이도 다이어그램

## 17

확률 분포를 가정하여 위험이 프로젝트 일정의 목표에 미치는 영향을 분석하기 위해 프로젝트 모델을 만들고 난수를 발생시켜 일정의 준수확률을 반복적인 계산이 필요한 시뮬레이션 기법을 무엇이라 하는가?

① 몬테카를로 시뮬레이션
② 게이미피케이션
③ 시스템 시뮬레이션
④ 테크노메트릭스

**해설** 확률 분포를 가정하여 위험이 프로젝트 일정의 목표에 미치는 영향을 분석하기 위해 프로젝트 모델을 만들고 난수를 발생시켜 일정의 준수확률을 반복적인 계산이 필요한 시뮬레이션 기법을 '몬테카를로 시뮬레이션'이라 한다.

**핵심 키워드 검색**
확률 분포, 몬테카를로 시뮬레이션

## 18

상향식 접근 방법 중에서 소비자들이 시장의 기회를 이용할 수 있도록 가치 있게 평가하고 기술적으로 가능한 비즈니스 전략을 위해 관찰과 공감, 수렴과 발산적 사고를 통해 창의적 문제해결방식으로 접근하는 사고법을 무엇이라 하는가?

① 디자인 사고
② 통합적 사고
③ 실험적 사고
④ 협력적 사고

**해설** 상향식 접근 방법 중에서 소비자들이 시장의 기회를 이용할 수 있도록 가치 있게 평가하고 기술적으로 가능한 비즈니스 전략을 위해 관찰과 공감, 수렴과 발산적 사고를 통해 창의적 문제해결방식으로 접근하는 사고법을 '디자인 사고'라 한다.

**핵심 키워드 검색**
디자인 사고, 상향식 접근 방법

## 19
데이터 마이닝 분석 방법론에서 예측 분석을 위한 CRISP-DM 분석 방법론의 분석 절차로 옳은 것은?

① 업무 이해 → 데이터 이해 → 데이터 준비 → 모델링 → 평가 → 전개
② 업무 이해 → 모델링 → 데이터 이해 → 데이터 준비 → 평가 → 전개
③ 업무 이해 → 전개 → 데이터 준비 → 데이터 이해 → 모델링 → 평가
④ 업무 이해 → 전개 → 데이터 이해 → 모델링 → 데이터 준비 → 평가

**해설** CRISP-DM 분석 방법론의 분석 절차는 '업무 이해 → 데이터 이해 → 데이터 준비 → 모델링 → 평가 → 전개' 순이다.

**핵심 키워드 검색**
CRISP-DM

## 20
모델이 학습 데이터를 불필요할 정도로 과하게 암기하여 훈련 데이터에 포함된 노이즈까지 학습한 상태를 무엇이라 하는가?

① 과적합
② 데이터 증식
③ 토큰화
④ 과소적합

**해설** 모델이 학습 데이터를 불필요할 정도로 과하게 암기하여 훈련 데이터에 포함된 노이즈까지 학습한 상태를 '과적합'이라 한다.

**핵심 키워드 검색**
과적합, 과소적합, 과대적합

## 21
학습 과정에서 신경망의 일부를 사용하지 않는 방법을 무엇이라 하는가?

① 드롭인
② 드롭아웃
③ 패딩
④ 원핫 인코딩

**해설** 학습 과정에서 신경망의 일부를 사용하지 않는 방법을 '드롭 아웃'이라 한다.

**핵심 키워드 검색**
드롭 아웃, 원핫 인코딩, 드롭인

**정답** 16 ④  17 ①  18 ①  19 ①  20 ①  21 ②

## 22
[2021. 3회 기출문제 유사] 이상치 판별

데이터의 잡음과 이상치, 결측치를 식별하고 필요시 제거 또는 데이터로 재처리하는 단계를 무엇이라 하는가?

① 데이터 선택
② 데이터 전처리
③ 데이터 마이닝
④ 데이터 분석

**해설** 데이터의 잡음과 이상치, 결측치를 식별하고 필요시 제거 또는 데이터로 재처리하는 단계를 '데이터 전처리'라 한다.

**핵심 키워드 검색**
데이터 전처리, 결측치, 이상치

## 23
[2021. 3회 기출문제 유사] 기초통계량 이해

다양한 관점 별로 기초 통계량(평균, 분산, 표준 편차)를 산출하고 데이터의 특성을 이해하고 모델링을 위한 기초 자료로 활용하는 분석을 무엇이라 하는가?

① 텍스트 분석
② 탐색적 분석
③ 모델링
④ 시스템 구현

**해설** 데이터의 잡음과 이상치, 결측치를 식별하고 필요시 제거 또는 데이터로 재처리하는 단계를 '탐색적 분석'이라 한다.

**핵심 키워드 검색**
탐색적 분석, 기초 통계량

## 24
[2021. 3회 기출문제 유사] 데이터 분석 방법론

빅데이터 분석 방법론의 분석 절차에 포함되지 않는 것은?

① 분석 기획
② 데이터 준비
③ 데이터 운영
④ 시스템 구현

**해설** 빅데이터 분석 방법론의 분석 절차는 '분석 기획 → 데이터 준비 → 데이터 분석 → 시스템 구현 → 평가 및 전개' 순이다.

**핵심 키워드 검색**
빅데이터 분석 방법론, 빅데이터 분석 절차

## 25
[2021. 3회 기출문제 유사] 빅데이터 분석 유형

분석의 대상을 알고, 분석 방법을 모를 때 사용하는 빅데이터 분석 유형은 무엇인가?

① 최적화(Optimization)
② 문제 해결(Solution)
③ 통찰(Insight)
④ 발견(Discovery)

**해설** 분석의 대상을 알고, 분석 방법을 모를 때 사용하는 빅데이터 분석 유형은 문제해결(Solution)이다.

**핵심 키워드 검색**

빅데이터 분석 유형, 최적화, 문제해결, 통찰, 발견

## 26

분석 프로젝트를 위한 관리 영역으로 올바르지 않은 것은?

① 범위(Scope)  
② 데이터의 크기  
③ 원가(Cost)  
④ 품질(Quality)

**해설** 분석 프로젝트의 영역별 관리 항목은 범위(Scope), 시간(Time), 원가(Cost), 품질(Quality), 통합(Integration), 조달(Procurement), 자원(Resource), 위험(Risk), 의사소통, 이해관계자(Stakeholder)이다.

**핵심 키워드 검색**

분석 프로젝트 관리 항목

## 27

데이터 확보 계획 수립 절차를 올바르게 나열한 것은?

① 목표 정의 → 예산안 수립 → 요구사항 도출 → 계획 수립
② 계획 수립 → 목표 정의 → 예산안 수립 → 요구사항 도출
③ 목표 정의 → 요구사항 도출 → 예산안 수립 → 계획 수립
④ 계획 수립 → 목표 정의 → 요구사항 도출 → 예산안 수립

**해설** 데이터 확보 계획 수립 절차는 '목표 정의 → 요구사항 도출 → 예산안 수립 → 계획 수립' 순이다.

**핵심 키워드 검색**

데이터 확보 계획 수립 절차

**정답** 22 ② 23 ② 24 ③ 25 ② 26 ② 27 ③

## 28

[2021. 3회 기출문제 유사] 데이터 분석 절차

**빅데이터 분석 절차로 가장 옳은 것은 무엇인가?**

① 자료 수집 → 연구조사 → 모형화 → 문제 인식 → 자료 분석 → 분석결과 공유
② 연구조사 → 문제 인식 → 자료 분석 → 모형화 → 자료 수집 → 분석결과 공유
③ 문제 인식 → 연구조사 → 모형화 → 자료 수집 → 자료 분석 → 분석결과 공유
④ 연구조사 → 문제 인식 → 자료 분석 → 모형화 → 자료 수집 → 분석결과 공유

**해설** 빅데이터 분석 절차는 '문제 인식 → 연구조사 → 모형화 → 자료 수집 → 자료 분석 → 분석결과 공유' 순이다.

**핵심 키워드 검색**

빅데이터 분석 절차

## 29

**고객 관계 관리는 소비자들을 자신의 고객으로 만들고, 이를 장기간 유지하고자 하는 경영 방식이며 기업들이 고객과의 관계를 관리, 고객 확보, 그리고 고객, 판매인, 협력자와 내부 정보를 분석하고 저장하는 방법은 무엇인가?**

① 버전관리(Configuration Management)  ② CRM
③ 기준선(Baseline)  ④ Process Innovation

**해설** 버전 관리는 동일한 소스 코드에 대한 여러 버전을 관리하는 기법이다.
고객 관계 관리는 소비자들을 자신의 고객으로 만들고, 이를 장기간 유지하고자 하는 경영 방식이며 기업들이 고객과의 관계를 관리, 고객 확보, 그리고 고객, 판매인, 협력자와 내부 정보를 분석하고 저장하는 방법은 CRM이다.

**핵심 키워드 검색**

CRM, 고객 관계 관리

## 30

**다음 중 프로토타이핑 접근법의 절차를 바르게 나열한 것은?**

① 가설의 생성 → 디자인에 대한 실험 → 실제 환경에서의 테스트 → 테스트 결과에서의 통찰 도출 및 가설 확인
② 테스트 결과에서의 통찰 → 도출 및 가설 확인 가설의 생성 → 실제 환경에서의 테스트 → 디자인에 대한 실험
③ 데이터의 생성 → 실제 환경에서의 테스트 → 테스트 결과에서의 통찰 도출 및 가설 확인 → 디자인에 대한 실험
④ 디자인에 대한 실험 → 가설의 생성 → 실제 환경에서의 테스트 → 테스트 결과에서의 통찰 도출 및 가설 확인

**해설** 프로토타이핑 접근법의 프로세스는 가설의 생성 → 디자인에 대한 실험 → 실제 환경에서의 테스트 → 테스트 결과에서의 통찰 도출 및 가설 확인 순으로 실행된다.

**핵심 키워드 검색**

프로토타이핑 접근법, 프로세스

## 31

[2021. 3회 기출문제 유사] 데이터 분석 방법론

다음 중 빅데이터 분석 방법 중에서 데이터 마이닝 방법론에 해당하지 않은 것은?

① CRISP-DM
② SEMMA
③ KDD
④ MODELING

**해설** 주요 데이터 마이닝 방법론에는 CRISP-DM, SEMMA, KDD 등이 있다.

**핵심 키워드 검색**

데이터 마이닝 방법론, CRISP-DM, SEMMA, KDD

## 32

SEMMA 데이터 마이닝 단계에서 세부 요소 중 통계적 추출과 조건 추출을 하고 분석 데이터를 생성하는 마이닝 단계는 무엇인가?

① Sampling
② Explore
③ Modify
④ Modeling

**해설** SEMMA 데이터 마이닝 단계에서 세부 요소 중 통계적 추출과 조건 추출을 하고 분석 데이터를 생성하는 마이닝 단계는 Sampling이다.

**핵심 키워드 검색**

SEMMA 데이터 마이닝 단계, sampling

**정답** 28 ③  29 ②  30 ①  31 ④  32 ①

## 33

[2021. 3회 기출문제 유사] 데이터 웨어하우스 특성

다음 중 추출(Extract), 변환(Transform), 로드(Load)를 나타내며 조직에서 여러 시스템의 데이터를 단일 데이터베이스, 데이터 저장소, 데이터 웨어하우스 또는 데이터 레이크에 결합하기 위해 일반적으로 허용되는 방법을 나타내는 용어는?

① 스트리밍 데이터 처리
② ETL
③ 배치 처리
④ 데이터 마이닝

**해설** 추출(Extract), 변환(Transform), 로드(Load)를 나타내며 조직에서 여러 시스템의 데이터를 단일 데이터베이스, 데이터 저장소, 데이터 웨어하우스 또는 데이터 레이크에 결합하기 위해 일반적으로 허용되는 방법을 'ETL'이라고 한다. [구글클라우드 인용]
배치 처리(Batch Processing)는 실시간 작업의 반대 개념으로 일련의 작업들을 하나의 작업 단위로 묶어서 일괄로 처리하는 방식이다.

### 핵심 키워드 검색

- **ETL 정의**
  ETL이란 기업이 전 세계 모든 곳의 수많은 팀에서 관리하는 구조화된 데이터와 구조화되지 않은 데이터를 비롯한 전체 데이터를 가져와 비즈니스 목적에 실질적으로 유용한 상태로 변환하는 엔드 투 엔드 프로세스를 의미한다. [구글클라우드 인용]

- **ETL 사용 사례**
  데이터 웨어하우징, 머신러닝 및 인공지능, 마케팅 데이터 통합, IOT 데이터 통합, 데이터베이스복제, 클라우드 마이그레이션
  참고 URL : https://cloud.google.com/learn/what-is-etl?hl=ko

## 34

난이도 : 중 [2021. 2회 기출문제 유사]

다음 중 웹 사이트로부터 소셜 네트워크 정보, 뉴스, 게시판 등으로부터 웹 문서 및 텍스트와 같은 정보를 수집하는 기술을 나타내는 용어는?

① 데이터 스토어(Data Store)
② 크롤링(Crawling)
③ 딥러닝(Deep Learning)
④ ETL

**해설** 크롤링은 웹 사이트로부터 소셜 네트워크 정보, 뉴스, 게시판 등으로부터 웹 문서 또는 텍스트와 같은 뉴스 및 정보를 수집하는 기술이다.

### 핵심 키워드 검색

크롤링

- **딥 러닝의 정의**
  데이터에 대한 기본 파라미터를 설정하고 컴퓨터가 여러 처리 계층을 이용해 패턴을 인식함으로써 스스로 학습하도록 훈련시키는 기술이며 딥러닝은 이미지를 분류하고, 음성을 인식하며, 물체를 감지하고, 내용을 설명하는 데 사용됨.

- **딥 러닝 기법**
  - 컴퓨터 비전(이미지 인식) : 물건 또는 사람 인식으로 자율주행과 범죄예측에 사용됨.
  - 음성인식 : Xbox, Skype, kakao, Naver 클로바 Cloud, Amazon 알렉사 Google Now, Apple의 Siri®, 자연어 처리 : 고객 불만 기록이나 진료 기록 또는 댓글 분석
  - 추천 시스템 : 좋아하는 음악이나 의류와 같은 복잡한 환경에서 다양한 플랫폼에 걸쳐 추천 기능을 개선할 수 있음.

## 35

[2021. 3회 기출문제 유사] 데이터 분석 절차

**다음 중 빅데이터 분석 절차 중 수집된 자료에서 의미를 찾고, 수집된 자료에서 변수들 간 관계 분석을 하거나, 기초 통계부터 데이터 마이닝 기법 활용과 같은 작업을 하는 단계는 무엇인가?**

① 문제 인식  
② 모형화  
③ 자료 수집  
④ 자료 분석

**해설** 수집된 자료 중에서 의미를 찾고 수집된 자료에서 변수들 간의 관계를 분석, 기초 통계부터 데이터 마이닝 기법 활용하는 단계는 빅데이터 분석 절차 중 자료 분석 단계에 해당한다.

🔍 **핵심 키워드 검색**

빅데이터 분석 절차, 자료 분석

---

## 36

난이도 : 중 [2021. 2회 기출문제 유사]

**데이터 수집 방법에 대한 설명이 다른 것은 무엇인가?**

① DBMS : 크롤링  
② 웹 : FTP  
③ 센서 : OPEN API  
④ 동영상 : Streaming

**해설** 데이터베이스 관리 시스템(영어 : database management system, DBMS)은 다수의 사용자들이 데이터베이스 내의 데이터를 접근할 수 있도록 해주는 소프트웨어 도구의 집합을 의미하며, 크롤링은 데이터를 웹 페이지를 그대로 가져와서 거기서 데이터를 추출해 내는 행위를 의미한다.

🔍 **핵심 키워드 검색**

- **FTP**
  파일 전송 프로토콜(File Transfer Protocol, FTP)은 TCP/IP 프로토콜을 가지고 서버와 클라이언트 사이의 파일 전송을 하기 위한 프로토콜로 FTP는 웹 페이지 편집기와 같은 생산성 응용 프로그램들에 통합되고 있다. [위키백과 참조]
- **오픈 API**(Open Application Programming Interface, Open API, 공개 API)
  공개 API는 개발자라면 누구나 사용할 수 있도록 공개된 API를 말하며, 개발자에게 사유 응용 소프트웨어나 웹 서비스의 프로그래밍적인 권한을 제공한다. [위키백과 참조]
- **스트리밍**(영어 : streaming)
  주로 소리(음악)나 동영상 등의 멀티미디어 파일을 전송하고 재생하는 방식의 하나이다.
- **DBMS 종류**
  - 관계형 DBMS : 행과 열로 이루어진 테이블로 데이터 간의 관계를 표현하는 데이터베이스
  - 객체지향 DBMS : 객체를 중심으로 멀티미디어 등 복잡한 데이터 구조를 관리하는 DBMS
  - 정보를 객체형으로 관리 : 소셜 네트워크로 사람과 사람 간의 관계(레코드들이 노드, 레코드 사이의 관계)를 그래프로 관리하는 DBMS
  - 계층형 DBMS : 트리 구조를 기반으로 하는 계층 DBMS
  - SQL : 서버와 클라이언트를 연결하기 위한 데이터베이스와의 통신을 위한 언어

---

**정답** 33 ② 34 ② 35 ④ 36 ①

## 37
난이도 : 중 [2021. 2회 기출문제 유사]

**분석 과제도출(문제 정의) 방법 중에서 상향식 접근법의 절차로 올바른 것은?**

① 프로세스 분류 > 프로세스 분석요건 식별 > 프로세스 흐름분석 > 분석요건 정의
② 프로세스 분류 > 프로세스 흐름 분석 > 분석요건 식별 > 분석요건 정의
③ 프로세스 분류 > 분석요건 식별 > 분석요건 정의 > 프로세스 흐름 분석
④ 분석요건 정의 > 분석요건 식별 > 프로세스 흐름 분석 > 프로세스 분류

**[해설]** 분석 과제도출의 상향식 접근법은 프로세스 분류 > 프로세스 흐름 분석 > 분석요건 식별 > 분석요건 정의
하향식 접근법은 분석요건 정의 > 분석요건 식별 > 프로세스 흐름 분석 > 프로세스 분류

**🔍 핵심 키워드 검색**

상향식 접근법, 하향식 접근법
- 분석 과제 도출 방식은 하향식 접근, 상향식 접근으로 나뉜다.
  - 상향식 : 문제를 모르고 세부 내용 발견에서부터 시작해 인사이트 제시(비지도학습 방법)
  - 하향식 : 문제를 알고 세부 내용을 차차 정의하여 방법을 알고 최적화하는 기법

## 38
난이도 : 상 [2021. 2회 기출문제 유사]

**탐색적 자료 분석(EDA)에 대한 설명으로 바르지 못한 것은 무엇인가?**

① EDA는 수치적 및 시각적 분석 방법을 전부 포함한다.
② EDA를 하기 위한 가설은 분석할 데이터를 정형화하며 세분화하는 것을 돕기 위함이다.
③ 본격적인 데이터 분석을 하기 전 데이터의 주요 특성을 시각화하고 요약하는데 있다.
④ EDA를 위해 통계방법이 사용될 수 없으며 EDA는 통계모델링을 한 후에 데이터에 대한 이해를 돕기 위해 실시한다.

**[해설]** EDA를 위해 가끔 통계방법이 사용될 수 있지만, EDA는 통계모델링을 하기 전에 데이터에 대한 이해를 돕기 위해 실시한다.

**🔍 핵심 키워드 검색**

EDA, 탐색적 자료 분석, 통계모델링
- 탐색적 자료 분석(영어 :: Exploratory data analysis)
  - 존 튜키라는 미국의 저명한 통계학자가 창안한 자료 분석 방법론
  - EDA의 목적은 데이터를 분석할 가설을 정형화하며 세분화하는 것을 돕기 위함
- EDA의 핵심 목표
  - 관측된 현상에 대한 원인으로 가설을 제시
  - 적합한 통계 도구 및 기법의 선택을 위한 가이드
  - 추가 데이터 수집을 위한 기반을 제공
- EDA의 주요 내용
  - 본격적인 데이터 분석에 앞서 데이터의 주요 특성을 요약 및 시각화
  - 관측치들의 패턴 탐색
  - 잘못된 자료들을 탐색
  - 연구 가설의 설정 및 연구의 가정을 검토
  - 변수들 간의 관계 파악

- EDA의 방법론
  - 수치적 및 시각적 분석 방법을 모두 포함
  - EDA를 위해 통계방법이 사용될 수 있지만, EDA는 통계모델링을 하기 전에 데이터에 대한 이해를 돕기 위해 실시

## 39
다음 중 EDA의 기반이 되는 기본 개념 중 변수의 유형에서 범주형 변수에 속하지 않는 것은 무엇인가?

① 이진형
② 순서형
③ 이산형
④ 연속형

**해설**
- 이산형은 양적 변수에 해당한다.
- 변수의 유형

| | |
|---|---|
| 범주형(Categorical variable) | 이진형(Binary) |
| | 순서형(Ordinal) |
| | 명목형(Nominal) |
| 양적 변수(Quantitative or numeric variable) | 이산형(Discrete) |
| | 연속형(Continuous) |

**핵심 키워드 검색**
범주형, 양적 변수

## 40
EDA(탐색적 자료 분석)의 목적에 대한 설명으로 바르지 못한 것은 무엇인가?

① 데이터에 대한 전반적인 구조를 파악하는데 있다.
② 독립변수와 종속변수의 역할을 파악하는데 있다.
③ 주요 변수를 탐색하지만 이상치의 탐지를 하지 않는다.
④ 변수 간의 관계를 파악한다.

**해설** EDA의 목적 : 주어진 문제를 해결하기 위하여 데이터를 정형화하며, 세분화하는 것을 돕기 위함.
데이터에 대한 전반적인 기반 구조를 파악, 독립변수와 종속변수의 역할을 파악, 주요 변수의 탐색, 이상치의 탐지, 변수 간의 관계 파악

**핵심 키워드 검색**
EDA, 탐색적 자료 분석

**정답** 37 ② 38 ④ 39 ③ 40 ③

## 41

다음 중 변수들 간의 관계와 종류에 대해 바르게 표현한 것은 무엇인가?

① 연속형 변수 간의 관계 : 상자그림, 교차표
② 독립변수와 종속변수의 함수관계 : 동일성/ 독립성 검정
③ 범주형이면서 범주형 변수 간의 관계 : 교차표, 막대그래프
④ 연속형이면서 범주형 변수 간의 관계 : 잔차, 상관 계수

**해설**

| 변수들 간의 관계 | 종류 |
|---|---|
| 연속형/연속형 변수 간의 관계 | 산점도, 상관 계수 |
| 연속형/범주형 변수 간의 관계 | 조건부 분포/대표값/분산, 상자그림, 히스토그램 |
| 범주형/범주형 변수 간의 관계 | 교차표, 막대그래프, 동일성/독립성 검정 |
| 독립변수/종속변수 간의 관계 | 회귀 분석, 분산 분석, 잔차 검토 |

**핵심 키워드 검색**

변수들 간의 관계, 연속형, 범주형, 변수, 독립변수, 종속변수

## 42

데이터 표준 및 정책에 따라 비즈니스 데이터를 생성·변경하고 생성된 데이터의 가용성·유용성·무결성과 보안을 관리하는 프로세스를 무엇이라 하는가?

① 데이터 표준화
② 데이터 관리체계
③ 데이터 거버넌스
④ 데이터 분석 준비도

**해설** 데이터 거버넌스는 데이터 표준 및 정책에 따라 비즈니스 데이터를 생성·변경하고 생성된 데이터의 가용성·유용성·무결성과 보안을 관리하는 프로세스이다.

**핵심 키워드 검색**

데이터 거버넌스, 가용성, 유용성, 무결성

## 43

[2021. 3회 기출문제 유사] 최적화 유형

데이터 시대는 분석 능력 및 분석결과 활용에 대한 조직의 성숙도에 대한 분석 성숙도 모델 중 실시간 분석 및 최적화 업무에 적용하는 단계는 무엇인가?

① 도입
② 활용
③ 확산
④ 인프라

**해설**

|  | 도입 단계 | 활용 단계 | 확산 단계 | 최적화 단계 |
|---|---|---|---|---|
| 설명 | 분석을 시작해 환경과 시스템을 구축 | 분석결과 실제 업무에 적용 | 전사 차원에서 분석을 관리·공유 | 분석을 진화하여 혁신 및 성과 향상에 기여 |
| 비즈니스 부문 | 실적 분기 및 통계 정기보고 수행 운영데이터 기반 | 미래 결과 예측 시뮬레이션 운영데이터 기반 | 전사 성과 실시간 분석 프로세스 혁신 3.0 분석 규칙관리 이벤트 관리 | 외부환경 분석 활용 최적화업무적용 실시간 분석 비즈니스모델 진화 |
| 조직역량 부문 | 일부 부서에서 수행 담당자 역량에 의존 | 전문담당부서에서 수행 분석기법 도입 관리자가 분석 수행 | 전사 모든 부서 수행 분석 COE조직 운영 데이터 사이언티스트 확보 | 데이터 사이언스 그룹 경영진 분석 활용 전략 연계 |
| IT 부문 | 데이터 웨어하우스 데이터 마트 ETL / EAI OLAP | 실시간 대시보드 통계 분석 환경 | 빅데이터관리 환경 시뮬레이션·최적화 비주얼 분석 분석 전용 서버 | 분석 협업 환경 분석 Sandbox 프로세스 내재화 빅데이터 분석 |

출처 : https://itwiki.kr/w/데이터_분석_성숙도

**핵심 키워드 검색**

데이터 분석 성숙도, 최적화, 인프라

## 44

난이도 : 중 [2021. 2회 기출문제 유사]

**진단적 분석에 해당하는 것은 무엇인가?**

① 무엇이 발생했는가?
② 원인은 무엇인가?
③ 어떻게 될 것인가?
④ 무엇을 할 것인가?

**해설** 데이터를 최적화하기 위하여 역사적 통찰, 현실적 통찰, 예측적 통찰을 통해 최적화한다.
1. 무엇이 발생했는가? (설명적 분석)
2. 원인은 무엇인가? (진단적 분석)
3. 어떻게 될 것인가? (예측적 분석)
4. 무엇을 할 것인가? (처방적 분석)

**핵심 키워드 검색**

데이터 분석 성숙도, 최적화, 인프라

**정답** 41 ③  42 ③  43 ④  44 ②

## 45

데이터 분석의 4단계에 해당하지 않는 것은 무엇인가?

① 묘사 분석  ② 진단 분석  ③ 예측 분석  ④ 결과 분석

**해설** 데이터 분석의 4단계는 묘사 분석, 진단 분석, 예측 분석, 처방 분석으로 나뉜다.

**핵심 키워드 검색**

데이터 분석의 4단계, 묘사 분석, 진단 분석, 예측 분석, 처방 분석

## 46

다음 중 진단 분석에 대한 원인과 이해하는 과정이 잘못된 것은 무엇인가?

① A제품이 왜 특정지역에서 잘 팔렸는가?
② 분기별로 매출 차이가 발생한 이유는 무엇인가?
③ 제품에 대한 불만이 발생했다면 그 이유는 무엇인가?
④ 고객 불만의 내용은 '좋다' 혹은 '싫다'라고 한 내용은 무엇인가?

**해설** ①, ②, ③은 진단 분석에 대한 설명이다.
묘사 분석은 가장 기본적인 지표로 과거에 경험한 일이 현재 무슨 일이 일어나고 있는지 살펴보는 것이다.
**예** 1년간 지역별로 무슨 제품이 많이 팔렸고, 언제 어떤 제품의 판매량이 높았는지, 고객 불만의 내용이 무엇인지 파악한다. 좋거나 싫다라는 소비자의 반응을 보는 것은 묘사 분석이다.

**핵심 키워드 검색**

진단 분석, 묘사 분석

## 47

데이터 분석의 4단계 중에서 고객의 이탈 가능성을 확인하거나 고객의 구매 이력을 토대로 구매 가능성이 높은 새 제품을 추천하는 분석 방법은 무엇인가?

① 묘사 분석  ② 진단 분석
③ 예측 분석  ④ 처방 분석

**해설** 데이터 분석의 4단계 중에서 고객의 이탈 가능성을 확인하거나 고객의 구매 이력을 토대로 구매 가능성이 높은 새 제품을 추천하는 분석 방법은 '예측 분석'이라 한다.

**핵심 키워드 검색**

데이터 분석 4단계, 예측 분석

## 48

서버와 클라이언트 간의 파일 공유를 목적으로 한 TCP/IP기반 통신 프로토콜을 무엇이라 하는가?

① FTP
② API
③ RSYNC
④ ETL

**해설** 서버와 클라이언트 간의 파일 공유를 목적으로 TCP/IP기반 통신 프로토콜을 'FTP(File Transfer Protocol)'이라 한다.

**핵심 키워드 검색**

FTP, TCP/IP, API, ETL, RSYNC

## 49

맛집에 별점을 주거나 넷플릭스 영화 서비스에서 별점을 주는 측정 척도는 무엇인가?

① 명목 척도
② 서열/순위 척도
③ 등간 척도
④ 비율 척도

**해설** 맛집에 별점을 주거나 넷플릭스 영화 서비스에서 별점을 주는 측정 척도는 서열/순위 척도이다.

**핵심 키워드 검색**

서열/순위 척도, 명목 척도, 등간 척도, 비율 척도

## 50

미세 먼지 수치를 측정하는 척도는 무엇인가?

① 명목 척도
② 서열/순위 척도
③ 등간 척도
④ 비율 척도

**해설**
- 미세 먼지를 측정하는 척도는 등간/간격/거리 척도이다.
- 명목 척도는 학생/직장인, 혈액형을 구분한다.

**핵심 키워드 검색**

명목 척도, 등간 척도

**정답** 45 ④  46 ④  47 ③  48 ①  49 ②  50 ③

## 51

**다음 중 정형 데이터 수집 방식 및 기술이 아닌 것은 무엇인가?**

① ETL  ② FTP  ③ API  ④ RSS

**해설** 정형 데이터 수집 방식 및 기술에는 ETL, FTP, API, DBTODB, Rsync, 스쿱이 있다.

**핵심 키워드 검색**

정형 데이터 수집 방식 및 기술, ETL, FTP, API, DBTODB, Rsync, 스쿱

## 52

[2021. 3회 기출문제 유사] 비정형/반정형/정형 데이터 분류

**다음 중 반정형 데이터 수집 방식 및 기술이 아닌 것은 무엇인가?**

① 센싱  ② 스트리밍  ③ 플럼  ④ 아파치 카프카

**해설**
- 반정형 데이터 수집 방식 및 기술 : 센싱, 스트리밍, 플럼, 스크라이브, 척와
- 비정형 데이터 수집 방식 및 기술 : 크롤링, RSS, Open API, 스크래파이, 아파치 카프카

**핵심 키워드 검색**

반정형 데이터 수집 방식 및 기술, 센싱, 스트리밍, 플럼, 스크라이브, 척와

**정답** 51 ④  52 ④

PART 01 | 빅데이터 분석 기획

# CHAPTER 03 데이터 수집 및 저장 계획

| 83문항

## 01

전사적 자원 관리라고도 하며 조직이 회계, 구매, 프로젝트 관리, 리스크 관리와 규정 등 고객의 주문 정보까지 포함하여 통합적으로 관리하는 시스템을 무엇이라 하는가?

① SCM(Supply Chain Management)
② SOC(Social Overhead Capital)
③ DRM(Digital Rights Management)
④ ERP(Enterprise Resource Planning)

- SCM은 기업이 외부 공급업체 또는 제휴업체와 통합된 정보시스템으로 연계하여 시간과 비용을 최적화시키기 위한 것으로, 자재 구매, 생산/재고, 유통/판매, 고객데이터로 구성된다.
- 전사적 자원 관리라고도 하며 조직이 회계, 구매, 프로젝트 관리, 리스크 관리와 규정 등 고객의 주문정보까지 포함하여 통합적으로 관리하는 시스템을 'ERP'라고 한다.

🔍 **핵심 키워드 검색**

ERP, SCM

## 02

출판자 또는 저작권자가 그들이 배포한 디지털 자료나 하드웨어의 사용을 제어하고 이를 의도한 용도로만 사용하도록 제한하는 데 사용되는 모든 기술들을 지칭하는 용어를 무엇이라 하는가?

① ERP   ② CRM   ③ DRM   ④ SCM

- CRM은 소비자들을 자신의 고객으로 만들고, 이를 장기간 유지하고자 하는 경영방식으로 내부 정보를 분석하고 저장하는 데 사용하는 광대한 분야를 아우르는 방법이다.
- 디지털 권리 관리(Digital rights management, DRM)는 출판자 또는 저작권자가 그들이 배포한 디지털 자료나 하드웨어의 사용을 제어하고 이를 의도한 용도로만 사용하도록 제한하는 데 사용되는 모든 기술들을 지칭하는 용어이다.

🔍 **핵심 키워드 검색**

CRM, ERP, SCM

## 03

[2021. 3회 기출문제 유사] 비정형/반정형/정형 데이터 분류

다음 중 데이터 유형에서 반정형 데이터에 해당하지 않는 것은?

① 로그 데이터   ② 센서 데이터   ③ 모바일 데이터   ④ 고객 관리 데이터

반정형 데이터는 센서 데이터, 시스템 로그, 네트워크 장비 로그, 알람, 보안 장비 로그가 있다.

🔍 **핵심 키워드 검색**

반정형 데이터, 센서 데이터, 로그 데이터

## 04

난이도 : 중 [2021. 2회 기출문제 유사]

**데이터의 유형 중 정형 데이터-반정형 데이터-비정형 데이터 순서로 알맞게 짝지어진 것은?**

① DB 데이터-스프레드 시트-웹 게시판
② RSS-웹 로그-텍스트
③ JSON-시스템 로그-웹 게시판
④ DB 데이터-JSON-웹 게시판

**해설**
- 정형 데이터 : 관계형 데이터베이스, 스프레드 시트
- 반정형 데이터 : XML, HTML, 웹 로그, 알람, 시스템 로그, JSON, RSS, 센서 데이터
- 비정형 데이터 : SNS, 웹 게시판, 텍스트/이미지/오디오/비디오

🔍 **핵심 키워드 검색**

- **메타데이터(metadata)**
데이터(data)에 대한 데이터이다. 이렇게 흔히들 간단히 정의하지만 엄격하게는, Karen Coyle에 의하면 "어떤 목적을 가지고 만들어진 데이터(Constructed data with a purpose)"라고도 정의한다. 가령 도서관에서 사용하는 서지 기술용으로 만든 것이 그 대표적인 예이다. 지금은 온톨로지의 등장과 함께 기계가 읽고 이해할 수 있는 (Machine Actionable)한 형태의 메타데이터가 많이 사용되고 있다. [위키백과 참조]

- **XML(Extensible Markup Language)**
W3C에서 개발된, 다른 특수한 목적을 갖는 마크업 언어를 만드는 데 사용하도록 권장하는 다목적 마크업 언어이다. XML은 SGML의 단순화된 부분집합으로, 다른 많은 종류의 데이터를 기술하는 데 사용할 수 있다. XML은 주로 다른 종류의 시스템, 특히 인터넷에 연결된 시스템끼리 데이터를 쉽게 주고 받을 수 있게 하여 HTML의 한계를 극복할 목적으로 만들어졌다. [위키백과 참조]

- **RSS(Rich Site Summary)**
뉴스나 블로그 사이트에서 주로 사용하는 콘텐츠 표현 방식이다. 웹 사이트 관리자는 RSS 형식으로 웹 사이트 내용을 보여 준다. 이 정보를 받는 사람은 다른 형식으로 이용할 수 있다.RSS 리더에는 웹기반형과 설치형이 있다. 웹기반형 리더는 간단한 계정등록으로 어디에서든 이용할 수 있다는 장점을 가지고 있다. [위키백과 참조]

## 05

**다음 중 구조 관점의 데이터 유형 중 스키마 구조 형태를 가지고 메타데이터를 포함하며, 값과 형식에서 일관성을 가지지 않는 데이터 유형은?**

① 정형 데이터
② 반정형 데이터
③ 스트림 데이터
④ 비정형 데이터

**해설** 반정형 데이터는 스키마 구조 형태를 가지고 메타데이터를 포함하며, 값과 형식에서 일관성을 가지지 않는 데이터 유형이다.

🔍 **핵심 키워드 검색**

반정형 데이터, 스키마 구조, 메타데이터

**정답** 01 ④  02 ③  03 ④  04 ④  05 ②

## 06

다음 중 데이터 종류별 연동 방법에서 로그 형태로 센서 데이터 등 머신이 발생하는 데이터에 해당하는 것은 무엇인가?

① 소켓
② 스트리밍
③ ftp
④ http

**해설** DBMS에 해당하는 연동 방법은 소켓, 반정형 이진 파일은 스트리밍, 비정형 파일은 ftp, 스크립트 파일은 http에 해당한다.

**핵심 키워드 검색**

스트리밍, 소켓, DBMS, ftp, http

## 07

다음 중 수집 방법별 수집 기술의 종류가 아닌 것은 무엇인가?

① HTTP 수집
② 로그/센서 수집
③ DBMS 수집
④ API 수집

**해설** 수집 방법별 수집 기술의 종류에는 HTTP 수집, 로그/센서 수집, DBMS 수집, FTP 수집이 있다.

**핵심 키워드 검색**

데이터 수집 기술의 종류, HTTP 수집, 로그/센서 수집, DBMS 수집, FTP 수집

## 08

다음 중 전통적인 관계형 데이터베이스 보다 덜 제한적인 일관성 모델을 이용하는 데이터의 저장 및 검색을 위한 매커니즘을 기존 RDBMS 형태의 관계형 데이터베이스가 아닌 다른 형태의 데이터 저장 기술을 뜻하는 용어는 무엇인가?

① DBMS
② RDBMS
③ NoSQL
④ Data Mart

**해설** NoSQL 데이터베이스는 전통적인 관계형 데이터베이스 보다 덜 제한적인 일관성 모델을 이용하는 데이터의 저장 및 검색을 위한 매커니즘을 제공한다. 이러한 접근에 대한 동기에는 디자인의 단순화, 수평적 확장성, 세부적인 통제를 포함한다.

**핵심 키워드 검색**

NoSQL, DBMS, RDBMS

## 09

다음 중 데이터 유형이 다른 것은 무엇인가?

① XML
② HTML
③ JSON
④ SNS

**해설** XML, HTML, JSON, 센서 데이터는 반정형 데이터에 해당하며, SNS 데이터는 비정형 데이터에 해당한다.

🔍 **핵심 키워드 검색**

데이터 유형, XML, HTML, JSON, 센서 데이터, SNS 데이터

## 10

다음 중 사용자의 의사 결정에 도움을 주기 위하여, 기간 시스템의 데이터베이스에 축적된 데이터를 공통 형식으로 변환해서 관리하는 데이터베이스는?

① 데이터 웨어하우스(Data Warehouse)
② 데이터 마트(Data Mart)
③ 데이터 레이크(Data Lake)
④ 데이터베이스(Database)

**해설** 데이터 웨어하우스는 사용자의 의사 결정에 도움을 주기 위하여, 기간 시스템의 데이터베이스에 축적된 데이터를 공통 형식으로 변환해서 관리하는 데이터베이스이다.

🔍 **핵심 키워드 검색**

데이터 웨어하우스, 데이터베이스, 데이터 마트

## 11

다음 중 정형 데이터 수집 방식 및 기술로 가장 올바르지 않은 것은?

① DBToDB
② 척와(Chukwa)
③ API
④ ETL

**해설** 척와는 하둡 에코시스템의 비정형 데이터 수집 기술이며, 분산된 각 서버에서 에이전트를 실행하고, 컬렉터(Collector)가 에이전트로부터 데이터를 받아 HDFS에 저장한다.

🔍 **핵심 키워드 검색**

정형 데이터 분석, DBTODB, API, ETL

**정답** 06 ② 07 ④ 08 ③ 09 ④ 10 ① 11 ②

## 12
다음 중 데이터 유형에 대한 설명으로 가장 부적절한 것은?

① 스키마 구조의 유무에 따라 정형 데이터와 비정형 데이터를 구분할 수 없다.
② 비정형 데이터는 텍스트 데이터, 이미지, 동영상 같은 멀티미디어 데이터이다.
③ 정형 데이터는 데이터의 스키마 정보를 관리하는 DBMS와 데이터 내용이 저장되는 데이터 저장소로 구분된다.
④ 데이터 유형은 정형 데이터, 반정형 데이터, 비정형 데이터로 분류할 수 있다.

**해설** 정형 데이터는 데이터의 스키마 정보를 관리하는 DBMS와 데이터 내용이 저장되는 데이터 저장소로 구분되지만, 반정형 데이터는 데이터 내부에 정형 데이터의 스키마에 해당되는 메타데이터를 갖고 있으며, 일반적으로 파일 형태로 저장된다.

**핵심 키워드 검색**
정형 데이터 정의, DBMS, 반정형 데이터 정의, 스키마, 메타데이터

## 13
데이터 수집 기술 중 수집 대상 데이터를 추출, 변환, 적재하는 기술을 의미하는 것은?

① ETL
② Sqoop
③ Crawling
④ DBMS

**해설** 수집 대상 데이터를 추출, 변환, 적재하여 데이터 웨어하우스를 저장하는 기술은 ETL(Extract Transform Load)이다.

**핵심 키워드 검색**
ETL, Crawling

## 14
다음 중 다수의 서버로부터 실시간으로 스트리밍 되는 로그 데이터를 수집하는 기술을 의미하는 것은?

① 스크라이브(Scribe)
② 척와(Chuck)
③ Sqoop
④ ETL

**해설**
• 스크라이브(Scribe)
 - 다수의 서버로부터 실시간으로 스트리밍 되는 로그 데이터를 수집하여 분산 시스템에 데이터를 저장하는 대용량 실시간 로그 수집 기술
 - 최종 데이터는 HDFS 외에 다양한 저장소를 활용 가능
 - HDFS에 저장하기 위해서는 JNI를 이용

**핵심 키워드 검색**
스크라이브, 스트리밍, 로그데이터, 분산 시스템, HDFS, JNI

## 15

다음 중 많은 양의 로그 데이터를 효율적으로 수집하고 스트리밍 데이터 흐름(Data Flow)을 비동기로 분산 처리할 수 있는 스트리밍 기술은?

① ETL
② rsync
③ Sqoop
④ Flume

**해설** 플럼(Flume)은 많은 양의 로그 데이터를 효율적으로 수집, 집계 및 이동하기 위해 이벤트와 에이전트를 활용하고, 스트리밍 데이터 흐름을 비동기 방식으로 처리하는 분산형 로그 수집 기술이다.

**핵심 키워드 검색**
플럼(Flume), 비동기, 분산 처리, 분산형 로그 수집 기술

## 16

[2021. 3회 기출문제 유사] 하둡 데이터 저장소/HDFS

다음 중 정형 데이터 수집에 사용되는 하둡 에코시스템으로 가장 적절한 것은?

① 척와(Chukwa)
② 스쿱(Sqoop)
③ HDFS
④ 맵리듀스(Map Reduce)

**해설** 스쿱은 커넥터를 사용하여 관계형 데이터베이스 시스템(RDBMS)에서 하둡 파일 시스템(HDFS)으로 데이터를 수집하거나, 하둡 파일 시스템에서 관계형 데이터베이스로 데이터를 보내는 기능을 수행한다.

**핵심 키워드 검색**
스쿱, RDBMS, HDFS 데이터 수집, 관계형 데이터베이스

## 17

다음 중 블로그, 뉴스, 쇼핑몰 등의 웹 사이트에 게시된 새로운 글을 공유하기 위해 XML 기반으로 정보를 배포하는 프로토콜을 활용하여 데이터를 수집하는 기술은?

① Open API
② 크롤링(Crawling)
③ RSS
④ 스쿱(Sqoop)

**해설** RSS는 블로그, 뉴스, 쇼핑몰 등의 웹 사이트에 게시된 새로운 글을 공유하기 위해 XML 기반으로 정보를 배포하는 프로토콜을 활용하여 데이터를 수집하는 기술이다.

**핵심 키워드 검색**
RSS, XML 기반 배포 프로토콜, 데이터 수집 기술

**정답** 12 ① 13 ① 14 ① 15 ④ 16 ② 17 ③

## 18

다음 중 데이터 형태에 따른 데이터 유형 중 정량적 데이터에 해당하지 않는 것은?

① 모집단 크기
② 경제 수치
③ 역사적 기록
④ 기호

**해설**
- 정량적 데이터인 수치, 도형, 기호는 정형화가 된 데이터이므로 비용 소모가 적다.
- 역사적 기록은 정성적 데이터이다.

**핵심 키워드 검색**
정량적 데이터, 정성적 데이터

## 19

다음 중 범주형 변수에 해당하지 않는 데이터 특정 척도는?

① 비율 척도
② 서열 척도
③ 순위 척도
④ 명목 척도

**해설** 범주형 변수에는 명목 척도, 서열/순위 척도, 등간/간격/거리 척도가 있다.

**핵심 키워드 검색**
범주형 변수, 명목, 서열, 순위, 등간, 간격, 거리, 척도

## 20

다음 중 데이터 속성에 대한 설명으로 적절하지 않은 것은?

① 순서형 변수는 변수가 어떤 기준에 따라 순서에 의미를 부여할 수 있는 변수이다.
② 이산형 변수는 범주형 변수 또는 이산 확률 변수라고도 한다.
③ 연속형 변수는 학생들의 평균 키처럼 변수 값이 정수처럼 명확한 값을 가진다.
④ 명목형 변수는 명사형으로 변수나 변수의 크기가 순서와 상관없고, 이름으로 의미를 부여할 수 있는 변수이다.

**해설**
- 이산형 변수는 변수가 취할 수 있는 값을 하나하나 셀 수 있는 변수이다.
- 연속형 변수는 변수가 구간 안의 모든 값을 가질 수 있는 변수이며 변수 값이 정수처럼 명확하지 못하다.

**핵심 키워드 검색**
이산형 변수, 연속형 변수

## 21

[2021. 3회 기출문제 유사] 데이터 분석 모델 평가 및 척도

다음 데이터 측정 척도 중 관찰대상의 속성을 상대적인 크기로 나타내며 순위 또는 상, 중, 하 등으로 평가 기준을 측정하는 척도로 가장 적합한 것은?

① 비율 척도(Ratio Scale)
② 명목 척도(Nomianl Scale)
③ 등간 척도(Interval Scale)
④ 서열 척도(Ordinal Scale)

**해설** 등간 척도는 수치적으로 평가하기 어려워 상, 중, 하 등으로 평가 기준을 나누어 측정하는 척도이며, 산술 연산이 가능하여 동일 간격화로 크기 간의 차이를 비교할 수 있게 만든 척도이다.

**핵심 키워드 검색**
등간 척도, 명목 척도, 등간 척도, 서열 척도

## 22

다음 중 아래 사례에서 설명하는 데이터 측정 척도는 무엇인가?

사례 : 당신이 자주 보는 인터넷을 기반으로 하는 온라인 동영상 스트리밍 서비스는 무엇인가?
1) 넷플릭스  2) 웨이브  3) 티빙  4) 왓차 플레이

① 서열 척도
② 명목 척도
③ 비율 척도
④ 등간 척도

**해설** 명목 척도는 관측 대상을 범주로 분류한 후 기호나 숫자를 부여하는 방법이다. 명목 척도는 분류를 수치화하며, 척도 값이 분류의 의미만을 가진다.

**핵심 키워드 검색**
명목척도, 범주, 분류 수치화

## 23

다음 중 비율 척도에 관한 설명으로 바르지 않은 것은?

① 가장 전형적인 양적 변수로 쓰인다.
② 순서뿐만 아니라 그 간격도 의미가 있다.
③ 균등 간격에 절대 영점이 있다.
④ 관측 대상을 임의 범주로 분류한 후 기호나 숫자를 부여하는 방법이다.

**해설** 관측 대상을 임의 범주로 분류한 후 기호나 숫자를 부여하는 방법은 명목 척도이다.

**핵심 키워드 검색**
비율 척도, 명목 척도

**정답** 18 ③  19 ①  20 ④  21 ④  22 ②  23 ④

## 24

다음 중 데이터를 측정하는 척도의 특징에 대한 설명으로 바르지 못한 것은?

① 명목 척도 : 같다(=), 다르다(≠) 연산 가능
② 서열 척도 : 대소 관계(>, <) 연산 가능
③ 등간 척도 : 곱하기, 사칙 연산 가능
④ 비율 척도 : 사칙연산 가능

**해설** 등간 척도는 가감(+, -) 연산은 가능하나 그 외 사칙 연산은 불가능하다.

**핵심 키워드 검색**
등간 척도, 서열 척도, 비율 척도, 명목 척도

## 25

다음 중 데이터베이스에서 자료의 구조, 자료의 표현 방법, 자료 간의 관계를 형식 언어로 정의한 구조는 무엇인가?

① 스키마(Schema)
② 트랜잭션(Transaction)
③ 인메모리(In-Memory) 데이터베이스
④ 제이슨(JSON)

**해설** 스키마는 데이터베이스에서 자료의 구조, 자료의 표현 방법, 자료 간의 관계를 형식 언어로 정의한 구조이다.

**핵심 키워드 검색**
스키마, 트랜잭션

## 26

다음 중 범주형 변수에 관한 예시가 바르지 못한 것은?

① 조사 결과(1=찬성, 2=반대)
② 결제 방법(현금 또는 신용카드)
③ 요일(평일, 주말, 공휴일)
④ 제품의 판매 가격

**해설**
- 범주형 변수는 조사 대상을 특성에 따라 범주로 구분하여 측정된 변수이다.
- 범주형 변수는 순서형 변수와 명목형 변수로 구분된다.
- 제품의 판매가격은 양적 변수에 해당한다.

**핵심 키워드 검색**
범주형 변수, 순서형 변수, 명목형 변수, 양적 변수

## 27

다양한 차원과 값을 조합하여 특이한 점 또는 의미 있는 사실을 도출하고 분석에 대한 최종 목적을 달성해 가는 과정을 무엇이라 하는가?

① EDA
② FDA
③ KPI
④ NCS

**해설** 다양한 차원과 값을 조합하여 특이한 점 또는 의미 있는 사실을 도출하고 분석에 대한 최종 목적을 달성해 가는 과정을 'EDA'라 한다.

**핵심 키워드 검색**
EDA

## 28

데이터로부터 잡음을 제거하기 위해 데이터 추세에 벗어나는 값들을 변환하는 기법으로 거칠게 분포된 데이터를 매끄럽게 만들기 위해 구간화, 군집화 등의 기법을 적용하는 것은 무엇인가?

① 집계(Aggregation)
② 평활화(Smoothing)
③ 정규화(Normalization)
④ 일반화(Generalization)

**해설** 평활화는 데이터 안에 잡음을 제거하기 위해 데이터 추세에 벗어나는 값들을 변환하는 기법이며, 거칠게 분포된 데이터를 매끄럽게 만들기 위해 구간화, 군집화 등의 기법을 적용한다.

**핵심 키워드 검색**
평활화, 구간화, 군집화

## 29

다음 중 EDA의 4가지 주제가 아닌 것은 무엇인가?

① 저항성의 강조
② 잔차 계산
③ 자료 변수의 재표현
④ 등분산성

**해설** EDA의 4가지 주제는 저항성의 강조, 잔차 계산, 자료 변수의 재표현, 그래프를 통한 현시성

**핵심 키워드 검색**
EDA, 저항성의 강조, 잔차, 재표현, 현시성

**정답** 24 ③ 25 ① 26 ④ 27 ① 28 ② 29 ④

## 30

[2021. 3회 기출문제 유사] 선형회귀/정규화

다음 중 정규화에 대한 설명 중 적절하지 않은 것은?

① 관계형 데이터베이스의 설계에서 중복을 최소화하게 데이터를 구조화하는 프로세스이다.
② 기본 목표는 테이블 간에 중복 데이터를 허용하지 않음으로 무결성을 유지할 수 있다.
③ 검색 알고리즘을 생성할 수 없어 자료검색과 추출의 효율성이 떨어진다.
④ 정규화된 데이터 모델은 일관성, 정확성, 단순성, 비중복성, 안전성 등을 보장한다.

**해설**
- 정규화(Normalization) : 정해진 구간 내에 들도록 함.
  - 최단 근접 분류, 군집화와 같은 거리 측정 등을 위해 유용함.
  - 최소-최대 정규화/ z-score 정규화/ 소수 스케일링 등
- 효과적인 검색 알고리즘 생성으로 자료검색과 추출의 효율성을 높인다.

**핵심 키워드 검색**
정규화, 최근 근접 분류, 최소-최대 정규화, z-score 정규화, 소수 스케일링

## 31

[2021. 3회 기출문제 유사] 정규화/선형회귀

다음 중 특성 값의 소수점을 이동하여 데이터 크기를 조정하는 정규화 기법은?

① 최소-최대 정규화
② 소수 스케일링
③ Z-스코어 정규화
④ 일반화

**해설** 소수 스케일링은 특성 값의 소수점을 이동하여 데이터 크기를 조정하는 정규화 기법이다.

**핵심 키워드 검색**
소수 스케일링, 정규화 기법

## 32

[2021. 3회 기출문제 유사] 데이터 변환

특정 데이터가 아니라, 범용적인 데이터에 적합한 모델을 만드는 기법으로 이상 값과 노이즈에 크게 영향 받지 않아야 좋은 데이터 변환 기술은 무엇인가?

① 평활화
② 일반화
③ 정규화
④ 집계

**해설** 특정 데이터가 아니라, 범용적인 데이터에 적합한 모델을 만드는 기법으로 이상 값과 노이즈에 크게 영향 받지 않아야 좋은 데이터 변환 기술은 일반화이다.

**핵심 키워드 검색**
일반화, 데이터 변환 기술, 이상 값, 노이즈

## 33
다음 중 데이터 활용성의 품질 특성에 해당하지 않은 것은?

① 데이터 유용성　　　　　② 데이터 접근성
③ 데이터 정확성　　　　　④ 데이터 보안성

**해설** 데이터 활용성에 해당하는 품질 특성에는 유용성, 접근성, 적시성, 보안성이 있다.

🔍 **핵심 키워드 검색**

데이터 활용성, 유용성, 접근성, 적시성, 보안성

## 34
다음 중 데이터 상의 다른 값들의 분포와 비교했을 때 비정상적으로 떨어져 있는 관측치를 무엇이라 하는가?

① 이상치(Outliers)　　　　② 결측치
③ 잔차　　　　　　　　　④ 예측치

**해설**
- 결측치 : 모델 분석 시 정확도를 높이기 위해 왜곡 발생시킬 수 있는 데이터 값
- 이상치 : 데이터/샘플과 동떨어진 관측치로, 모델을 왜곡할 가능성이 있는 관측치
- 잔차 : 결과의 오류
- 예측치 : 예상되는 관측치

🔍 **핵심 키워드 검색**

결측치, 이상치, 잔차, 예측치

## 35
데이터 유효성 관련 품질 특성 중 데이터 일관성의 세부요소에 해당하지 않는 것은?

① 정합성　　　　　　　　② 일치성
③ 사실성　　　　　　　　④ 무결성

**해설** 사실성은 데이터 유효성 관련 품질 특성 중 데이터 정확성에 해당하는 요소이다.

🔍 **핵심 키워드 검색**

데이터 유효성, 정합성, 일치성, 무결성

**정답**　30 ③　31 ②　32 ②　33 ③　34 ①　35 ③

## 36

[2021. 3회 기출문제 유사] NoSQL

다음 중 NoSQL의 유형에 속하지 않는 것은?

① Column Family Data Store
② Key-Value Store
③ corpus Store
④ Document Store

**해설** NoSQL의 유형에는 Key-Value Store / Column Family Data Store / Document Store / Graph Store가 있다.

🔍 **핵심 키워드 검색**

NoSQL, Key-Value Store, Column Family Data Store, Document Store, Graph Store

## 37

[2021. 3회 기출문제 유사] NoSQL

다음 중 NoSQL 데이터베이스 제품으로 적절하지 않은 것은?

① 마이크로소프트 SSDS
② Cloudata
③ 구글 빅테이블
④ Python

**해설** NoSQL의 데이터베이스 제품으로는 마이크로소프트 SSDS, 구글 빅테이블, HBase, 아마존 SimpleDB, Cloudata, Cassandra가 있다. Python은 프로그래밍 언어 이름이다.

🔍 **핵심 키워드 검색**

NoSQL, 마이크로소프트 SSDS, 구글 빅테이블, HBase, 아마존 SimpleDB, Cloudata, Cassandra, python

## 38

다음 중 데이터 적재 도구에 해당하지 않는 것은?

① 로그스태시(Logstash)
② 플럼(Flume)
③ 스크라이브(Scribe)
④ 맵리듀스(Map Reduce)

**해설** 맵리듀스는 분산 병렬 컴퓨팅에서 데이터 처리를 위해 만들어진 소프트웨어 프레임워크이며, 데이터 적재 도구에는 로그스태시, 플루언티드, 플럼, 스크라이브가 있다.

🔍 **핵심 키워드 검색**

데이터 적재 도구, 로그스태시, 플루언티드, 플럼, 스크라이브

## 39
[2021. 3회 기출문제 유사] 데이터 웨어하우스 특성

**다음 중 데이터 웨어하우스에 대한 설명으로 바르지 않은 것은?**

① 데이터 웨어하우스에서 관리하는 데이터들은 시간의 흐름에 따라 변화하는 값을 유지한다.
② 데이터 웨어하우스는 제한적이고 수명이 짧다.
③ 데이터 마트와 달리 데이터 웨어하우스는 조직 전체의 상세 데이터를 포함한다.
④ 데이터 웨어하우스와 데이터 마트의 구분은 사용자의 기능 및 제공 범위를 기준으로 한다.

**해설** 데이터 웨어하우스는 유연하고 데이터 지향적이며 수명이 길다.

🔍 **핵심 키워드 검색**
데이터 웨어하우스

## 40
**다음 중 데이터 수집 목록 작성 시 검토할 사항으로 가장 올바르지 않은 것은?**

① 해당 데이터의 수집 가능성 여부
② 데이터 품질
③ 수집 기술
④ 개인 정보 보호 및 유출 문제

**해설** 데이터 수집 목록 작성 시에는 수집 가능성 여부, 수집 주기, 개인 정보 보호, 데이터 품질, 비용 등을 검토해야 한다.

🔍 **핵심 키워드 검색**
데이터 수집 목록 작성

## 41
**다음 중 데이터 수집을 위한 세부 절차의 3단계에 포함되지 않는 것은 무엇인가?**

① 수집 대상 데이터 선정 단계
② 수집 세부 계획 작성 단계
③ 데이터 수집 실행 단계
④ 데이터 저장/관리 단계

**해설** 데이터 수집을 위한 세부 절차는 수집 대상 데이터 선정 단계, 수집 세부 계획 작성 단계, 데이터 수집 실행 단계와 같은 3단계로 구성된다.

🔍 **핵심 키워드 검색**
데이터 수집 세부 절차

**정답** 36 ③  37 ④  38 ④  39 ②  40 ③  41 ④

## 42

다음 중 아래와 같은 형태를 가지고 있는 데이터의 유형은?

```
> trees
  Girth Height Volume
1   8.3     70   10.3
2   8.6     65   10.3
3   8.8     63   10.2
4  10.5     72   16.4
```

① 정형 데이터   ② 비정형 데이터
③ 통계 데이터   ④ 반정형 데이터

**해설** 정형 데이터의 경우 행과 열로 구성된 데이터 프레임 형태를 포함한다.

**핵심 키워드 검색**

정형 데이터 형태

## 43

다음 중 데이터 특징에 대한 설명으로 바르지 않은 것은 무엇인가?

① 정량적 데이터는 속성이 모여 하나의 객체를 이룬다.
② 정성적 데이터는 언어, 문자 등으로 이루어진다.
③ 데이터베이스나 스프레드시트에 저장되는 것은 정성적 데이터에 속한다.
④ 정성적 데이터는 소스 위치가 주로 DBMS 내부시스템에 있다.

**해설** 정량적 데이터는 정형화가 된 데이터로 주로 내부시스템 DBMS에 소스 위치를 두며, 정성적 데이터는 외부 시스템에 소스 위치를 둔다.

| 구 분 | 정성적 데이터 | 정량적 데이터 |
| --- | --- | --- |
| 형 태 | 비정형 데이터 | 정형, 반정형 데이터 |
| 특 징 | 객체에 정보를 지닌다.<br>예) 인상, 의견, 관점 | 속성값이 모여 객체를 이룬다.<br>예) 변비약을 드셔 본 경험이 있습니까?<br>항상, 절반 정도, 가끔, 없음. |
| 구 성 | 언어, 문자 | 수치, 기호, 도형 |
| 비 용 | 비구조화된 데이터라서 비용이 많이 발생. | 내부시스템(DBMS)에 적재되어 비용 소모가 적음. |
| 저장 형태 | 파일, 웹 | 데이터베이스, 스프레드시트 |

**핵심 키워드 검색**

정성적 데이터, 정량적 데이터

## 44

[2021. 3회 기출문제 유사] 비정형/반정형/정형 데이터 분류

**다음 중 반정형 데이터의 종류가 아닌 것은?**

① XML 데이터
② 영상 데이터
③ JSON 데이터
④ IoT에서 제공하는 센서 데이터

**해설** 영상 데이터는 비정형 데이터에 해당한다.

🔍 **핵심 키워드 검색**
반정형 데이터

## 45

**다음 중 데이터의 특정 변수를 정해진 규칙에 따라 바꿔주는 데이터 정제기법은 무엇인가?**

① 데이터 축소
② 데이터 합성
③ 데이터 변환
④ 데이터 처리

**해설** 데이터 변환 기법은 데이터의 특정 변수를 정해진 규칙에 따라 바꿔주는 기술이다.

🔍 **핵심 키워드 검색**
데이터 정제, 데이터 변환

## 46

**다음 중 데이터 수집기술로 부적절한 것을 고르시오?**

① API
② HTTP
③ Web scraping
④ JSON

**해설** 데이터 수집 기술로는 API, DBMS, FTP, HTTP, static files, web scraping 등이 있으며, Json은 데이터 종류에 해당한다.

🔍 **핵심 키워드 검색**
데이터 수집 기술, API, DBMS, FTP, HTTP, static files, web scraping

**정답** 42 ① 43 ④ 44 ② 45 ③ 46 ④

## 47

다음 중 데이터 수집을 실행하기 전에 수집 계획에 따른 사전 테스트로 점검할 사항이 아닌 것은 무엇인가?

① 네트워크 트래픽 문제
② 수집 데이터 장애 점검
③ 데이터 누락 여부
④ 원본 데이터와 샘플 데이터를 비교한 정확성 유무

- 데이터 수집을 실행하기 전에 수집 계획에 따른 사전 테스트로 점검할 사항
  - 네트워크 트래픽 문제, 수집 데이터 장애 점검, 정확성, 보안성 점검(개인정보 포함 여부)
- 수집 데이터 장애 점검은 데이터 수집 후 이루어집니다.

**핵심 키워드 검색**

데이터 수집, 트래픽, 데이터 누락, 보안성 점검

## 48

회사의 고객, 프로세스, 시장 환경, 재무 정보 등의 데이터를 고품질의 데이터로 유지하기 위해 관리되어야 하는 기준이 아닌 것은 무엇인가?

① 완전성
② 일관성
③ 최신성
④ 무결성

- 데이터 품질 관리 기준

| 데이터 관리 기준 | 해 석 |
|---|---|
| 완전성 | 데이터의 모든 값은 의미 있게 채워져 있어야 한다. |
| 일관성 | 데이터의 값은 동일하게 관리되어야 한다. |
| 최신성 | 데이터의 값은 실제 세계의 객체들이 가지고 있는 값과 같아야 한다. |
| 유효성 | 데이터의 값은 업무 규칙을 준수해야 한다. |
| 유일성 | 데이터의 값은 동일 테이블에서 중복 관리되어서는 안 된다. |
| 명확성 | 데이터의 의미가 혼동되지 않도록 분명하게 관리되어야 한다. |

자료출처 : 한국데이터 산업진흥원

**핵심 키워드 검색**

데이터 관리 기준

## 49

다음 중 데이터의 값은 업무 규칙을 준수해야 하는 데이터 기준은 무엇인가?

① 완전성
② 일관성
③ 유효성
④ 유일성

유효성은 데이터의 값은 업무 규칙을 준수해야 한다는 의미이다.

**핵심 키워드 검색**

데이터 기준, 유효성

## 50

다음 중 데이터 흐름 관리 프로세스에서 데이터 정제에 대한 가장 올바른 설명은 무엇인가?

① 앞선 지표에 따른 구체적인 체크 모듈을 실행하여 정합성을 체크하는 과정이다.
② 데이터 정합성 검증을 통하여 추출된 오류 데이터에 대한 분석을 수행한다.
③ 데이터 정합성을 지키지 않은 오류 데이터의 원인 분석결과에 따라 데이터 관리의 각 요소에 적절한 조치를 수행하고, 데이터 값을 수정하는 과정을 말한다.
④ 데이터를 추출(변환)하여 해당 데이터베이스에 적재해야 하는 요건을 검토한다.

**해설**
- 데이터 추출 요건 검토 : 데이터를 추출(변환)하여 해당 데이터베이스에 적재해야 하는 요건을 검토한다.
- 데이터 정합성 체크 : 앞선 지표에 따른 구체적인 체크 모듈을 실행하여 정합성을 체크하는 과정이다
- 오류 데이터 분석 : 데이터 정합성 검증을 통하여 추출된 오류 데이터에 대한 분석을 수행한다.
- 데이터 정제 : 데이터 정합성을 지키지 않은 오류 데이터의 원인 분석결과에 따라 데이터 관리의 각 요소에 적절한 조치를 수행하고, 데이터 값을 수정하는 과정을 말한다.

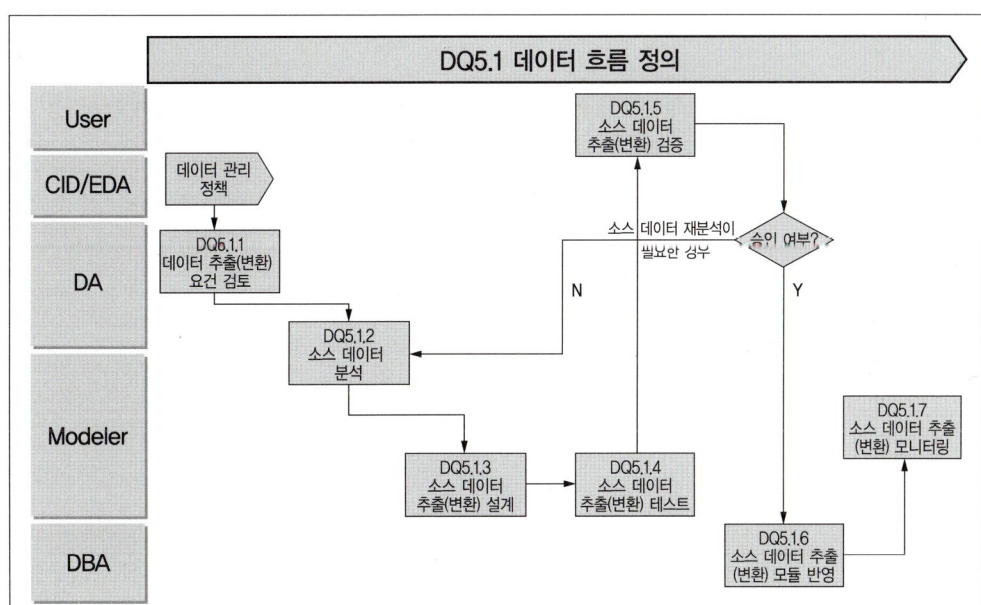

데이터 흐름 관리 프로세스  자료출처 : 한국데이터 산업진흥원

**핵심 키워드 검색**
데이터 흐름 관리 프로세스, 데이터 정제

정답  47 ②  48 ④  49 ③  50 ③

## 51

다음 중 데이터 관리 원칙에서 기업의 비전과 목표에 맞는 데이터를 확보하고 데이터 관리 목적을 달성할 수 있도록 정의해야하는 기준은 무엇인가?

① 준수성　　　　　　　　② 불가변성
③ 이해성　　　　　　　　④ 완전성

**해설**
- 데이터 관리 원칙에서 기업의 비전과 목표에 맞는 데이터를 확보하고 데이터 관리 목적을 달성할 수 있도록 정의해야 하는 기준은 준수성을 의미한다.
- 데이터 관리 원칙에는 준수성, 불가변성, 이해성, 완전성, 일관성이 있다.

**핵심 키워드 검색**
데이터 관리 원칙, 준수성, 불가변성, 이해성, 완전성, 일관성

## 52

다음 중 고품질의 데이터를 지속적이고 안정적으로 서비스하기 위해 각 기관의 특성에 맞게 데이터 관리 프로세스를 하는 기준에 포함되지 않는 것은 무엇인가?

① 준수성　　　　　　　　② 완전성
③ 상호 운용성　　　　　　④ 일치성

**해설**
- 데이터 관리 프로세스

| 기 준 | 해 석 |
|---|---|
| 준수성 | 데이터 관리 메인 프로세스는 데이터 관리 원칙에 맞게 정의되어야 한다. |
| 완전성 | 각 기관의 기존 프로세스에 대한 특성을 고려하여 정의하고 정의된 메인 프로세스는 데이터와 관련된 모든 요소가 빠짐없이 관리될 수 있도록 정의되어야 한다. |
| 상호 운용성 | 기존의 다른 프로세스(변화 관리, 프로젝트 관리)와 상호 연관 관계가 명확하게 정의되어 있어 적용함에 문제가 없어야 한다. |

**핵심 키워드 검색**
데이터 관리 프로세스, 준수성, 완전성, 상호 운용성

## 53

빅데이터 저장방식에 해당하지 않는 것은?

① RDB　　② NoSQL　　③ 분산 파일 시스템　　④ R

**해설**　R은 데이터 수집을 위한 프로그래밍 언어이다.

**핵심 키워드 검색**
R, 데이터 수집, 빅데이터 저장 방식

## 54

사용자 뷰는 데이터를 제공하는 정보시스템 상의 화면이나 출력물을 의미한다. 다음 중 사용자 뷰 화면에 대한 기준 사항으로 잘못된 것은 무엇인가?

① 편의성 : 사용자 화면을 통해 처리되는 모든 작업 절차는 직관적이고 편리해야 한다.
② 검색성 : 사용자는 화면을 통해 원하는 정보를 신속하고 정확하게 검색할 수 있어야 한다
③ 지원성 : 화면을 사용해본 경험이 있는 사용자라도 사용할 때 마다 적절한 수준으로 제공해야 한다.
④ 시스템 성능 : 화면을 통해 처리되는 모든 작업은 적정한 속도와 성능(예 : 3초 이내)의 응답성을 유지해야 한다.

**해설**
- 편의성 : 사용자 화면을 통해 처리되는 모든 작업 절차는 직관적이고 편리해야 한다.
- 검색성 : 사용자는 화면을 통해 원하는 정보를 신속하고 정확하게 검색할 수 있어야 한다.
- 지원성 : 화면을 처음 사용하는 사용자가 사용상 도움을 원할 때 적절한 수준으로 제공해야 한다.
- 시스템 성능 : 화면을 통해 처리되는 모든 작업은 적정한 속도와 성능(예 : 3초 이내)의 응답성을 유지해야 한다.

**핵심 키워드 검색**
사용자 뷰, 편의성, 지원성, 검색성, 시스템 성능

## 55

분석 데이터에서 데이터의 삭제, 갱신이 자주 일어나지 않고 검색 위주의 데이터로 구성되어야 하는 기준을 무엇이라 하는가?

① 통합성
② 시계열성
③ 비휘발성
④ 주제 지향성

**해설** 분석 데이터에서 데이터의 삭제, 갱신이 자주 일어나지 않고 검색 위주의 데이터로 구성되어야 하는 기준을 '비휘발성'이라 한다.

**핵심 키워드 검색**
분석 데이터, 비휘발성

**정답** 51 ① 52 ④ 53 ④ 54 ③ 55 ③

## 56

다음 중 CAP 이론에서 "특정 노드가 장애가 나도 서비스가 가능해야 한다"라는 의미를 지닌 특성은 무엇인가?

① Consistency (일관성)
② Availability (가용성)
③ Partitions Tolerance (분리 내구성)
④ 호환성 (Compatibility)

**해설**
- CAP 이론은 분산 컴퓨팅 환경에서 가용성(Availability), 일관성(Consistency), 분리 내구성(Partition Tolerance)의 3가지 특성 중 두가지만 만족할 수 있다는 이론이다. CAP 이론에서 "특정 노드가 장애가 나도 서비스가 가능해야 한다"라는 의미를 지닌 특성은 가용성을 뜻한다.
- 분리 내구성(Partition Tolerance) : 노드 간에 통신 문제가 생겨서 메시지를 주고받지 못하는 상황이라도 동작해야 한다.
- 일관성(Consistency) : 데이터의 조작 후에도 무결성을 해치지 말아야 한다.

**핵심 키워드 검색**
CAP 이론, 가용성, 분리 내구성, 일관성

## 57

빅데이터 분석 기술 유형 중 다음 뉴스에 해당하는 원인에 대해 분석하고자 하는 빅데이터 기술은 무엇인가?

"30대 초반 여성들이 빅요구르트를 많이 사 먹자 발효 요구르트 종류가 많아지고 있습니다."

① 의사결정나무
② 분류 분석
③ 회귀 분석
④ 분산 분석

**해설** 구매자의 연령대와 구매 상품의 종류와 특성에 어떤 영향을 미치는지 분석하기 위해서는 회귀 분석을 실시한다.

**핵심 키워드 검색**
빅데이터 분석 기술, 회귀 분석, 분류 분석, 의사결정나무, 분산 분석

## 58

[2021. 3회 기출문제 유사] 빅데이터 저장 기술

다음 중 하나의 데이터베이스를 여러 개의 서버 상에 분산하여 구축하는 것을 의미하는 빅데이터 저장 기술은?

① 하둡 분산 파일 시스템(HDFS)
② 맵리듀스
③ 데이터베이스 클러스터
④ Pig

**해설** 데이터베이스 클러스터는 하나의 데이터베이스를 여러 개의 서버 상에 분산하여 구축하는 것을 의미한다.

**핵심 키워드 검색**
빅데이터 저장 기술, 데이터베이스 클러스터

## 59
다음 중 정형 데이터 수집 기술이 아닌 것은?

① FTP
② 스쿱(Sqoop)
③ 스크라이브(Scribe)
④ DBToDB

**해설**
- 정형 데이터 수집 기술에는 ETL, FTP, API, DBToDB, Rsync, 스쿱(Sqoop) 등이 있다.
- 스크라이브(Scribe)는 비정형 데이터 수집 기술이다.

🔍 **핵심 키워드 검색**
정형 데이터 수집기술, ETL, FTP, API, DBToDB, Rsync, 스쿱(Sqoop)


## 60
EDA(데이터 탐색)는 최근 Visualization이 데이터 분석의 화두로 떠오르면서, 주목을 받게 된 분석 유형의 주로 사용되는 그래프와 거리가 먼 것은 무엇인가?

① Scatter plot
② Bubble chart
③ Time series chart
④ Box plot

**해설**
EDA(데이터 탐색)는 최근 Visualization이 데이터 분석의 화두로 떠오르면서, 주목을 받게 될 분석 유형의 주로 사용되는 그래프는 Scatter plot, Bobble chart 시계열 차트 등이 있다.

🔍 **핵심 키워드 검색**
EDA, Scatter plot, Bobble chart, 시계열 차트


## 61
다음 중 데이터베이스의 정상적인 상태 유지나 효과적인 사용을 방해하는 사건에 대한 장애 및 보안 관리 차원에 대한 기준이 아닌 것은 무엇인가?

① 주기적인 상태 기록
② 복구 절차와 규칙
③ 접근 통제
④ 데이터 개방

**해설**
데이터베이스의 정상적인 상태 유지나 효과적인 사용을 방해하는 사건에 대한 장애 및 보안 관리 차원에 대한 기준은 주기적인 상태 기록, 복구 절차와 규칙, 접근 통제가 있다.

🔍 **핵심 키워드 검색**
데이터베이스 장애, 보안 관리 기준

**정답** 56 ② 57 ③ 58 ③ 59 ③ 60 ④ 61 ④

## 62

다음 중 품질 개선 절차에서 고품질 데이터를 유지할 수 있는 항목이 아닌 것은 무엇인가?

① 엔터티 무결성
② 참조 무결성
③ 트리거의 비즈니스 규칙 적용
④ 도메인 무결성

**해설** 측정된 품질 평가 결과를 반영하여 데이터의 품질을 향상시키고 고품질 데이터 데이터 품질 관리가 필요한 항목을 도출해야 한다.
(1) 엔터티 무결성(Entity Integrity)
(2) 참조 무결성(Referential Integrity)
(3) 도메인 무결성(Domain Integrity)
(4) 속성, 칼럼의 비즈니스 규칙 적용
(5) 엔터티 테이블(Table) 정의에 따른 데이터 생성, 변경, 삭제 규칙
(6) 트리거(Trigger) 등 사용자 정의 DBMS 객체의 작동 여부
(7) 데이터 복제 허용시 원본 데이터와 복제 데이터 간의 정합성

**핵심 키워드 검색**
데이터 품질 관리, 무결성, 엔터티, 참조, 트리거, 정합성

## 63

다음 데이터 품질 요소에 해당하지 않는 것은 무엇인가?

① 데이터 값
② 데이터 속성
③ 데이터 서비스
④ 데이터 관리 프로세스

**해설** 데이터 품질 요소에는 크게 데이터 값(Data Valuele), 데이터 서비스(Data Service), 데이터 구조(Data Hierarchy), 데이터 관리 프로세스(Data Management Process) 등이 있다.

**핵심 키워드 검색**
데이터 품질 요소

## 64

[2021. 3회 기출문제 유사] 데이터 분석 마스터플랜 수립 프레임워크

다음 중 데이터 품질 관리 프레임워크에서 데이터 구조에 대한 분류에 해당하지 않는 것은 무엇인가?

① 개념 데이터 모델
② 논리 데이터 모델
③ 관리 데이터 모델
④ 사용자 뷰

**해설**
- 데이터는 표준, 모델, 관리, 업무 데이터로 나뉜다.
- 데이터 품질 관리 프레임워크에서 데이터 구조는 개념 데이터 모델, 논리 데이터 모델, 물리 데이터 모델, 사용자 뷰로 구성된다.

**핵심 키워드 검색**
데이터 품질 관리 프레임워크

## 65

다음 중 아키텍처에 대한 구성 요소가 아닌 것은 무엇인가?

① 규칙　　② 모델　　③ 계획　　④ 참조

**해설** 아키텍처는 구성 요소의 구조, 관계, 설계 그리고 시간 경과에 따른 구성 요소의 발전을 위한 지침이라 할 수 있다. 디지털 정보화 시대에는 정보체계, 소프트웨어 내장형 체계, 지휘통제 통신체계 등을 구축하는데 적용된다. 아키텍처의 구성 요소는 규칙, 모델, 계획으로 나뉜다.

**핵심 키워드 검색**

아키텍처, 규칙, 모델, 계획

## 66

다음 중 데이터 분석 도입의 수준을 파악하기 위한 진단 방법으로 분석 준비도에서 운영 시스템 데이터 통합과 EAI, ETL 등 데이터 유통 체계에 관한 분석 환경 등은 어느 항목에 해당하는가?

① 분석 업무 파악　　② 인력 및 조직
③ 분석기법　　　　　④ IT 인프라

**해설** IT 인프라 : 운영 시스템 데이터 통합과 EAI, ETL 등 데이터 유통체계 그리고 분석 전용 서버 및 스토리지와 분석 환경(빅데이터/통계/비쥬얼) 등을 진단한다.

**핵심 키워드 검색**

IT 인프라, EAI, ETL, 서버, 스토리지

## 67

[2021. 3회 기출문제 유사] 비정형/반정형/정형 데이터 분류

다음 중 반정형 데이터 수집 기술에 대한 설명으로 부적절한 것은?

① 센싱(Sensing) – 센서로부터 수집 및 생성된 데이터를 네트워크를 통해 수집 및 활용
② 스트리밍(Streaming) – 네트워크를 통해 센서 데이터 및 오디오, 비디오 등의 미디어 데이터를 실시간으로 수집하는 기술
③ 플럼(Flume) – 다수의 서버로부터 실시간으로 스트리밍되는 로그 데이터를 수집하여 분산 시스템에 데이터를 저장하는 대용량 실시간 로그 수집 기술
④ 우지(Oozie)는 하둡 작업을 관리하는 워크플로우 및 코디네이션 시스템이다.

**해설**
- 우지(Oozie)는 하둡 작업을 관리하는 워크플로우 및 코디네이션 시스템이다.
- 다수의 서버로부터 실시간으로 스트리밍 되는 로그 데이터를 수집하여 분산 시스템에 데이터를 저장하는 대용량 실시간 로그 수집 기술은 스크라이브(Scribe)에 대한 설명이다.
- 플럼(Flume) – 스트리밍 데이터 흐름(Data Flow)을 비동기 방식으로 처리하는 분산형 로그 수집 기술

**핵심 키워드 검색**

반정형 데이터 수집, 우지, 플럼, 스크라이브, 스트리밍

**정답** 62 ③　63 ②　64 ③　65 ④　66 ④　67 ④

## 68

다음 중 자료 그 자체가 아닌 자료의 속성 등을 설명하는 데이터로써 데이터에 관한 정보의 기술, 데이터 구성의 정의, 데이터 분류 등을 나타내는 용어는?

① 메타 데이터
② 스키마
③ 데이터 베이스
④ 트랜잭션 데이터

**해설** 메타데이터는 자료 그 자체가 아닌 자료의 속성 등을 설명하는 데이터이다. 대표적으로 데이터에 관한 정보의 기술, 데이터 구성의 정의, 데이터 분류 등을 위한 데이터 등을 위한 데이터 등이 있다.

**핵심 키워드 검색**
메타데이터, 자료의 속성

## 69

[2021. 3회 기출문제 유사] 비정형 데이터 개념 및 유형

다음 중 비정형 데이터에 해당하지 않은 것은?

① Twitter의 텍스트
② 웹 게시판
③ 인스타그램 이미지
④ 모바일 웹 로그 데이터

**해설** 모바일 웹 로그는 반정형 데이터에 속한다.

**핵심 키워드 검색**
비정형 데이터, 반정형 데이터

## 70

저장 형태 관점의 데이터 유형 중 스트리밍 데이터에 해당하는 것은 무엇인가?

① 로그 데이터
② DBMS 데이터
③ FTP 데이터
④ 센서 데이터

**해설** 스트리밍 데이터는 저장 형태 관점의 데이터 유형 중 센서 데이터, HTTP 트랜잭션, 알람 등과 같이 네트워크를 통해서 실시간으로 전송되는 데이터이다.

**핵심 키워드 검색**
스트리밍 데이터, 센서 데이터, HTTP 트랜잭션, 알람

## 71
다음 중 아래 예시에서 설명하는 데이터 유형은 무엇인가?

맛집 별점, 소비자 선호도 순위, 게임 사용자 등급

① 명목 척도  ② 서열 척도
③ 등간 척도  ④ 비율 척도

**해설** 서열 척도는 여러 관측 대상을 임의의 기준에 따라 상대적인 비교 및 순위화를 통해 관측하는 방법으로 맛집 별점, 소비자 선호도 순위, 게임 사용자 등급이 있다.

🔍 **핵심 키워드 검색**

서열 척도, 맛집 별점, 선호도 조사, 게임 사용자 등급

## 72
[2021. 3회 기출문제 유사] 데이터 변환

데이터 변환 기술 중 특정 구간에 분포하는 값으로 스케일을 변화시키는 기법은?

① 평활화  ② 집계
③ 일반화  ④ 정규화

**해설**
- 일반화는 특정 구간에 분포하는 값으로 스케일을 변화시키는 기법이다.
  - 평활화(Smoothing) : 데이터로부터 잡음을 제거하기 위해 데이터 추세에 벗어나는 값들을 변환 한다.(cf. outliner)
  - 집계(Aggregation) : 다양한 차원의 방법으로 데이터를 요약한다.
  - 일반화(Generalization) : 특정 구간에 분포하는 값으로 스케일을 변화한다.
  - 정규화(Normalization) : 데이터에 대한 최소-최대 정규화, z-스코어 정규화, 소수 스케일링 등 통계적 기법 적용
  - 속성 생성(Attribute/feature construction) : 새로운 속성이나 특징을 만드는 방법으로 네이터 통합을 위해 대표할 수 있는 새로운 속성/특징을 활용한다.

🔍 **핵심 키워드 검색**

데이터 변환 기술, 일반화, 평활화, 정규화, 속성 생성, 집계

**정답** 68 ① 69 ④ 70 ④ 71 ② 72 ③

## 73

난이도 : 상 [2021. 2회 기출문제 유사]

**개인정보보호법에 대한 개인정보의 수집 및 이용에서 어느 하나의 사항을 변경하는 경우에도 이를 알리고 동의를 받아야 되는 사항이 아닌 것은 무엇인가?**

① 개인정보의 수집·이용 목적
② 수집하려는 개인정보의 항목
③ 개인정보의 보유 및 이용 기간
④ 동의를 거부할 권리가 없다는 사실

**해설** 개인정보처리자는 제1항 제1호에 따른 동의를 받을 때에는 다음 각 호의 사항을 정보주체에게 알려야 한다. 다음 각 호의 어느 하나의 사항을 변경하는 경우에도 이를 알리고 동의를 받아야 한다.
1. 개인정보의 수집·이용 목적
2. 수집하려는 개인정보의 항목
3. 개인정보의 보유 및 이용 기간
4. 동의를 거부할 권리가 있다는 사실 및 동의 거부에 따른 불이익이 있는 경우에는 그 불이익의 내용

### 핵심 키워드 검색

• 제3장 개인정보의 처리

제1절 개인정보의 수집, 이용, 제공 등

제15조(개인정보의 수집·이용)
1) 개인정보처리자는 다음 각 호의 어느 하나에 해당하는 경우에는 개인정보를 수집할 수 있으며 그 수집 목적의 범위에서 이용할 수 있다.
   1. 정보주체의 동의를 받은 경우
   2. 법률에 특별한 규정이 있거나 법령상 의무를 준수하기 위하여 불가피한 경우
   3. 공공기관이 법령 등에서 정하는 소관 업무의 수행을 위하여 불가피한 경우
   4. 정보주체와의 계약의 체결 및 이행을 위하여 불가피하게 필요한 경우
   5. 정보주체 또는 그 법정대리인이 의사표시를 할 수 없는 상태에 있거나 주소불명 등으로 사전 동의를 받을 수 없는 경우로서 명백히 정보주체 또는 제3자의 급박한 생명, 신체, 재산의 이익을 위하여 필요하다고 인정되는 경우
   6. 개인정보처리자의 정당한 이익을 달성하기 위하여 필요한 경우로서 명백하게 정보주체의 권리보다 우선하는 경우. 이 경우 개인정보처리자의 정당한 이익과 상당한 관련이 있고 합리적인 범위를 초과하지 아니하는 경우에 한한다.
2) 개인정보처리자는 제1항제1호에 따른 동의를 받을 때에는 다음 각 호의 사항을 정보주체에게 알려야 한다. 다음 각 호의 어느 하나의 사항을 변경하는 경우에도 이를 알리고 동의를 받아야 한다.
   1. 개인정보의 수집·이용 목적
   2. 수집하려는 개인정보의 항목
   3. 개인정보의 보유 및 이용 기간
   4. 동의를 거부할 권리가 있다는 사실 및 동의 거부에 따른 불이익이 있는 경우에는 그 불이익의 내용

[출처] 인터넷진흥원

## 74

**소비자가 스스로 정보의 주체로서 개인정보의 제공범위와 활용범위를 결정하고 통제할 수 있음을 의미하는 용어는 무엇인가?**

① 개인정보 자기결정권
② 개인정보 정보주체권
③ 개인정보 오남용 방지권
④ 개인정보 처리방침권

**해설** 소비자가 스스로 정보의 주체로서 개인정보의 제공범위와 활용범위를 결정하고 통제할 수 있음을 의미하는 용어는 '개인정보 자기결정권'이라 한다.

[출처] 인터넷진흥원

### 핵심 키워드 검색

개인정보 자기결정권

## 75

개인정보보호법 제58조(적용의 일부제외) 1) 다음 각 호의 어느 하나에 해당하는 개인정보에 관하여는 제3장부터 제7장까지를 적용하지 아니한다. 이에 해당하지 않는 것은 무엇인가?

① F공공기관이 처리하는 개인정보 중 통계법에 따라 수집되는 개인정보
② 국가안전보장 관련 정보분석을 목적으로 수집 또는 제공 요청되는 개인정보
③ 공중위생 등 공공안전을 위해 긴급히 필요한 경우로 일시적으로 처리되는 개인정보
④ 언론, 종교단체, 정당이 일반목적 달성을 위하여 수집, 이용하는 개인정보

**해설** 개인정보보호법 제58조(적용의 일부제외) 1) 다음 각 호의 어느 하나에 해당하는 개인정보에 관하여는 제3장부터 제7장까지를 적용하지 아니한다.
언론, 종교단체, 정당이 고유목적 달성을 위하여 수집, 이용하는 개인정보는 적용하지 아니한다. (일반목적 → 고유목적)

[출처] 인터넷진흥원

**핵심 키워드 검색**
개인정보보호법

## 76

다음 중 개인정보의 수집, 이용, 제공에 대하여 정보주체가 비공개를 원하는 것이기 때문에 반드시 동의를 받아야 하는 것은 무엇인가?

① 정보주체의 필요에 의하여 정보주체가 직접 휴대전화번호를 기재하는 것
② 졸업 앨범에서 회원의 동의를 얻지 않고 마케팅 행위 등에 이용하는 것
③ 기업정보 즉, 업체명, 설립 연도, 사업장 주소, 주요 생산품, 대표이사 또는 대표자의 성명
④ 비회원을 대상으로 게시판에서 이름과 이메일 2가지 정도만 수집하여 개인을 식별하는 것

**해설** 비회원을 대상으로 게시판에서 이름과 이메일 2가지 정도만 수집하더라도 이름 및 이 메일 등과 게시판에 기재된 내용 전체를 '종합적으로' 볼 때 개인을 식별할 수 있는 정도라면 개인정보이다.

[출처] 인터넷진흥원

**핵심 키워드 검색**
개인정보 식별

**정답** 73 ④  74 ①  75 ④  76 ④

## 77

동호회의 경우 개인 정보 수집에서 개인정보보호법에서 암호화를 하여야 하는 개인정보가 아닌 것은?

① 고유식별 정보
② 비밀번호
③ 바이오 정보
④ 이름 및 연락처

**해설** 개인정보보호법에서 암호화를 하여야 하는 개인정보는 고유식별정보, 비밀번호 및 바이오 정보이므로 이름 및 연락처는 암호화 대상이 아니다.

[출처] 인터넷진흥원

**핵심 키워드 검색**
개인정보보호법, 암호화

## 78

고유식별정보란 법령에 따라 개인의 고유한 특성을 구별하기 위하여 부여된 식별정보를 말한다. 이에 해당하지 않는 것은 무엇인가?

① 주민등록번호
② 진료기록번호
③ 운전면허번호
④ 여권번호

**해설** 고유식별정보란 법령에 따라 개인의 고유한 특성을 구별하기 위하여 부여된 식별정보로서 대통령령이 정하는 정보만을 의미한다. 개인정보보호법 시행령에서 정하고 있는 고유식별정보는 주민등록번호, 여권번호, 운전면허번호, 외국인등록번호가 있다.

[출처] 인터넷진흥원

**핵심 키워드 검색**
고유식별정보, 개인정보보호법

## 79

홈페이지를 통하여 주민등록번호를 수집하는 경우 정보주체에게 별도 동의를 받기위한 적절한 방법이 아닌 것은?

① 동의 내용이 적힌 서면을 정보주체에게 직접 발급하거나 우편 또는 팩스 등의 방법으로 전달하고, 정보주체가 서명하거나 날인한 동의서를 받는 방법
② 우편을 통하여 동의 내용을 정보주체에게 알리고 동의의 의사표시를 구두로 확인하는 방법
③ 전화를 통하여 동의 내용을 정보주체에게 알리고 정보주체에게 인터넷주소 등을 통하여 동의 사항을 확인한 후 다시 전화를 통하여 그 동의 사항에 대한 동의의 의사표시를 확인하는 방법
④ 인터넷 홈페이지 등에 동의 내용을 게재하고 정보주체가 동의 여부를 표시하도록 하는 방법

**해설** 동의를 받는 방법은 다음과 같다(시행령 제17조)
1. 동의 내용이 적힌 서면을 정보주체에게 직접 발급하거나 우편 또는 팩스 등의 방법으로 전달하고, 정보주체가 서명하거나 날인한 동의서를 받는 방법
2. 전화를 통하여 동의 내용을 정보주체에게 알리고 동의의 의사표시를 확인하는 방법

3. 전화를 통하여 동의 내용을 정보주체에게 알리고 정보주체에게 인터넷주소 등을 통하여 동의 사항을 확인한 후 다시 전화를 통하여 그 동의 사항에 대한 동의의 의사표시를 확 인하는 방법
4. 인터넷 홈페이지 등에 동의 내용을 게재하고 정보주체가 동의 여부를 표시하도록 하는 방법

[출처] 인터넷진흥원

**핵심 키워드 검색**

개인정보보호법 동의 여부

## 80

다음 중 데이터 3법에 해당하지 않는 것은 무엇인가?

① 개인정보보호법 개정안
② 신용정보법 개정안
③ 금융안전법 개정안
④ 방송통신망법 개정안

**해설** 데이터 3법(개인정보보호법 개정안, 신용정보법 개정안, 방송통신망법 개정안)이 국회에서 통과됐다. 데이터 3법 개정안에서는 데이터 활용을 위한 가명정보 개념 도입, 비식별 조치 후 산업적 통계 등 연구 목적 활용, 개인정보보호위원회 격상 등이 법제화됐다.

[출처] 컴퓨터월드(http://www.comworld.co.kr)

**핵심 키워드 검색**

데이터 3법, 금융안전법 개정안

## 81

[2021. 3회 기출문제 유사] 개인정보 비식별화

개인정보 비식별화에서 비식별 조치 처리 기법이 아닌 것은?

① 가명 처리(Pseudonymization)
② 총계 처리
③ 데이터 삭제
④ 데이터 일반화

**해설** 개인정보 비식별화 5가지 처리기법과 17가지 세부기술은
- 가명처리(Pseudonymization) – 1) 휴리스틱 가명화 2) 암호화 3) 교환방법
  - Ex) 송준기, 25세 → 소병수, 20대
- 총계처리(Aggregation) – 4) 총계 처리 5) 부분 총계 6) 라운딩 7) 재배열
  - Ex) 송준기 10개, 이광새 5개, 지석민 7개 → 올림픽 금메달 수 합 : 22개, 평균 7
- 데이터 삭제(Data Reduction) – 8) 식별자 삭제 9) 식별자 부분 삭제 10) 레코드 삭제 11) 식별요소 전부 삭제
  - Ex) 주민등록번호 021212-1234567 → 2002년도생, 남자
- 데이터 범주화(Data Suppression) – 12) 감추기 13) 랜덤 라운딩 14) 범위 방법 15) 제어 라운딩
  - Ex) 김난새, 37세 → 김씨, 30~40세
- 데이터 마스킹(Data Masking) – 16) 임의 잡음 추가 17) 공백과 대체 등으로 구성된다.
  - Ex) 황수현, 18세, 서울대 재학 → 황OO, 18세, OO대 재학

**핵심 키워드 검색**

개인정보 비식별화, 비식별 조치 처리 기준

**정답** 77 ④  78 ②  79 ②  80 ③  81 ④

## 82

**비식별화 조치에 대한 설명 중 잘못된 것은 무엇인가?**

① k-익명성 기법은 특정인을 추론할 수 있는지 여부를 검토하는 방법 : 동일한 값을 가진 레코드를 k개 이상으로 함으로써 특정 개인을 식별할 확률을 1/k개로 만든다.
② l-다양성은 특정인 추론이 안 된다고 해도 민감한 정보의 다양성을 높여 추론 가능성을 낮추는 기법 : 각 레코드는 최소 l개 이상의 다양성을 가지도록 해 동질성 또는 배경지식 등에 의한 추론을 방지
③ t-근접성은 l-다양성뿐만 아니라 민감한 정보의 분포를 낮춰 추론 가능성을 더욱 감소시키는 기법 : 전체 데이터 집합의 정보 분포와 특정 정보의 분포 차이를 t 이하로 줄여 추론을 방지
④ 적정성 평가 절차는 평가단 구성, 평가 수행, 추가 비식별 조치, 데이터 활용, 기초자료 작성 등의 순서로 진행된다.

**해설**
1. k-익명성 기법은 특정인을 추론할 수 있는지 여부를 검토하는 방법 : 동일한 값을 가진 레코드를 k개 이상으로 함으로써 특정 개인을 식별할 확률을 1/k개로 만든다.
2. l-다양성은 특정인 추론이 안 된다고 해도 민감한 정보의 다양성을 높여 추론 가능성을 낮추는 기법 : 각 레코드는 최소 l개 이상의 다양성을 가지도록 해 동질성 또는 배경지식 등에 의한 추론을 방지
3. t-근접성은 l-다양성 뿐만 아니라 민감한 정보의 분포를 낮춰 추론 가능성을 더욱 감소시키는 기법 : 전체 데이터 집합의 정보 분포와 특정 정보의 분포 차이를 t 이하로 줄여 추론을 방지
4. 적정성 평가 절차는 ▲ 기초자료 작성 ▲ 평가단 구성 ▲ 평가 수행 ▲ 추가 비식별 조치 ▲ 데이터 활용 등의 순서로 진행된다.

**핵심 키워드 검색**
비식별화 조치, k-익명성 기법, l-다양성, t-근접성, 적정성 평가 절차

## 83

난이도 : 중 [2021. 2회 기출문제 유사]

**실제 데이터의 중요한 객체들과 속성들이 모두 갖추어져 부족함이나 결함이 없는 것을 의미하는 것으로 데이터의 구조, 값, 매체에 따른 표현 방식 등을 포괄하는 개념은 무엇인가?**

① 완전성
② 정확성
③ 최신성
④ 사용 용이성

**해설**
완전성은 실제 데이터의 중요한 객체들과 속성들이 모두 갖추어져 부족함이나 결함이 없는 것을 의미하는 것으로 데이터의 구조, 값, 매체에 따른 표현방식 등을 포괄한다. 이제환이 제시한 레코드의 중복률 및 데이터필드의 적합성과 박준식의 『색인의 평가기준에 관한 분석적 연구』에서 제시한 형식, Brodie의 『데이터 품질평가』에서 제시한 논리적 무결성도 완전성에 포괄한다.

[출처] 한국데이터베이스진흥원

**핵심 키워드 검색**
- 최신성
최신성은 데이터베이스가 그 분야에서 가장 새로운 형태로 존재하는가 혹은 갱신되어 있는가를 평가하는 항목으로 SCOUG이 『The Southern California Online User's Group』에서 제시한 시기적절성을 포괄한다.

**정답** 82 ④   83 ①

# 02 PART

## 빅데이터 탐색

 **CHAPTER 01 데이터 전처리**
- 데이터 정제, 다변량, 시계열 자료, 결측값, 이상값, 회귀 분석, 과적합, PCA, 특이값 분해, 파생 변수, 요약 변수
- 정규화, 로그 변환, 정확도와 재현, 변수 선택, 차원 축소, 변수 변환, 불균형 데이터 처리

 **CHAPTER 02 데이터 탐색**
- 상관 관계 분석, 기초 통계량 추출, 시각적 데이터 탐색, 평균, 중앙값, 최빈값, 범위, 분산, 피어슨 상관 계수, 스피어만 상관 계수, 왜도 첨도, 도수 분포, 상자 그림, 다중 회귀, 로지스틱 회귀, ANOVA, 군집 분석, 텍스트 마이닝, 웹 마이닝, 딥러닝, 인공 지능, 뉴런, 활성화 함수, 시공간 데이터, 다변량 데이터, 비정형 데이터

 **CHAPTER 03 통계기법 이해**
- 기술 통계, 표본 추출, 확률 변수, 기댓값, 베르누이 분포, 포아송 분포, 정규 분포, T 분포, 중심 극한 정리
- 점추정, 구간 추정, 편향, MSE, 신뢰 구간, 유의 수준, 기각역, 자유도, 가설 검정

# CHAPTER 01 데이터 전처리

| 60문항

## 01

**다음 중 데이터 정제에 대한 설명으로 옳지 않은 것은?**

① ESD는 이상값을 측정하기 위한 기법이다.
② 데이터의 신뢰도를 높이는 방법으로, 결측값을 채우거나 이상값을 제거하는 방법이 있다.
③ 원천 데이터의 위치를 기준으로 분류한다면 외부 데이터보다 내부 데이터가 품질 저하 위협에 더 많이 노출되어 있다.
④ 오류의 원인으로는 결측값, 노이즈, 이상값이 존재한다.

**해설** 원천 데이터의 위치를 기준으로 분류한다면 내부 데이터보다 외부 데이터가 품질 저하 위협에 더 많이 노출되어 있다.

**핵심 키워드 검색**
데이터 정제, ESD, 결측값, 이상값

## 02

**다음 중 데이터 오류 원인에 해당하지 않는 것은?**

① 결측값　② 노이즈　③ 이상값　④ 통계량

**해설** 통계량은 모수를 추정하기 위해 나타낸 표본의 특성을 수치화 한 값이다.

**핵심 키워드 검색**
데이터 오류 원인, 결측값, 노이즈, 이상값

## 03

**다음 중 데이터의 정제 절차를 바르게 나열한 것은?**

① 데이터 오류 원인 분석 → 데이터 정제 방법 결정 → 데이터 정제 대상 선정
② 데이터 오류 원인 분석 → 데이터 정제 대상 선정 → 데이터 정제 방법 결정
③ 데이터 정제 대상 선정 → 데이터 오류 원인 분석 → 데이터 정제 방법 결정
④ 데이터 정제 대상 선정 → 데이터 정제 방법 결정 → 데이터 오류 원인 분석

**해설** 데이터의 정제를 순차적으로 '오류 원인 분석, 정제 대상 선정, 정제 방법 결정' 순이다.

🔍 **핵심 키워드 검색**

데이터 정제 절차

## 04

**다음 중 데이터 오류 원인에 대한 설명으로 바르지 않은 것은?**

① 결측값은 필수 데이터가 입력되지 않고 누락된 값이다.
② R에서 결측값이 들어있는 상태에서 통계 분석을 진행하면 NA라는 결과가 나올…경우 is.na( ) 한 후에 TRUE, FALSE 논리형 값을 확인할 수 있다.
③ 이상값은 실제는 입력되지 않았지만 입력되었다고 잘못 판단된 값이다.
④ 파이썬에서 matrix( ) 함수는 결측 데이터를 시각화하는 명령이다.

**해설** 이상값은 데이터의 범위에서 많이 벗어난 아주 작은 값이나 아주 큰 값이다.

🔍 **핵심 키워드 검색**

데이터 오류 원인, 이상값

## 05

[2021. 3회 기출문제 유사] 데이터 전처리 유형

**다음 중 데이터 전처리 절차를 바르게 나타낸 것은?**

① 데이터 분석 → 이상값 처리 → 결측값 처리 → 분석 변수 처리
② 데이터 분석 → 이상값 처리 → 분석 변수 처리 → 결측값 처리
③ 결측값 처리 → 이상값 처리 → 데이터 정제 → 분석 변수 처리
④ 데이터 정제 → 결측값 처리 → 이상값 처리 → 분석 변수 처리

**해설** 데이터 전처리 절차는 '데이터 정제 → 결측값 처리 → 이상값 처리 → 분석 변수 처리' 순이다.

🔍 **핵심 키워드 검색**

데이터 전처리 절차

**정답** 01 ③  02 ④  03 ②  04 ④  05 ④

## 06

**데이터 정제 방법 결정에서 데이터 교정에 대한 내용으로 부적절한 것은?**

① 결측치 변환
② 이상치 제거
③ 데이터 변환
④ 노이즈 데이터 교정

**해설**
- 노이즈와 이상값은 특히 비정형 데이터에서 자주 발생하므로 데이터 특성에 맞는 정제 규칙을 수립하여 점검한다. 빅데이터는 데이터 변환, 데이터 교정, 데이터 통합의 과정을 거친다.
- 데이터 교정은 결측치 변환, 이상치 제거, 노이즈 데이터 교정으로 나뉜다.

**핵심 키워드 검색**
데이터 교정, 결측치 변환, 이상치 제거, 노이즈 데이터 교정

## 07

**다음 중 데이터 일관성 유지를 위한 정제 기법에 해당하지 않는 것은?**

① 파싱(Parsing)
② 변환(Transform)
③ 보강(Enhancement)
④ 추출(Extraction)

**해설** 데이터 일관성 유지를 위한 기법으로는 변환, 파싱, 보강이 있다.

**핵심 키워드 검색**
데이터 일관성 유지, 변환, 파싱, 보강

## 08

**다음 중 이상값을 검출하는 방법이 아닌 것은?**

① 다중 대치법
② 시각화
③ LOF(Local Outlier Factor)
④ 마할라노비스 거리(Mahalanobis Distance)

**해설** 다중 대치법은 결측값을 처리하는 방법에 해당한다.

**핵심 키워드 검색**
이상값 검출, 다중 대치법, 결측값, 시각화, LOF, 마할라노비스 거리

## 09

**다음 중 통계기법을 이용한 데이터 이상값 검출에 대한 설명으로 바르지 않은 것은?**

① 딕슨 Q검정
② Grubbs test
③ 카이제곱 검정
④ 피어슨 검정

**해설** 통계적 가설 검정을 활용한 이상치 탐색 방법은 딕슨 Q검정(Dixon Q-test), Grubbs test, Generalized ESD(extreme studentized deviate) 검정, 카이제곱 검정(Chi-square test) 등이 있다.

**핵심 키워드 검색**

이상값 검출, 딕슨 q검정, Grubbs test, Generalized ESD(extreme studentized deviate) 검정, 카이제곱 검정(Chi-square test)

## 10

다음 중 각 군집의 중심위치를 구할 때 해당 군집에 속하는 데이터의 평균(mean)값을 사용하는데서 유래한 분석기법은 무엇인가?

① 응집 분석법
② 분할 분석법
③ 인공 신경망 모델
④ K-평균 군집화

**해설**
- 분할 분석법은 계층적 군집화 방법으로, 전체 집단으로부터 시작하여 유사성이 떨어지는 객체들을 분리해 가는 기법이다.
- 각 군집의 중심 위치를 구할 때 해당 군집에 속하는 데이터의 평균(mean)값을 사용하는데서 유래된 기법은 k-평균 군집화이다.

**핵심 키워드 검색**

군집, 분할분석법, k-평균 군집화

## 11

다음 중 데이터 결측값에 대한 설명으로 바른 것은?

① 필수적인 데이터가 입력되지 않고 누락된 값
② 실제로는 입력되지 않았지만 입력되었다고 잘못 판단된 값
③ 상한값과 하한값을 대체하는 값
④ 데이터의 범위에서 많이 벗어난 아주 작은 값이나 아주 큰 값

**해설**
- 데이터 결측값 처리는 결측값 식별 → 결측값 부호화 → 결측값 대체 순으로 하며 결측값은 필수적인 데이터가 입력되지 않고 누락된 값이다.
- 노이즈는 실제로는 입력되지 않았지만 입력되었다고 잘못 판단된 값이다.
- 이상값은 데이터의 범위에서 많이 벗어난 아주 작은 값이나 아주 큰 값을 말한다.

**핵심 키워드 검색**

데이터 결측값, 노이즈, 이상값

**정답** 06 ③  07 ④  08 ①  09 ④  10 ④  11 ①

## 12

다음 중 데이터 일관성 유지를 위한 정제 기법으로 주민등록 번호를 성별을 추출한 후 추가 정보를 반영하는 것은 어떤 정제 기법을 사용해야 하는가?

① 변환(Transform)
② 파싱(Parsing)
③ 보강(Enhancement)
④ 추출(Extraction)

**해설** 데이터 일관성 유지를 위한 정제 기법으로 주민등록 번호를 성별을 추출한 후 추가 정보를 반영하는 정제 기법은 보강(Enhancement)에 해당한다.

**핵심 키워드 검색**
데이터 일관성 유지, 정제 기법, 보강, 변환, 파싱, 추출

## 13

데이터 일관성 유지를 위한 정제 기법 중 주민 등록 번호를 생년월일, 성별로 분할하는 방법에 해당하는 것은?

① 변환(Transform)
② 파싱(Parsing)
③ 보강(Enhancement)
④ 추출(Extraction)

**해설** 파싱은 데이터를 정제규칙을 적용하기 위한 유의미한 최소 단위로 분할하는 작업으로 주민등록번호를 생년월일, 성별로 분할하는 작업은 파싱에 해당한다.

**핵심 키워드 검색**
데이터 일관성 유지, 정제 기법, 보강, 변환, 파싱, 추출

## 14

[2021. 3회 기출문제 유사] 프레임워크

다음 중 구글에서 대용량 데이터 세트를 분산, 병렬 컴퓨팅에서 처리하거나 생성하기 위한 목적으로 만들어진 소프트웨어 프레임워크를 무엇이라 하는가?

① 맵리듀스(Map Reduce)
② 피그(pig)
③ ETL
④ 스파크(Spark)

**해설** 맵 리듀스는 데이터를 추출하는 맵(Map) 기술과 추출한 데이터를 중복이 없게 처리하는 리듀스(Reduce)기술로 구성되어 있다. 구글에서 대용량 데이터 세트를 분산, 병렬 컴퓨팅에서 처리하거나 생성하기 위한 목적으로 만들어진 소프트웨어 프레임워크이다.

**핵심 키워드 검색**
프레임워크, 분산, 병렬 컴퓨팅, 맵리듀스

## 15

**다음 중 CEP(Complex Event Processing)에 대한 설명으로 바른 것은 무엇인가?**

① IoT 센싱 데이터, 로그, 음성 데이터 등 실시간 데이터의 처리 기술
② 일괄처리된 이벤트 처리에 대한 결과값을 수집하고 처리하는 기술
③ 인 메모리 기반 데이터 처리 방식
④ 대용량 데이터 집합을 분석하기 위한 플랫폼

**해설** CEP는 실시간으로 발생하는 이벤트 처리에 대한 결과값을 수집하고 처리하는 기술이며, IoT 센싱 데이터, 로그, 음성 데이터 등의 실시간 데이터 처리를 지원한다.

**핵심 키워드 검색**
CEP, IoT 센싱 데이터, 로그, 음성 데이터 실시간 데이터 처리

## 16

**다음 중 데이터 처리에서 실시간 작업의 반대 개념으로 일련의 작업들을 하나의 작업 단위로 묶어서 일괄로 처리하는 작업을 뜻하는 용어는?**

① 배치(Batch)
② RDB
③ 핫덱(Hot-Deck)
④ 처리(Process)

**해설** 배치란 데이터 처리에서 실시간 작업의 반대 개념으로 일련의 작업들을 하나의 작업 단위로 묶어서 일괄로 처리하는 작업을 의미한다.

**핵심 키워드 검색**
데이터 처리, 배치

## 17

**데이터 결측값에 대한 설명으로 옳지 않은 것은?**

① 결측값은 NA, 999999, Null 등으로 표현된다.
② 결측값이란 입력이 누락된 값을 의미한다.
③ 결측값의 종류에는 완전 무작위 결측, 무작위 결측, 비 무작위 결측 등이 있다.
④ NA은 초기화되지 않은 값을 의미하고 NULL은 할당하지 않은 값, 결측치를 의미한다.

**해설** 데이터 결측값, NA, Null

**핵심 키워드 검색**
RSS, XML 기반 배포 프로토콜, 데이터 수집 기술

**정답** 12 ③  13 ②  14 ①  15 ①  16 ①  17 ④

## 18
다음 중 변수 상에서 발생하였으나 다른 변수들과 아무런 상관이 없는 결측값은?

① 완전 무작위 결측
② 무작위 결측
③ 부분 무작위 결측
④ 비 무작위 결측

**해설** 변수 상에서 발생한 결측값이 다른 변수들과 아무런 상관이 없는 경우 완전 무작위 결측에 속한다.

**핵심 키워드 검색**
결측값, 완전 무작위 결측

## 19
다음 중 단순 확률 대치법에 해당하지 않는 것은?

① 핫덱(Hot-Deck) 대체
② 평균 대치법
③ 콜드덱(Cold-Deck) 대체
④ 혼합 방법

**해설** 단순 확률 대치법에는 핫덱 대체, 콜드덱 대체, 혼합 방법이 있다.

**핵심 키워드 검색**
단순 확률 대치법, 핫덱 대체, 콜드덱 대체, 혼합 방법

## 20
다음 중 분포가 작은 클래스의 값을 분포가 큰 클래스로 맞춰주는 샘플링 방법은 무엇인가?

① Over Sampling
② Under Sampling
③ Combine Sampling
④ Data Argumentation

**해설**
- 오버 샘플링은 Up Sampling라고도 불리며 분포가 작은 클래스의 값을 분포가 큰 클래스로 맞춰주는 샘플링 방법이다.
- Under Sampling은 Down Sampling라고도 불리며 데이터의 분포가 높은 값을 낮은 값으로 맞춰주는 작업을 말한다.
- Data Argumentation은 이미지나 사진 분석에서 과적합을 방지하고 예측에 대한 신뢰성을 높이기 위한 추가적인 데이터를(이미지) GAN으로 생성하는 방법론이다.

**핵심 키워드 검색**
샘플링 기법, 오버 샘플링, 언더 샘플링, Data Argumentation, GAN

## 21

난이도 : 중 [2021. 기출문제 유사]

**다음 중 박스 플롯에 대한 설명으로 바르지 않은 것은?**

① 하위 경계 : 제 1사분위에서 1.5 IQR을 뺀 위치
② 제 1사분위 : 자료들의 하위 25%의 위치를 의미
③ 수염(Whiskers) : 제 1사분위와 제 3사분위로부터 IQR의 1.5배 내에 있는 가장 멀리 떨어진 데이터까지 이어진 선
④ 이상값 : 제 1사분위, 제 3사분위보다 바깥쪽에 데이터가 존재한다면, 이상값으로 분류

**해설** 이상값은 수염보다 바깥쪽에 존재하는 데이터를 의미한다.

> **핵심 키워드 검색**
> 
> • 박스 플롯은 박스와 박스 바깥의 선으로 이루어져 있음.
> • 중앙값, 최소값, 최대값, 1사분위수, 3사분위수를 알 수 있음.
> • 이상치(outlier : 아웃라이어) 또는 특이점을 볼 수 있음.
> 예제) 다음과 같이 R코드가 있을 경우 a에 들어있는 데이터에 대한 박스 플롯을 만들 수 있다.
> a = c(1,2,3,4,5)
> boxplot(a)

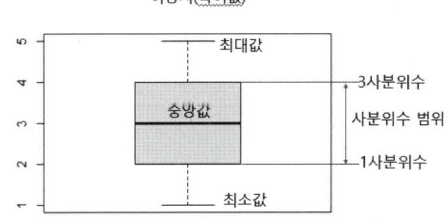

## 22

**데이터 이상값 검출 방법에 대한 설명으로 옳지 않은 것은?**

① 개별 데이터 관찰은 전체 데이터의 추이나 특이 사항 관찰을 통해 이상값을 검출하는 방법이다.
② 통곗값은 통계 지표 데이터와 분산도를 활용하여 이상값을 검출하는 방법이다.
③ LOF(Local Outlier Factor)는 히스토그램을 이용하여 이상값을 검출하는 방법이다.
④ 머신러닝 기법을 이용한 이상값 검출 방법에 K-평균 군집화를 사용할 수 있다.

**해설**
• LOF는 관측치 주변의 밀도와 근접한 관측치 주변의 밀도의 상대적인 비교를 통해 이상값을 탐색하는 기법이다.
• 히스토그램을 이용하는 것은 시각화를 이용한 데이터 이상값 검출에 해당한다.

> **핵심 키워드 검색**
> 
> 데이터 이상값, LOF, 이상값 탐색, 히스토그램

**정답** 18 ① 19 ② 20 ① 21 ④ 22 ③

## 23
다음 중 데이터 이상값 처리에 대한 설명으로 가장 부적절한 것은?

① 이상값은 반드시 제거해야 한다.
② 데이터 이상값 처리 기법에는 삭제, 대체법, 변환, 박스 플롯 해석을 통한 이상값 제거 방법이 있다.
③ 이상값을 삭제 시 추정치의 분산은 작아지고 실제보다 과소(또는 과대) 추정으로 편의가 발생할 수 있다.
④ 자연로그를 이용하여 이상값 처리를 위한 변환을 할 수 있다.

**해설** 이상값은 반드시 제거해야 하는 것은 아니며, 이상값을 처리할지는 분석의 목적에 따라 적절한 판단이 필요하다.

**핵심 키워드 검색**
이상값

## 24
변수의 유형 중 다른 변수에 영향을 받지 않고 종속변수에 영향을 주는 변수는?

① 종속변수
② 왜곡 변수
③ 독립변수
④ 매개 변수

**해설** 독립변수란 다른 변수에 영향을 받지 않고 종속변수에 영향을 주는 변수로 연구자가 의도적으로 변화시키는 변수이다.

**핵심 키워드 검색**
종속변수, 독립변수

## 25
다음 중 데이터 학습을 위해 차원이 증가하면서 학습데이터 수가 차원의 수보다 적어져 성능이 저하되는 현상을 뜻하는 용어는?

① 과적합
② 차원의 저주
③ 비지도학습
④ 일반화

**해설**
- 과적합은 제한된 학습 데이터 세트에 너무 과하게 특화되어 새로운 데이터에 대한 오차가 매우 커지는 현상이다.
- 차원의 저주는 데이터 학습을 위해 차원이 증가하면서 학습데이터 수가 차원의 수보다 적어져 성능이 저하되는 현상을 말한다.

**핵심 키워드 검색**
과적합, 차원의 저주, 오차

## 26

**다음 중 시각화를 이용한 데이터 이상값 검출 방법 중 각 계급에 해당하는 자료의 수치를 표시하여 시각화하는 방법은?**

① 히스토그램
② 시계열 차트
③ 확률밀도함수
④ 박스 플롯

**해설** 히스토그램은 주로 x축에 계급값을, y축에 각 계급에 해당하는 자료의 수치를 표시하는 시각화 방법이다.

**핵심 키워드 검색**
히스토그램, 이상값 검출 방법, 시각화 방법

## 27

**다음 중 다중 대치법에 대한 설명으로 가장 부적절한 것은?**

① 단순 대치법을 한 번 하지 않고 m번 대치를 통해 m개의 가상적 완전한 자료를 만들어서 분석하는 방법이다.
② 다중 대치법은 대치 → 분석 → 결합의 3단계로 구성되어 있다.
③ 다중 대치법에는 베이지안 방법을 이용할 수 있다.
④ 여러 번의 대체표본으로 대체 내 평균과 대체 간 평균을 구하여 추정치의 총 평균을 추정하는 방법이다.

**해설** 단순 대치법을 한 번 하지 않고 m번 대치를 통해 m개의 가상적 완전한 자료를 만들어서 분석하는 방법이다.

**핵심 키워드 검색**
다중 대치법

---

**정답** 23 ① 24 ③ 25 ① 26 ① 27 ④

## 28
단순 확률 대치법 중 무응답을 현재 진행 중인 연구에서 '비슷한' 성향을 가진 응답자의 자료로 대체하는 방법은?

① 핫덱(Hot-Deck) 대체
② 평균 대치법
③ 콜드덱(Cold-Deck) 대체
④ 혼합 방법

**해설**
- 단순 확률 대치법의 종류

| | |
|---|---|
| 핫덱 대체 | • 무응답을 현재 진행 중인 연구에서 '비슷한' 성향을 가진 응답자의 자료로 대체하는 방법<br>• 표본조사에서 흔히 사용 |
| 콜드덱 대체 | • 핫덱과 비슷하나 대체할 자료를 현재 진행 중인 연구에서 얻는 것이 아니라 외부 출처 또는 이전의 비슷한 연구에서 가져오는 방법 |
| 혼합 방법 | • 몇 가지 다른 방법을 혼합하는 방법<br>• 예를 들어, 회귀 대체를 이용하여 예측값을 얻고 핫덱 방법을 이용하여 잔차를 얻어 두 값을 더하는 경우 |

**핵심 키워드 검색**
단순 확률 대치법, 핫덱 대체, 콜드덱 대체, 혼합 방법

## 29
통계적 가설 검정을 이용한 데이터 검출 방법 중 아래에서 설명하는 방법은?

오름차순으로 정렬된 데이터에서 범위에 대한 관측치 간의 차이의 비율을 활용하여 이상값 여부를 검정하는 방법이다. 데이터 수가 30개 미만인 경우에 적절한 방법이다.

① 그럽스 T-검정
② 카이제곱 검정
③ 딕슨의 Q 검정
④ 콜드덱 검정

**해설** 딕슨의 Q 검정은 오름차순으로 정렬된 데이터에서 범위에 대한 관측치 간의 차이의 비율을 활용하여 이상값 여부를 검정하는 방법이다.

**핵심 키워드 검색**
통계적 가설 검정, 딕슨의 Q 검정

## 30
다음 중 통계적 가설 검정을 활용한 이상값 검출 방법이 아닌 것은?

① 그럽스 T-검정
② 카이제곱 검정
③ 딕슨의 Q 검정
④ 콜드덱 검정

**해설** 통계적 가설 검정을 활용한 이상값 검출 방법에는 그럽스 T-검정(Grubbs T-Test), Generalized ESD(Extreme Studentized Deviate) Test, 딕슨의 Q검정(Dixon Q-Test), 카이제곱 검정(Chi-Square Test)이 있다.

**핵심 키워드 검색**
통계적 가설 검정, 콜드덱 검정

## 31
데이터 세분화 방법 중 K개 소집단의 중심좌표를 이용하여 각 객체와 중심좌표 간의 거리를 산출하고, 가장 근접한 소집단에 배정한 후 해당 소집단의 중심 좌표를 업데이트 하는 방식으로 군집화 하는 방식은?

① 응집 분석법
② 분할 분석법
③ 인공 신경망 모델
④ K-평균 군집화

**해설** K-평균 군집화를 이용한 데이터 세분화는 K개 소집단의 중심좌표를 이용하여 각 객체와 중심좌표 간의 거리를 산출하고, 가장 근접한 소집단에 배정한 후 해당 소집단의 중심 좌표를 업데이트 하는 방식으로 군집화 하는 방법이다.

**핵심 키워드 검색**
K평균 군집화, 데이터 세분화 방법

## 32
이상값 검출을 위한 방법 중 iForest(Isolation Forest)에 대한 설명으로 바르지 않은 것은?

① iForest 기법은 관측치 사이의 거리 또는 밀도를 기반으로 이상값을 탐지하는 방법이다.
② 의사결정나무 기법으로 분류 모형을 생성하여 모든 관측치를 고립시켜 나가면서 분할 횟수로 이상값을 탐색한다.
③ 데이터로 평균적인 관측치와 멀리 떨어진 관측치일수록 적은 횟수의 공간 분할을 통해 고립시킬 수 있다.
④ 의사결정나무 모형에서 적은 횟수로 잎(Leaf) 노드에 도달하는 관측치일수록 이상값일 가능성이 높다.

**해설** iForest 기법은 관측치 사이의 거리 또는 밀도에 의존하지 않고, 데이터 마이닝 기법인 의사결정나무를 이용하여 이상값을 탐지하는 방법이다.

**핵심 키워드 검색**
이상값 검출, iForest, 데이터 마이닝 기법, 의사결정나무

**정답** 28 ①　29 ③　30 ④　31 ④　32 ①

# 33

다음 중 변수 선택 기법에 해당하지 않는 것은?

① 필터 기법(Filter Method)

② 래퍼 기법(Wrapper Method)

③ 임베디드 기법(Embedded Method)(Embedded Method)

④ 평균 대치법(Mean imputation)

**해설**
- 변수 선택 기법에는 필터/래퍼/임베디드 기법(Embedded Method)이 있다.
- 평균 대치법은 결측값을 처리하는 방법이다.

**핵심 키워드 검색**

변수 선택 방법
- 필터 방법(Filter Method)
  - 특정 모델링 기법에 의존하지 않고 데이터의 통계적 특성(예를 들면, 상호 정보량Mutual Information이나 상관 계수)으로부터 변수를 택함.
- 래퍼 방법(Wrapper Method)
  - 변수의 일부만을 모델링에 사용하고 그 결과를 확인하는 작업을 반복하면서 변수를 택해 나감.
- 임베디드 방법(Embedded Method)
  - 모델 자체에 변수 선택이 포함됨 (예를 들면, LASSO)으로 분류된다.

# 34

다음 중 변수 선택을 위한 필터 기법에 해당하지 않는 것은?

① 정보 소득(Information Gain)

② 카이제곱 검정(Chi-Square Test)

③ 피셔 스코어(Fisher Score)

④ 이표본 T-검정(Two samples T-test)

**해설** 변수 선택을 위한 필터 기법에는 정보소득, 카이제곱 검정, 피셔 스코어, 상관 계수가 있다.

**핵심 키워드 검색**

변수 선택, 필터 기법, 정보 소득, 카이제곱 검정, 피셔 스코어, 상관 계수

# 35

다음 중 변수 선택을 위한 필터 기법에 대한 설명으로 가장 부적절한 것은?

① 필터 기법은 데이터의 통계적 측정방법을 사용하여 변수(Feature)들의 상관 관계를 알아낸다.

② 계산 속도가 빠르고 변수 간 상관 관계를 알아내는 데 적합하여 래퍼 기법을 사용하기 전에 전처리하는데 사용한다.

③ 검색 가능한 방법으로 하위 집합을 반복해서 선택하여 테스트하는 것이므로 그리디 알고리즘에 속한다.

④ 특정 모델링 기법에 의존하지 않고 데이터의 통계적 특성으로부터 변수를 택하는 방법이다.

**해설** 검색 가능한 방법으로 하위 집합을 반복해서 선택하여 테스트하는 것이므로 그리디 알고리즘에 속하는 것은 래퍼 기법에 대한 설명이다.

🔍 **핵심 키워드 검색**

변수 선택, 래퍼 기법, 그리디 알고리즘, 모델링 기법

## 36

결측값을 처리하는 방법 중 불완전 자료를 모두 무시하고 완전하게 관측된 자료만 사용하여 분석하는 방법은?

① 완전 분석법
② 평균 대치법
③ 단순 확률 대치법
④ 정규화

**해설** 완전 분석법은 불완전 자료를 모두 무시하고 완전하게 관측된 자료만 사용하여 분석하는 방법으로 분석은 쉽지만 부분적으로 관측된 자료가 무시되어 효율성이 상실되고 통계적 추론의 타당성 문제가 발생한다.

🔍 **핵심 키워드 검색**

결측값 처리, 완전 분석법, 통계적 추론

## 37

ESD(Extreme Studentized Deviation)를 사용하여 이상값을 검출할 때 평균이 20, 분산이 9인 데이터의 적절한 하한값과 상한값은?

① 하한값 : 17, 상한값 : 23
② 하한값 : 14, 상한값 : 26
③ 하한값 : 11, 상한값 : 29
④ 하한값 : 8, 상한값 : 32

**해설**
- ESD를 사용한 이상치의 하한값은 $\mu-3\sigma$, 상한값은 $\mu+3\sigma$이다.
- 데이터의 평균이 20, 분산이 9인 경우 하한값은 $20-3\times(\sqrt{9})=11$, 상한값은 $20+3\times(\sqrt{9})=29$이다.

🔍 **핵심 키워드 검색**

ESD, 이상값 검출, 상한값, 하한값

**정답** 33 ④  34 ④  35 ③  36 ①  37 ③

## 38

난이도 : 중 [2021. 기출문제 유사]

변수 선택을 위한 방법 중 변수를 모두 포함한 상태에서 가장 적은 영향을 주는 변수부터 하나씩 제거하는 방법으로 가장 적절한 것은?

① 전진 선택법(Forward Selection)
② 후진 제거법(Backward Elimination)
③ 단계적 방법(Stepwise Method)
④ 카이제곱 검정(Chi-Square Test)

**해설** • 래퍼 기법(Wrapper Method)의 변수 선택 유형

| | |
|---|---|
| 전진 선택법 | • 모형을 가장 많이 향상키는 변수를 하나씩 점진적으로 추가하는 방법<br>• 비어 있는 상태에서 시작하며 변수 추가 시 선택기준이 향상되지 않으면 변수 추가를 중단 |
| 후진 제거법 | • 모두 포함된 상태에서 시작하며 가장 적은 영향을 주는 변수부터 하나씩 제거<br>• 더 이상 제거할 변수가 없다고 판단된 때 변수의 제거를 중단 |
| 단계적 방법 | • 전진 선택과 후진 제거를 함께 사용하는 방법 |

🔍 **핵심 키워드 검색**

래퍼 기법, 변수 선택, 전진 선택법, 후진 제거법, 단계적 방법

## 39

변수 선택 기법 중 래퍼 기법(Wrapper Method)에 관한 설명으로 가장 부적절한 것은?

① 최적화된 모델을 만들기 위해 여러번 모델을 생성하고 성능을 테스트 해야 하기 때문에 많은 시간이 필요하다.
② 검색 가능한 방법으로 하위 집합을 반복해서 선택하여 테스트하는 것이므로 그리디(탐욕) 알고리즘에 속한다.
③ 예측 모델을 사용하여 피처들의 부분집합을 계속 만들어 수가 늘어나 과적합의 위험이 발생할 수 있다.
④ 일반적으로 필터방법보다 예측 정확도가 낮다.

**해설** 일반적으로 래퍼 방법은 필터 방법보다 예측 정확도가 높다.

🔍 **핵심 키워드 검색**

래퍼 기법, 모델, 필터 방법, 정확도

## 40

[2021. 3회 기출문제 유사] 차원 축소

다음 중 변수들의 공분산 행렬이나 상관 행렬을 이용하며, 원래 데이터 특징을 잘 설명해주는 성분을 추출하기 위하여 고차원 공간의 표본들을 선형 연관성이 없는 저차원 공간으로 변환하는 차원 축소 기법으로 가장 적절한 것은?

① 주성분 분석(PCA)  
② 특이값 분해(SVD)  
③ 요인 분석(Factor Analysis)  
④ 다차원 척도법(MDS)

**해설** 주성분 분석은 변수들의 공분산 행렬이나 상관 행렬을 이용하며, 원래 데이터 특징을 잘 설명해주는 성분을 추출하기 위하여 고차원 공간의 표본들을 선형 연관성이 없는 저차원 공간으로 변환하는 차원 축소 기법이다.

🔍 **핵심 키워드 검색**

주성분 분석, 공분산 행렬, 상관 행렬, 차원 축소 기법

## 41

변수 선택 기법 중 래퍼 기법(Wrapper Method)에 해당하지 않는 방법은?

① 유전 알고리즘(Genetic Algorithm)  
② RFE(Recursive Feature Elimination)  
③ SFS(Sequential Feature Selection)  
④ 라쏘(Lasso)

**해설**
- 래퍼 기법에는 RFE, SFS, 유전 알고리즘, 단변량 선택, mRMR이 있다.
- 라쏘는 임베디드 기법(Embedded Method)에 해당한다.

🔍 **핵심 키워드 검색**

래퍼 기법, 유전 알고리즘, 라쏘, 임베디드 기법

## 42

다음 중 변수 유형에 관한 설명으로 가장 부적절한 것은?

① 독립변수는 입력값이나 원인을 나타낸다.  
② 종속변수는 독립변수의 영향을 받아 결과물이나 효과를 나타낸다.  
③ 종속변수는 설명 변수(explanatory variable)라고 하기도 한다.  
④ 변수 간 관계는 연속형 자료라면 공변량(Covariate), 범주형 자료라면 요인(Factor)이라 한다.

**해설**
- 변수 간 관계는 연속형 자료라면 공변량(Covariate), 범주형 자료라면 '요인(Factor)'이라 한다.
- 독립변수는 설명 변수(explanatory variable)라고 하기도 한다.

🔍 **핵심 키워드 검색**

변수 유형, 공변량, 범주형 자료, 요인, 설명 변수

**정답** 38 ② 39 ④ 40 ① 41 ④ 42 ③

## 43

변수 선택 기법 중 임베디드 기법(Embedded Method)에 해당하지 않는 것은?

① Select From Model
② 릿지(Ridge)
③ 엘라스틱 넷(Elastic Net)
④ 카이제곱 검정(Chi-Square Test)

**해설**
- 임베디드 기법(Embedded Method)에는 라쏘, 릿지, 엘라스틱 넷, Select From Model이 있다.
- 카이제곱 검정은 필터 기법에 해당한다.

**핵심 키워드 검색**
임베디드 기법, 필터 기법, 라쏘, 릿지, 엘라스틱 넷, Select From Model

## 44

[2021. 3회 기출문제 유사] 차원 축소

다음 중 차원 축소의 특징에 관한 설명으로 가장 부적절한 것은?

① 차원 축소는 분석 대상이 되는 여러 변수의 정보를 최대한 유지하면서 데이터 세트 변수의 개수를 줄이는 탐색적 분석기법이다.
② 차원 축소를 수행할 때, 축약되는 변수 세트는 원래의 전체 데이터의 변수들의 정보를 최대한 유지해야 한다.
③ 고차원 변수보다 변환된 저차원으로 학습할 경우, 회귀나 분류, 클러스터링 등의 머신러닝 알고리즘 성능이 감소한다.
④ 차원 축소 기법에는 주성분 분석, 특이값 분해, 요인 분석 등이 있다.

**해설** 고차원 변수보다 변환된 저차원으로 학습할 경우, 회귀나 분류, 클러스터링 등의 머신러닝 알고리즘이 더 잘 작동한다.

**핵심 키워드 검색**
차원 축소, 주성분 분석, 특이값 분해, 요인 분석

## 45

차원 축소 기법 중 다음 특징을 가진 기법으로 가장 적절한 것은?

- 관찰 변수인 항목들에 공통적으로 영향을 주는 잠재적인 특성이 존재한다고 가정
- 변수 축소, 불필요한 변수 제거, 변수 특성 파악, 측정 항목의 타당성(validity) 평가 등의 목적을 가지고 있다.
- 설문 조사를 많이 활용하는 사회 과학이나 HCI, 의학 분야에 활용한다.

① 주성분 분석(PCA)
② 특이값 분해(SVD)
③ 요인 분석(Factor Analysis)
④ 다차원 척도법(MDS)

**해설** 요인 분석은 데이터 안에 관찰할 수 없는 잠재적인 변수가 존재한다고 가정하여 모형을 세운 뒤 관찰 가능한 데이터를 이용하여 해당 잠재 요인을 도출하고 데이터 안의 구조를 해석하는 기법이다.

**핵심 키워드 검색**
요인 분석, 주성분 분석, 특이값 분해, 다차원 척도법

## 46

[2021. 3회 기출문제 유사] 파생 변수 의미

**다음 중 파생 변수의 예시로 가장 부적절한 것은?**

① 근무시간 구매자수
② 주 구매 상품 변수
③ 라이프 스타일 변수
④ 트렌드 변수

**해설**
- 트렌드 변수는 요약 변수에 해당한다.
- 요약 변수는 수집된 정보를 분석에 맞게 종합한 변수이며, 파생 변수는 세분화/고객 행동 예측/캠페인 반응 예측에 활용된다.

**핵심 키워드 검색**
파생 변수, 요약 변수

## 47

[2021. 3회 기출문제 유사] 불균형 데이터 개념

**다음 중 불균형 데이터를 처리하기 위한 기법에 해당하지 않는 것은?**

① 언더 샘플링
② 임곗값 이동(Threshold Moving)
③ 앙상블(Ensemble) 기법
④ 랜덤 포레스트

**해설**
불균형 데이터를 처리하기 기법으로는 언더 샘플링, 오버 샘플링, 임곗값 이동(Threshold Moving), 앙상블(Ensemble) 기법이 있다.

**핵심 키워드 검색**
불균형 데이터 처리, 언더 샘플링, 오버 샘플링, 임곗값 이동(Threshold Moving), 앙상블(Ensemble) 기법

## 48

**다음 중 오버 샘플링(Over-Sampling)에 대한 설명으로 가장 부적절한 것은?**

① 오버 샘플링은 소수 클래스의 데이터를 복제 또는 생성하여 데이터의 비율을 맞추는 방법으로 과대 샘플링이라고도 한다.
② 정보가 손실되지 않는다는 장점이 있으나 과적합(Over-fitting)을 초래할 수 있다.
③ 알고리즘의 성능은 감소하나 검증의 성능은 높아질 수 있다.
④ 오버 샘플링의 대표적인 기법에는 랜덤 오버 샘플링, SMOTE, ADASYN 등이 있다.

**해설**
오버 샘플링을 사용할 경우, 알고리즘의 성능은 높으나 검증의 성능은 나빠질 수 있다.

**핵심 키워드 검색**
오버 샘플링, 랜덤 오버 샘플링, SMOTE, ADASYN

**정답** 43 ④  44 ③  45 ③  46 ④  47 ④  48 ③

## 49
[2021. 3회 기출문제 유사] 불균형 데이터 개념

불균형 데이터를 처리하는 기법 중 소수 클래스에서 중심이 되는 데이터와 주변 데이터 사이에 가상의 직선을 만든 후, 그 위에 데이터를 추가하는 방법은?

① 랜덤 오버 샘플링
② 랜덤 언더 샘플링
③ SMOTE(Synthetic Minority Over-sampling Technique)
④ 임곗값 이동(Threshold moving)

**해설** SMOTE는 소수 클래스에서 중심이 되는 데이터와 주변 데이터 사이에 가상의 직선을 만든 후, 그 위에 데이터를 추가하는 오버 샘플링 기법이다.

**핵심 키워드 검색**
오버 샘플링, 랜덤 오버 샘플링, SMOTE, ADASYN

## 50
[2021. 3회 기출문제 유사] 파생 변수 의미

파생 변수에 대한 방법 중 다음 사례에 해당하는 방법은?

① 날씨를 요일로 변환
② 남/여 데이터를 0/1 이진 변수로 변환
③ 단위 변환
④ 변수 결합

**해설** 날씨를 요일로 변환하거나 성별을 이진 변수로 변환하는 것은 표현형식 변환에 해당한다.

**핵심 키워드 검색**
파생 변수, 표현형식 변환

## 51

다음 중 데이터로부터 잡음을 제거하기 위해 데이터 추세에 벗어나는 값들을 변환하는 기법은?

① 데이터 평활화(Data Smoothing)
② 데이터 세분화(Data Segmentation)
③ 파싱(Parsing)
④ 데이터 대체(Data Imputation)

**해설** 데이터 평활화는 데이터로부터 잡음을 제거하기 위해 데이터 추세에 벗어나는 값들을 변환하는 기법이다.

**핵심 키워드 검색**
데이터 평활화, 데이터 잡음, 추세, 파싱

## 52

**다음 중 언더 샘플링(Under Sampling)에 대한 설명으로 가장 부적절한 것은?**

① 다운 샘플링(Down Sampling)이라고도 한다.
② 다수 클래스의 데이터를 일부만 선택하여 데이터의 비율을 맞추는 방법이다.
③ 언더 샘플링의 경우 오버 샘플링 보다 데이터의 소실이 적고, 중요한 정상 데이터를 보존할 수 있다.
④ 언더 샘플링의 대표적인 기법에는 랜덤 언더 샘플링, ENN(Edited Nearest Neighbours), 토멕링크 방법 등이 있다.

**해설** 언더 샘플링의 경우 데이터의 소실이 매우 크고, 때로는 중요한 정상 데이터를 잃을 수 있다.

**핵심 키워드 검색**
언더 샘플링, ENN, 토멕링크 방법

## 53

**다음 중 통계 기법을 이용한 데이터 이상값 검출 방법이 아닌 것은?**

① ESD(Extreme Studentized Deviation)  ② 기하 평균
③ 사분위 수  ④ K-평균 알고리즘

**해설**
- 통계 기법을 이용한 데이터 이상값 검출 방법에는 ESD, 기하평균, 사분위수, Z-Score 등이 있다.
- K-평균 알고리즘은 머신러닝 기법에 해당한다.

**핵심 키워드 검색**
머신러닝, K-평균 알고리즘, ESD, 기하평균, 사분위수, Z-Score

## 54

[2021. 3회 기출문제 유사] 차원 축소

**다음 중 차원 축소 기법의 활용에 관한 설명으로 가장 부적절한 것은?**

① 차원 축소 기법은 탐색적 데이터 분석부터 정보 결과의 시각화까지 다양하게 활용되고 있다.
② 분석하려는 데이터가 적은 차원으로 구성되어 있을 때 쉽게 데이터를 학습하고 모델을 생성하기 위해 주로 활용된다.
③ 대상에 대한 패턴인식이나 추천시스템 구현 결과의 성능 등을 개선할 때도 사용한다.
④ 탐색적 데이터 분석에 활용된다.

**해설** 차원 축소 기법은 분석하려는 데이터가 많은 차원으로 구성되어 있을 때 좀 더 쉽게 데이터를 학습하고 모델을 생성하기 위해 활용된다.

**핵심 키워드 검색**
차원 축소 기법

**정답** 49 ③  50 ②  51 ①  52 ③  53 ④  54 ②

## 55

[2021. 3회 기출문제 유사] 차원 축소

다음 중 아래에서 설명하는 차원 축소 기법으로 가장 알맞은 것은?

> 행렬을 특정한 구조로 분해하는 방식으로, 신호 처리와 통계학 등의 분야에서 자주 사용

① 주성분 분석(PCA)  ② 요인 분석(Factor Analysis)
③ 특이값 분해(SVD)  ④ 독립 성분 분석(ICA)

**해설** 모형을 세운 뒤 관찰 가능한 데이터를 이용하여 해당 요인을 도출하고 데이터 안의 구조를 해석하는 기법은 요인 분석이다.

**핵심 키워드 검색**
차원 축소 기법, 요인 분석, 특이값 분해

## 56

[2021. 3회 기출문제 유사] 파생 변수 의미

다음 중 파생 변수를 적용한 사례로 적절하지 않은 것은?

① 요일을 숫자로 변환  ② 미터(m)를 센티미터(cm)로 변환
③ 익명화를 위한 칼럼 삭제  ④ 고객별 누적 구매 금액 집계

**해설**
- 파생 변수는 기존 변수에 특정 조건 혹은 함수 등을 사용하여 새롭게 재정의한 변수를 의미하므로 삭제하는 방법은 아니다.
- 1은 표현 형식 변환, 2는 단위 변환, 4는 요약 통계량 변환 방법이다.

**핵심 키워드 검색**
파생 변수 : 기존의 변수를 조합하여 새로운 변수를 만들어 내는 것을 의미한다. 예를 들어 어떤 학생의 국어 점수와 영어 점수가 있을 때, 두 점수를 사용하여 평균 점수라는 새로운 변수를 만들 수 있는데, 이 변수를 '파생 변수'라고 한다.

## 57

다음 중 변수 변환 기법이 아닌 것은?

① 정규화  ② 비닝
③ 로그 변환  ④ 오버 샘플링

**해설** 오버 샘플링(Over-Sampling)은 불균형 데이터 처리 기법이다.

**핵심 키워드 검색**
변수 변환 기법, 오버 샘플링, 불균형 데이터 처리, 정규화, 비닝, 로그 변환

## 58

변수 선택을 위한 임베디드 기법(Embedded Method)중 가중치의 절댓값의 합을 최소화하는 것을 추가적인 제약 조건으로 하는 방법으로, L1-norm을 통해 제약을 주는 방법은?

① 라쏘(LASSO)
② 릿지(Ridge)
③ 엘라스틱 넷(Elastic Net)
④ Select From Model

**해설** 라쏘(LASSO)는 임베디드 기법(Embedded Method)중 가중치의 절댓값의 합을 최소화하는 것을 추가적인 제약 조건으로 하는 방법으로, L1-norm을 통해 제약을 주는 방법이다.

**핵심 키워드 검색**
임베디드 기법, 라쏘

## 59

[2021. 3회 기출문제 유사] 불균형 데이터 개념

다음 중 불균형 데이터 처리 기법이 아닌 것은?

① 언더 샘플링(Under-Sampling)
② 비닝(Binning)
③ 오버 샘플링(Over-Sampling)
④ 임곗값 이동(Threshold-Moving)

**해설**
- 불균형 데이터 처리 기법에는 언더 샘플링, 오버 샘플링, 임곗값 이동, 앙상블 기법이 있다.
- 비닝은 변수 변환 기법이다.

**핵심 키워드 검색**
불균형 데이터 처리 기법, 언더 샘플링, 오버 샘플링, 임곗값 이동, 앙상블 기법

## 60

[2021. 3회 기출문제 유사] 파생 변수 의미

다음 중 파생 변수에 대한 설명이 바르지 못한 것은 무엇인가?

① 특정 조건을 만족하거나 특정 함수에 의해 값을 만들어 의미를 부여한 변수이다.
② 매우 주관적일 수 있어서 논리적 타당성을 갖추어 개발해야 한다.
③ 총구매 금액, 금액, 횟수, 구매여부 등의 변수를 가진다.
④ 세분화, 고객행동 예측, 캠페인 반응 예측에 활용할 수 있다.

**해설** 총구매 금액, 금액, 횟수, 구매 여부 등의 변수를 '요약 변수'라 한다.
- 비닝은 변수 변환 기법이다.

**핵심 키워드 검색**
요약 변수/파생 변수의 차이점

**정답** 55 ② 56 ③ 57 ④ 58 ① 59 ② 60 ③

PART 02 | 빅데이터 탐색

# CHAPTER 02 데이터 탐색

| 50문항

## 01
다음 중 탐색적 데이터 분석(Exploratory Data Analysis)의 4가지 특징에 해당하지 않는 것은?

① 저항성(Resistance)
② 잔차 해석(Residual)
③ 자료 재표현(Re-expression)
④ 재기성(Recurrence)

**해설** 탐색적 데이터 분석의 4가지 특징에는 저항성, 잔차 해석, 자료 재표현, 현시성이 있다.

**핵심 키워드 검색**
탐색적 데이터 분석의 4가지 특징, 저항성, 잔차 해석, 자료 재표현, 현시성

## 02
다음 중 아래에서 설명하는 탐색적 데이터 분석(Exploratory Data Analysis)의 특징은 무엇인가?

- 수집된 자료에 오류점, 이상값이 있을 때에도 영향을 적게 받는 성질을 의미
- 통계 또는 통계적 방법이 데이터의 부분적 변동에 민감하게 반응하지 않음

① 저항성(Resistance)
② 잔차 해석(Residual)
③ 자료 재표현(Re-expression)
④ 현시성(Graphic Representation)

**해설** 저항성은 수집된 자료에 오류점, 이상값이 있을 때에도 영향을 적게 받는 성질을 의미하며, 저항성 있는 통계 또는 통계적 방법은 데이터의 부분적 변동에 민감하게 반응하지 않는다.

**핵심 키워드 검색**
탐색적 데이터 분석, 저항성

## 03
다음 중 EDA(Exploratory Data Analysis)의 4가지 특징에 관한 설명으로 가장 바르지 못한 것은?

① 저항성은 수집된 자료에 오류점, 이상값이 있을 때에도 영향을 적게 받는 성질을 의미한다.
② 탐색적 데이터 분석에서는 중위수보다 저항성이 큰 평균을 대푯값으로 선호한다.

③ 현시성이란 데이터 분석결과를 쉽게 이해할 수 있도록 시각적으로 표현하고 전달하는 과정을 의미한다.
④ 자료의 재표현은 데이터 분석과 해석을 단순화시키기 위하여 기존 변수를 적당한 척도로 바꾸는 것이다.

**해설** 탐색적 데이터 분석에서는 평균보다 저항성이 큰 중위수를 대푯값으로 선호한다.

**핵심 키워드 검색**
EDA, 저항성, 현시성, 자료의 재표현

## 04
**변수의 유형에 따른 데이터 탐색 방법에 대한 설명으로 바르지 않은 것은?**

① 수치형 데이터의 경우 데이터의 분포 특성을 중심성, 변동성, 정규성 측면에서 파악한다.
② 범주형 데이터는 주로 막대형 그래프를 이용하여 시각화한다.
③ 등간 척도와 비율 척도의 경우 수치형 데이터에 해당한다.
④ 명목 척도와 순위 척도에 대해서는 박스 플롯이나 히스토그램을 주로 사용한다.

**해설** 명목 척도와 순위 척도는 범주형 데이터에 속하므로 막대형 그래프를 이용하여 시각화한다.

**핵심 키워드 검색**
변수의 유형, 명목 척도, 순위 척도

## 05
**다음 중 수치형 데이터의 탐색 시 사용되는 데이터의 특성으로 가장 바르지 못한 것은?**

① 평균　　　　　　　　　　　② 최빈값
③ 표준 편차　　　　　　　　　④ 첨도

**해설**
- 수치형 데이터의 데이터 탐색시 평균, 분산, 표준 편차, 첨도, 왜도를 사용한다.
- 최빈값은 범주형 데이터의 탐색 시 이용된다.

**핵심 키워드 검색**
데이터 특성, 평균, 분산, 표준 편차, 첨도, 왜도, 최빈값

**정답** 01 ④　02 ①　03 ②　04 ④　05 ②

## 06

[2021. 3회 기출문제 유사] 상관 관계 분석

**다음 중 상관 관계 분석에 대한 설명으로 가장 바르지 못한 것은?**

① 상관 관계 분석이란 두 개 이상의 변수 사이에 존재하는 상호 연관성의 존재 여부와 연관성의 강도를 측정하여 분석하는 방법이다.
② 양의 상관 관계는 한 변수의 값이 증가할 때 다른 변수의 값도 증가하는 경향을 보이는 상관 관계이다.
③ 한 변의 값의 변화에 무관하게 다른 변수의 값이 변한다면 상관 관계가 없는 것이다.
④ 히스토그램을 통해 변수 사이의 관계를 표현할 수 있다.

**해설** 변수 사이의 관계를 산점도 그래프를 통하여 표현할 수 있다.

**핵심 키워드 검색**
상관 관계 분석, 산점도


## 07

**다음 중 공분산에 관한 설명으로 적절하지 않은 것은?**

① 공분산은 2개의 변수 사이의 상관 정도를 나타내는 값이다.
② 공분산을 통해 상관 관계의 상승 혹은 하강하는 경향을 이해할 수 있다.
③ 공분산의 값의 크기는 측정 단위에 따라 달라진다.
④ 두 변수 사이의 연관성의 방향성과 강도를 수치적으로 객관화하여 표현하는 방법이다.

**해설** 두 변수 사이의 연관성의 방향성과 강도를 수치적으로 객관화하여 표현하는 방법은 상관 계수에 관한 설명이다.

**핵심 키워드 검색**
공분산, 상관 계수


## 08

**다음 중 (A)와 (B)에 들어갈 말로 가장 적절한 것은?**

(A)은(는) 어떤 두 현상이 관계가 있음을 말하지만 어느 쪽이 원인인지 알 수 없다.
(B)은(는) 어떤 상황에 대하여 현상을 발생시킨 원인과 그 결과 사이의 관계이다.

① 상관 관계, 인과 관계
② 상관 관계, 상관 관계
③ 인과 관계, 인과 관계
④ 인과 관계, 상관 관계

**해설** 상관 관계는 두 현상이 관계를 가지고 있지만 원인을 알 수 없으며, 인과 관계는 원인과 결과 사이의 관계이다.

**핵심 키워드 검색**
상관 관계, 인과 관계

## 09

**다음 중 다차원 데이터의 탐색 방법에 대한 설명으로 가장 바르지 못한 것은?**

① 범주형 데이터 간에는 시각화는 막대형 그래프를 주로 이용한다.
② 범주형 데이터 간에는 공분산을 통하여 방향성을 파악한다.
③ 수치형 데이터 간에는 산점도와 기울기를 통하여 변수 간의 상관성을 분석한다.
④ 범주-수치형 데이터의 경우 범주형 데이터의 항목들을 그룹으로 간주하고 각 그룹에 따라 수치형 변수의 기술 통계량 차이를 상호 비교한다.

**해설**
- 범주형 데이터 간에는 교차 빈도, 비율, 백분율 분석 등을 활용하여 데이터의 연관성을 파악한다.
- 공분산을 통하여 방향성을 파악하는 것은 수치형 데이터 간의 데이터 탐색 방법에 해당한다.

**핵심 키워드 검색**
다차원 데이터 탐색 방법, 범주형 데이터, 공분산

## 10

[2021. 3회 기출문제 유사] 상관 계수

**다음 중 상관 계수(r)의 범위를 올바르게 나타낸 것은?**

① $-1 \leq r \leq 1$
② $0 \leq r \leq 1$
③ $-\infty \leq r \leq \infty$
④ $0 < r < \infty$

**해설** 상관 계수의 범위는 $-1 \leq r \leq 1$이며, 상관 계수의 절댓값이 1에 가까울수록 강한 상관 관계를 의미한다.

**핵심 키워드 검색**
상관 계수 범위

## 11

[2021. 3회 기출문제 유사] 상관 관계 분석

**다음 중 상관 관계 분석에 관한 설명으로 바르지 못한 것은?**

① 상관 관계는 산점도, 공분산, 상관 계수 등을 통해 표현 가능하다.
② 분석의 대상이 되는 변수의 개수가 2개 이상일 경우 다중 상관 분석이라고 한다.
③ 수치적 데이터의 경우 피어슨(Pearson) 상관 계수를 사용할 수 있다.
④ 명목형 데이터의 경우 카이제곱($x^2$) 검정을 통해 상관 관계를 분석할 수 있다.

**해설** 분석의 대상이 되는 변수의 개수가 두 개일 경우 단순 상관 분석이라고 하고, 변수의 개수가 3개 이상일 경우 다중 상관 분석이라고 한다.

**핵심 키워드 검색**
상관 관계 분석

**정답** 06 ④  07 ④  08 ①  09 ②  10 ①  11 ②

## 12

[2021. 3회 기출문제 유사] 상관 관계 분석

**다음 중 수치적-순서적-명목적 데이터에 따른 상관 관계 분석 방법을 바르게 나열한 것은?**

① 피어슨 상관 계수-스피어만 순위 상관 분석-카이제곱 검정
② 카이제곱 검정-피어슨 상관 계수-스피어만 순위 상관 분석
③ 피어슨 상관 계수-카이제곱 검정-스피어만 순위 상관 분석
④ 스피어만 순위 상관 분석-카이제곱 검정-피어슨 상관 계수

**해설** 상관 관계 분석 방법은 변수의 속성에 따라 수치적 데이터는 피어슨 상관 계수, 순서적 데이터는 스피어만 순위 상관 분석, 명목적 데이터는 카이제곱 검정을 사용할 수 있다.

**핵심 키워드 검색**

상관 관계 분석, 피어슨 상관 계수, 스피어만 순위 상관 분석, 카이제곱 검정

## 13

**다음 중 데이터 속성에 따른 상관성 분석에 관한 설명으로 가장 거리가 먼 것은?**

① 두 변수가 명목적 데이터일 경우 두 변수 사이의 연관성은 카이제곱 검정을 통하여 분석한다.
② 데이터에 대한 분류의 의미를 지닌 수치형 데이터 변수 사이의 상관 계수를 계산하는 것은 큰 의미가 없다.
③ 카이제곱 검정은 교차 분석이라고도 불린다.
④ 두 변수가 순서적 데이터일 경우에는 스피어만 순위 상관 계수를 이용하여 분석한다.

**해설** 데이터에 대한 분류의 의미를 지닌 명목형 데이터 변수 사이의 상관 계수를 계산하는 것은 큰 의미가 없다.

**핵심 키워드 검색**

데이터 속성, 데이터 분류, 상관 계수, 카이제곱 검정

## 14

[2021. 3회 기출문제 유사] 고급 데이터 탐색 유형

**다음 중 데이터 탐색을 위한 통계량에 대한 설명으로 가장 바르지 못한 것은?**

① 데이터 탐색에서는 통계적인 방법을 통하여 데이터를 여러 각도에서 관찰하므로 기초 통계량에 대한 이해가 중요하다.
② 기초 통계량은 중심 경향성, 산포도, 분포 측면에서 구분하여 분석한다.
③ 데이터의 중심 경향성을 나타내는 통계량에는 평균, 중위수, 최빈값 등이 있다.
④ 데이터의 흩어진 정도인 산포도를 표현하는 기초 통계량에는 왜도와 첨도가 있다.

**해설**
- 데이터의 산포도를 표현하는 기초 통계량에는 범위, 분산, 표준 편차, 변동 계수, 사분위수 범위 등이 있다.
- 왜도와 첨도는 데이터의 분포를 파악하는데 사용되는 통계량이다.

**핵심 키워드 검색**

데이터 탐색, 산포도, 기초 통계량, 범위, 분산, 표준 편차, 변동 계수, 사분위수 범위, 왜도, 첨도

## 15

[2021. 3회 기출문제 유사] 기초 통계량 이해

**다음 중 기초 통계량에 대한 설명 중 적절하지 않은 것은?**

① 평균은 이상값에 의해 값이 심하게 변할 수 있다.
② 크기 순서로 모든 데이터 값을 오름차순으로 정렬 하였을 때 나오는 값을 중위수 라고 한다.
③ 표준 편차는 편차의 제곱을 했기 때문에 원래의 수학적 단위와 차이가 발생하므로 제곱근을 취한 분산을 통해 평균에서 흩어진 정도를 나타낸다.
④ 범위는 데이터 값 중에서 최댓값과 최솟값 사이의 차이다.

**해설** 분산은 편차의 제곱을 했기 때문에 원래의 수학적 단위와 차이가 발생하므로 제곱근을 취한 표준 편차를 통해 평균에서 흩어진 정도를 나타낸다.

🔍 **핵심 키워드 검색**

기초 통계량, 평균, 분산, 표준 편차

## 16

**다음 중 표본분산($s^2$)을 구하는 식을 바르게 나타낸 것은?**

① $\frac{1}{n}\sum_{i=1}^{n}(x_i - \bar{x})^2$
② $\frac{1}{n-1}\sum_{i=1}^{n}(x_i - \bar{x})^2$
③ $\frac{1}{n-2}\sum_{i=1}^{n}(x_i - \bar{x})^2$
④ $\frac{1}{n-2}\sum_{i=1}^{n}(x_i - \bar{x})$

**해설** 표본분산을 구하는 공식은 $\frac{1}{n-1}\sum_{i=1}^{n}(x_i - \bar{x})^2$ 이다.

🔍 **핵심 키워드 검색**

표본분산 공식

## 17

**다음 중 데이터의 산포도를 표현하는 통계량이 아닌 것은?**

① 범위(Range)
② 분산(Variance)
③ 변동 계수(Coefficient of Variation)
④ 왜도(Skewness)

**해설**
- 데이터의 산포도를 표현하는 통계량에는 범위, 분산, 표준 편차, 변동 계수, 사분위수 범위가 있다.
- 왜도는 데이터의 분포를 표현하는 통계량이다.

🔍 **핵심 키워드 검색**

데이터 산포도 통계량, 범위, 분산, 표준 편차, 변동 계수, 사분위수 범위, 왜도

**정답** 12 ① 13 ② 14 ④ 15 ③ 16 ② 17 ④

## 18
다음 데이터에 대한 사분위수 범위로 알맞은 것은?

$$1, 5, 8, 9, 13, 18, 19$$

① 6  ② 9  ③ 13  ④ 18

**해설** 사분위수 범위는 제 1사분위 수와 제 3사분위 수 사이의 차이이므로, 18-5=13이다.

🔍 **핵심 키워드 검색**
사분위수 범위

## 19
다음 빈칸에 들어갈 말로 적절한 것은?

데이터의 분포가 좌/우로 치우친 정도에 따른 (A)와 정규 분포보다 뾰족한 정도를 나타내는 (B)로 데이터의 분포를 파악할 수 있다.

① (A) : 첨도, (B) : 왜도
② (A) : 분산, (B) : 왜도
③ (A) : 왜도, (B) : 첨도
④ (A) : 첨도, (B) : 분산

**해설** 데이터의 분포가 좌/우로 치우친 정도에 따른 왜도와 정규 분포보다 뾰족한 정도를 나타내는 첨도로 데이터의 분포를 파악할 수 있다.

🔍 **핵심 키워드 검색**
왜도, 첨도

## 20
[2021. 3회 기출문제 유사] 평균/중위값/최빈값

다음 중 왜도가 왼쪽 편포일 때 평균(Mean), 중위수(Median), 최빈값(Mode)의 크기를 순서대로 나열한 것은?

① 평균 < 중위수 < 최빈값
② 평균 < 최빈값 < 중위수
③ 중위수 < 평균 < 최빈값
④ 최빈값 < 중위수 < 평균

**해설** 데이터의 왜도가 왼쪽 편포일 경우 통계량의 값은 평균 < 중위수 < 최빈값 순으로 나타나며, 오른쪽 편포일 경우 최빈값 < 중위수 < 평균의 순으로 나타난다.

🔍 **핵심 키워드 검색**
왜도, 평균, 중위수, 최빈값

## 21

**다음 중 히스토그램에 관한 설명으로 바르지 못한 것은?**

① 히스토그램은 자료 분포의 형태를 직사각형 형태로 시각화하여 보여주는 그래프이다.
② 히스토그램의 가로축은 수치형 데이터이다.
③ 히스토그램의 막대는 서로 떨어져 있다.
④ 히스토그램의 막대 넓이는 일정하다.

**해설** 히스토그램의 막대는 서로 붙어 있다.

**핵심 키워드 검색**

히스토그램

## 22

**다음 중 왜도와 첨도에 대한 설명으로 바르지 못한 것은?**

① 왜도는 데이터의 분포가 정규 분포로부터 오른쪽 또는 왼쪽으로 치우친 정도를 보여주는 값이다.
② 첨도는 데이터의 분포가 정규 분포 곡선으로부터 위 또는 아래쪽으로 뾰족한 정도를 보여주는 값이다.
③ 왜도가 0보다 작을 경우 오른쪽 편포에 해당한다.
④ 정규 분포는 첨도가 3이지만 일반적으로 첨도의 정의에서 3을 뺀 0을 기준으로 하고 있다.

**해설** 왜도가 0보다 작을 경우 왼쪽 편포에 해당한다.

**핵심 키워드 검색**

왜도, 첨도, 편포

**정답** 18 ③  19 ③  20 ①  21 ③  22 ③

## 23
다음 중 막대형 그래프(BarPlot)에 대한 설명으로 가장 거리가 먼 것은?

① 여러 가지 항목들에 대한 많고 적음을 비교하기 쉽도록 수량을 막대의 길이로 표현하는 그래프이다.
② 그래프의 가로축은 수치형 데이터가 아니어도 된다.
③ 막대는 서로 떨어져 있다.
④ 2개의 연속형 변수 간의 관계를 보기 위하여 사용된다.

**해설** 2개의 연속형 변수 간의 관계를 보기 위하여 사용하는 것은 산점도에 대한 설명이다.

**핵심 키워드 검색**
막대 그래프, 산점도

## 24
평균이 100이고 분산이 4일 경우 변동 계수(Coefficient of Variation)는 얼마인가?

① 50
② 25
③ 0.04
④ 0.02

**해설** 변동 계수는 표준 편차/평균이므로, 2/100=0.02이다.

**핵심 키워드 검색**
변동 계수, 평균, 표준 편차

## 25
다음 중 박스 플롯의 구성 요소에 해당하지 않는 것은?

① 제 1사분위 수
② 평균
③ 중앙값
④ 최댓값

**해설** 평균은 박스 플롯의 구성 요소에 해당하지 않는다.

**핵심 키워드 검색**
박스 플롯, 중앙값, 최댓값, 최소값, 사분위수

## 26
다음 중 직교 좌표계를 이용해 두 개 변수 간의 관계를 나타내는 방법으로 가장 알맞은 것은?

① 히스토그램
② 산점도
③ 막대 차트
④ 파이 차트

**해설** 산점도는 직교 좌표계를 이용해 두 개 변수 간의 관계를 나타내는 방법이다.

**핵심 키워드 검색**
직교 좌표계, 산점도

## 27
다음 중 측정 단위가 서로 다른 자료의 흩어진 정도를 상대적으로 비교할 때 사용하는 통계량은?

① 사분위 수 범위
② 변동 계수(Coefficient fo Variation)
③ 분산(Variance)
④ 표준 편차(Standard Deviation)

**해설** 변동 계수는 측정 단위가 서로 다른 자료의 흩어진 정도를 상대적으로 비교할 때 사용하는 통계량이다.

**핵심 키워드 검색**
변동 계수, 흩어진 정도

## 28
다음 중 시공간 데이터의 타입에 해당하지 않는 것은?

① 포인트 타입
② 라인 타입
③ 폴리곤 타입
④ 스퀘어 타입

**해설** 시공간 데이터의 타입에는 포인트 타입, 라인 타입, 폴리곤 타입, 폴리라인 타입이 있다.

**핵심 키워드 검색**
시공간 데이터 타입, 포인트 타입, 라인 타입, 폴리곤 타입, 폴리라인 타입

**정답** 23 ④  24 ③  25 ②  26 ②  27 ②  28 ④

## 29

다음 중 문자열 "bigdata"의 두번째부터 4개의 문자열을 반환하는 스프레드 시트 함수는?

① split("bigdata",2,4)   ② find("bigdata",2,4)
③ mid("bigdata",2,4)   ④ left("bigdata",2,4)

**해설**  문자열의 시작 위치에서부터 정해진 개수만큼의 문자열을 반환하는 함수는 mid함수이며, mid함수의 파라미터는 mid(문자열, 시작 위치, 개수)이다.

🔍 **핵심 키워드 검색**

문자열 반환 함수, 파라미터

## 30

다음 중 행정구역 및 좌표계를 지도에 표시하는 방법이 아닌 것은?

① 코로플레스 지도   ② 카토그램
③ 버블 플롯맵   ④ 별 그림

**해설**  별 그림은 다변량 데이터 탐색에 사용되는 방법이다.

🔍 **핵심 키워드 검색**

별그림, 다변량 데이터 탐색, 카토그램, 코로플레스 지도

## 31

시공간 데이터의 타입 중 서로 다른 두개의 노드와 두 노드를 잇는 하나의 세그먼트로 구성된 타입은?

① 포인트 타입   ② 라인 타입
③ 폴리곤 타입   ④ 스퀘어 타입

**해설**  • 시공간 데이터의 타입

| | |
|---|---|
| 포인트 타입 | 하나의 노드로 구성되는 공간 데이터 타입 |
| 라인 타입 | 서로 다른 두 개의 노드와 두 노드를 잇는 하나의 세그먼트로 구성 |
| 폴리곤 타입 | n개(n≥3)의 노드와 n개의 세그먼트로 구성 |
| 폴리라인 타입 | n개(n≥3)의 노드와 n-1개의 세그먼트로 구성 |

🔍 **핵심 키워드 검색**

시공간 데이터 타입

## 32

아래 설명에 해당하는 그래프는 무엇인가?

- 어떤 데이터 수치에 따라 지정한 색상 스케일로 영역을 색칠해서 표현하는 방법으로 '등치지역도'라고도 한다.
- 영역별 데이터를 표현하는 가장 보편적인 방법으로 데이터 값의 크기에 따라 지역별로 색을 다르게 표시한다.
- 인구밀도가 매우 높은 지역과 낮은 지역에 동일한 척도를 적용할 경우 표시된 지역의 면적이 실제 데이터 값의 크기를 반영할 수 없다는 단점이 있다.

① 코로플레스 지도  ② 카토그램
③ 버블 플롯맵  ④ 산점도

**해설** 코로플레스 지도는 어떤 데이터 수치에 따라 지정한 색상 스케일로 영역을 색칠해서 표현하는 방법으로 '등치지역도'라고도 한다.

**핵심 키워드 검색**

코로플레스 지도

## 33

다음 중 변량 데이터에 관한 설명으로 바르지 못한 것은?

① 일변량, 이변량, 다변량 구분은 독립변수의 수에 의해 결정된다.
② 일변량 데이터는 단위에 대해 하나의 속성만 측정하여 얻게 되는 변수에 대한 자료로 단변량 자료라고도 한다.
③ 이변량 데이터는 다변량 데이터에 속한다.
④ 다변량 데이터는 하나의 단위에 대해 두가지 이상의 특성을 측정하는 경우 얻어지는 변수에 대한 자료이다.

**해설** 일변량, 이변량, 다변량 구분은 종속변수의 수에 의해 결정된다.

**핵심 키워드 검색**

변량 데이터, 일변량, 이변량, 다변량

**정답** 29 ③  30 ④  31 ②  32 ①  33 ①

## 34

[2021. 3회 기출문제 유사] 고급 데이터 탐색 유형

다음 중 이변량 데이터 탐색에 대한 설명으로 바르지 못한 것은?

① 조사 대상의 각 개체로부터 두 개의 특성을 동시에 관측한다.
② 일반적으로 두 변수 사이의 관계를 밝히려는 것이 관심의 대상이다.
③ 평균, 분산, 표준 편차와 같은 기술 통계량을 이용하여 탐색한다.
④ 분석을 시행하기 이전에 산점도 행렬, 별 그림, 등고선 그림 등을 통해 시각적으로 자료를 탐색한다.

**해설** 평균, 분산, 표준 편차와 같은 기술 통계량을 이용하여 탐색하는 것은 일변량 데이터에 관한 설명이다.

🔍 **핵심 키워드 검색**

일변량, 이변량 데이터

## 35

다음 중 두 변수가 업종(건설업, 농업, 금융업)과 지역(서울, 대구, 부산)과 같은 데이터일 경우 두 변수 사이의 연관성을 분석하는 방법으로 가장 적절한 것은?

① 카이제곱 검정
② 피어슨 상관 계수
③ 스피어만 순위상관 계수
④ T-검정

**해설** 업종(건설업, 농업, 금융업)과 지역(서울, 대구, 부산)과 같은 명목적 데이터일 경우에 두 변수 사이의 연관성은 카이제곱 검정을 통하여 분석한다.

🔍 **핵심 키워드 검색**

카이제곱 검정, 피어슨 상관 계수, 스피어만 순위 상관 계수, T검정

## 36

다음 중 아래에서 설명하는 그래프로 알맞은 것은?

- 특정한 데이터 값의 변화에 따라 지도의 면적이 왜곡되는 지도로 변량비례도 또는 왜상 통계 지도라고도 한다.
- 데이터 값이 큰 지역의 면적이 시각적으로도 더 크게 표시됨으로써 선거인단 수, 인구 등의 데이터 값의 변화에 따라 특정 통계기반 지도를 작성할 수 있다.

① 코로플레스맵
② 카토그램
③ 버블 플롯맵
④ 산점도

**해설** 카토그램은 의석수나 선거인단수, 인구 등의 특정한 데이터 값의 변화에 따라 지도의 면적이 왜곡되는 그림을 말한다. 변량비례도, 왜상 통계 지도라고도 한다. [위키백과]

🔍 **핵심 키워드 검색**

카토그램, 변량비례도

## 37

[2021. 3회 기출문제 유사] 비정형 데이터 개념 및 유형

**다음 중 비정형 데이터 분석에 관한 설명으로 바르지 못한 것은?**

① 일정한 규격이나 형태를 지닌 숫자 데이터와 달리 이미지나 영상, 텍스트처럼 형태와 구조가 다른 구조화되지 않는 데이터이다.
② 소셜 데이터의 텍스트와 같은 스크립트 파일 형태일 경우 데이터를 파싱한 후 탐색한다.
③ 텍스트 데이터는 단어들의 빈도를 표현하는 방법을 이용해 텍스트 덩어리를 정형 데이터로 변환한 뒤 텍스트 분석을 수행한다.
④ 이미지 데이터는 한 픽셀마다 텍스트로 변환하는 과정을 거쳐 이미지 분석을 수행한다.

**해설** 이미지 데이터는 한 픽셀마다 수치로 변환하는 과정을 거쳐 이미지 분석을 수행한다.

**핵심 키워드 검색**
비정형 데이터

## 38

**다음 중 링크, 인용 등을 이용해 구조적 문서를 만들 수 있으며 웹페이지를 위해 고안된 언어는 무엇인가?**

① JSON
② XML
③ HTML
④ CSV

**해설** HTML은 링크, 인용 등을 이용해 구조적 문서를 만들 수 있으며 웹페이지를 위해 고안된 언어이다.

**핵심 키워드 검색**
HTML, JSON, CSV, XML

## 39

[2021. 3회 기출문제 유사] 데이터 탐색 유형

**다음 중 비정형 데이터 탐색 플랫폼이 아닌 것은?**

① 스쿱(Sqoop)
② HDFS
③ 맵리듀스
④ Pig

**해설** 스쿱은 정형 데이터 수집을 위한 대용량 데이터 전송 솔루션이다.

**핵심 키워드 검색**
비정형 데이터 탐색 플랫폼, 정형 데이터 탐색 플랫폼

**정답** 34 ③  35 ①  36 ②  37 ④  38 ③  39 ①

## 40
다음 중 아래 데이터의 중위수는?

$$3, \ 5, \ 9, \ 11, \ 14, \ 15$$

① 9　　② 10　　③ 10.5　　④ 11

**해설**
- 변수의 개수가 짝수일 경우, 중위수는 $\frac{n}{2}$번째와 $\frac{n+2}{2}$번째 값의 평균이다.
- 9와 11의 평균인 10이 중위수이다.

**핵심 키워드 검색**
중위수

## 41
[2021. 3회 기출문제 유사] 프레임워크

다음 중 분산 환경에서 노드 간의 정보를 공유, 락, 이벤트 등 보조 기능을 제공하는 프레임워크는?

① 하둡　　② 카프카
③ 주키퍼　　④ PIG

**해설** 주키퍼(ZooKeeper)는 분산 환경에서 노드 간의 정보를 공유, 락, 이벤트 등 보조 기능을 제공하는 프레임워크이다.

**핵심 키워드 검색**
주키퍼, 분산 환경

## 42
다음 중 EDA(Exploratory Data Analysis)의 도구에 해당하지 않는 것은?

① 도표(Plot)　　② 그래프(Graph)
③ 다이어그램(Diagram)　　④ 요약 통계(Summary Statistics)

**해설** EDA 도구는 도표, 그래프, 요약 통계가 있다.

**핵심 키워드 검색**
EDA

## 43

다음 중 데이터 탐색 시각화 도구가 아닌 것은?

① 히스토그램
② 주성분 분석
③ 박스 플롯
④ 산점도

**해설** 데이터 탐색 시각화 도구에는 히스토그램, 막대형 그래프, 박스 플롯, 산점도가 있다.

**핵심 키워드 검색**
데이터 탐색 시각화 도구

## 44

다음 중 아래 주어진 데이터의 사분위수 범위는?

$$1, \ 4, \ 8, \ 11, \ 12, \ 15, \ 18$$

① 4
② 8
③ 11
④ 17

**해설** 사분위수는 IQR = 제3사분위 − 제1사분위수 = 15− 4 = 11이다.

**핵심 키워드 검색**
사분위수

## 45

데이터의 분포가 정규 분포로부터 오른쪽 또는 왼쪽으로 치우친 정도를 보여주는 값을 무엇이라 하는가?

① 평균
② 분산
③ 첨도
④ 왜도

**해설** 왜도는 데이터의 분포가 정규 분포로부터 오른쪽 또는 왼쪽으로 치우친 정도를 보여주는 값이며, 첨도는 데이터의 분포가 정규 분포 곡선으로부터 위 또는 아래쪽으로 뾰족한 정도를 보여주는 값이다.

**핵심 키워드 검색**
왜도, 첨도

**정답** 40 ② 41 ③ 43 ③ 43 ② 44 ③ 45 ④

## 46

다음 중 문자열 "bigdata"의 "d"가 문자열에서 왼쪽으로부터 몇 번째에 있는지 숫자를 반환하는 스프레드 시트 함수는?

① split("bigdata", "d")
② find("bigdata", "d")
③ mid("bigdata", "d")
④ left("bigdata", "d")

**해설** 찾는 문자가 문자열에서 가장 왼쪽으로부터 몇 번째에 있는지 숫자를 반환하는 함수는 find( )이다.

**핵심 키워드 검색**
스프레드 시트 함수, find, split

## 47

[2021. 3회 기출문제 유사] 비정형 데이터 개념 및 유형

다음 중 비정형 데이터 탐색 플랫폼에 대한 설명으로 바르지 못한 것은?

① HDFS – 마스터/슬레이브 구조를 가지는 분산형 파일 시스템
② 주키퍼 – 분산 환경에서 노드 간의 정보를 공유, 락, 이벤트 등 보조 기능을 제공하는 프레임 워크이다.
③ Avro – 이기종 간 데이터 타입을 교환할 수 있는 체계를 제공하는 기술
④ 스쿱 – 대규모 데이터 세트에 대한 분석을 위한 쿼리 인터페이스

**해설**
- 대규모 데이터 세트에 대한 분석을 위한 쿼리 인터페이스는 Pig에 대한 설명이다.
- 스쿱(Sqoop)은 정형 데이터 수집을 위한 대용량 데이터 전송 솔루션이다.

**핵심 키워드 검색**
비정형 데이터 탐색 플랫폼, 스쿱, pig

## 48

시공간 데이터 타입 중 하나의 노드로 구성되는 공간 데이터 타입은 무엇인가?

① 포인트 타입
② 라인 타입
③ 폴리곤 타입
④ 폴리라인 타입

**해설** 포인트 타입은 시공간 데이터 타입 중 하나의 노드로 구성되는 공간 데이터 타입이다.

**핵심 키워드 검색**
시공간 데이터 타입

## 49

**다음 중 코로플레스 지도(Choropleth Map)에 대한 설명으로 바르지 못한 것은?**

① 어떤 데이터 수치에 따라 지정한 색상 스케일로 영역을 색칠해서 표현하는 방법으로 등치지역도라고도 한다.
② 원의 크기, 색깔 등을 반영하여 시각화 표현한다.
③ 영역별 데이터를 표현하는 가장 보편적인 방법으로 데이터 값의 크기에 따라 지역별로 색을 다르게 표시한다.
④ 인구 밀도가 매우 높은 지역과 낮은 지역에 동일한 척도를 적용할 경우 표시된 지역의 면적이 실제 데이터 값의 크기를 반영할 수 없다는 단점이 있다.

**해설** 원의 크기, 색깔 등을 반영하여 시각화 표현을 하는 것은 버블 플롯맵에 대한 설명이다.

**핵심 키워드 검색**
코로플레스 지도, 버블 플롯맵

## 50

**다음 중 데이터 분석과 해석을 단순화할 수 있도록 원래 변수를 적당한 척도로 바꾸는 것은 탐색적 데이터 분석의 어떠한 특징에 해당하는가?**

① 저항성
② 잔차 해석
③ 자료 재표현
④ 현시성

**해설** 탐색적 데이터 분석의 특징 중 자료 재표현은 데이터 분석과 해석을 단순화할 수 있도록 원래 변수를 적당한 척도로 바꾸는 것이며, 자료의 재표현을 통하여 분포의 대칭성, 분포의 선형성, 분산의 안정성 등 데이터 구조파악과 해석에 도움을 얻는 경우가 많다.

**핵심 키워드 검색**
데이터 해석, 저항성, 잔차 해석, 자료 재표현, 현시성

**정답** 46 ② 47 ④ 48 ① 49 ② 50 ③

PART 02 | 빅데이터 탐색

# CHAPTER 03 통계기법의 이해

| 60문항

## 01

다음 중 우리가 수집한 데이터가 어떻게 퍼져 있는지를 나타내는 분산도(variation)에 해당하지 않는 것은 무엇인가?

① 범위
② 표준 편차(standard deviation)
③ 사분위수(quantile)
④ 중앙값(median)

**해설** • 기술 통계의 종류

| 중앙화 경향 (central tendency) | • 수집한 데이터를 대표하는 값이 무엇인지 혹은 어떤 값에 집중되어 있는지를 파악<br>• ex) 평균(mean), 중앙값(median), 최빈값(mode) 등 |
|---|---|
| 분산도 (variation) | • 수집한 데이터가 어떻게 퍼져 있는지를 파악<br>• ex) 범위, 표준 편차(standard deviation), 사분위수(quantile) |
| 분포 (distribution) | • 변인의 전체 모양을 살펴 데이터가 정상 분포 곡선에서 얼마나 벗어나는지를 파악<br>• ex) 왜도(데이터의 분포가 좌우로 치우친 정도), 첨도(데이터의 분포가 위아래로 치우친 정도) |

**핵심 키워드 검색**

기술 통계, 분산도, 분포, 왜도

## 02

다음 중 중위수에 대한 설명으로 거리가 먼 것은?

① 모든 데이터 값을 크기 순서로 오름차순 정렬하였을 때 중앙에 위치한 데이터 값이다.
② 평균보다 특이값에 영향을 받는다.
③ 박스 플롯의 제 2사분위수와 같다.
④ 데이터의 수가 짝수일 경우 중앙에 위치한 두개의 값의 평균을 중위수로 사용한다.

**해설** 중위수는 특이값에 영향을 받지 않는다.

**핵심 키워드 검색**

중위수, 특이값

## 03

**다음 중 분산에 관한 설명으로 거리가 먼 것은?**

① 데이터가 평균으로부터 흩어진 정도를 나타내는 기초 통계량이다.
② 표본 분산은 편차의 제곱을 더한 후 (n-1)로 나눈다.
③ 분산은 표준 편차에 양의 제곱근을 취한 값이다.
④ 모분산의 경우 $\sigma^2$로 표기할 수 있다.

**해설** 표준 편차는 분산에 양의 제곱근을 취한 값이다.

**핵심 키워드 검색**
표준 편차, 분산

## 04

**다음 중 아래 빈칸에 들어갈 말로 알맞은 것은?**

- 표본의 몇몇 특정을 수치화한 값으로 정해진 함수가 있을 때에 표본의 분포가 무엇이든지 표본의 함수 값을 ( )라 한다.

① 모수　　② 통계량　　③ 표본의 크기　　④ 표본 분포

**해설** 표본의 몇몇 특정을 수치화한 값으로 정해진 함수가 있을 때에 표본의 분포가 무엇이든지 표본의 함수 값을 통계량이라 한다.

**핵심 키워드 검색**
통계량, 모수, 표본 분포

## 05

**다음 중 평균(Mean)에 관한 설명으로 바르지 못한 것은?**

① 전부 같은 가중치를 두고 있다.
② 평균에는 표본 평균, 모평균, 가중 평균이 있다.
③ 표본 평균은 $\frac{1}{n-1}\sum_{i=1}^{n} X_i$를 통해 구할 수 있다.
④ 표본은 조사하는 모집단의 일부분이다.

**해설** 표본 평균은 $\frac{1}{n}\sum_{i=1}^{n} X_i$를 통해 구할 수 있다.

**핵심 키워드 검색**
표본 평균, 모평균, 모집단

**정답** 01 ④　02 ②　03 ③　04 ②　05 ③

## 06

난이도 : 중 [2021. 기출문제 유사]

**다음 중 회귀 분석의 가정이 아닌 것은?**

① 선형성  ② 등분산성
③ 일관성  ④ 정규성

**해설** 회귀 분석의 가정에는 선형성, 등분산성, 독립성, 비상관성, 정규성이 있다.

**핵심 키워드 검색**

| | |
|---|---|
| 선형성 | • 독립변수와 종속변수가 선형적이어야 함.<br>• 독립변수가 증가하면 종속변수도 증가하는 형태의 선형적인 산점도를 가짐. |
| 독립성 | • 단순 회귀 분석에서는 잔차와 독립변수의 값이 서로 독립이어야 함.<br>• 다중 회귀 분석에서는 독립변수 간에 상관성이 없이 독립이어야 함을 의미함. |
| 비상관성 | • 잔차끼리 상관이 없고 서로 독립이어야 함.<br>• Durtbin-Warson 통계량을 통해 확인 가능함. |
| 정규성 | • 잔차항이 정규 분포 형태를 가짐.<br>• 잔차항은 평균이 0이고 분산이 일정한 정규 분포의 형태이어야 함. |
| 등분산성 | • 잔차의 분산이 독립변수와 상관없이 일정해야 함.<br>• 잔차가 고르게 분포해야 함을 의미함. |

## 07

**다음 중 회귀 분석에 관한 설명으로 바르지 못한 것은?**

① 회귀 분석은 하나 이상의 독립변수들이 종속변수에 미치는 영향을 추정할 수 있는 통계기법이다.
② 회귀 분석 모델은 독립변수와 종속변수의 개수 및 형태에 따라서 다양한 세부 모델들로 분류한다.
③ 회귀 분석의 가정에는 선형성, 등분산성, 일관성 등이 있다.
④ 객관적으로 도출된 회귀식이 통계적으로 유의한지를 평가하기 위해 상관 계수 행렬을 활용한다.

**해설** 객관적으로 도출된 회귀식이 통계적으로 유의한지를 평가하기 위해 분산 분석표를 활용한다.

**핵심 키워드 검색**

회귀 분석 모델, 회귀 분석 가정

## 08
다음 중 데이터 분포의 기울어진 정도를 설명하는 통계량으로 가장 적절한 것은?

① 왜도
② 첨도
③ 분산
④ 상관 계수

**해설** 왜도는 데이터 분포의 기울어진 정도(좌우로 치우친 정도)를 설명하는 통계량이다.

🔍 **핵심 키워드 검색**
왜도

## 09
다음 중 순서 척도에서 가능한 연산은?

① +
② /
③ ×
④ <

**해설** 순서 척도는 대소 관계는 비교할 수 있으나, 사칙연산은 불가능하다.

🔍 **핵심 키워드 검색**
순서 척도

## 10
다음 중 통계량의 표준 편차를 나타내는 용어는?

① 표준 오차
② 표본 표준편차
③ 표본 추출
④ 표본 평균

**해설** 표준 오차란 통계량의 표준 편차를 뜻한다.

🔍 **핵심 키워드 검색**
표준 오차, 표준 편차

---

**정답** 06 ③ 07 ④ 08 ① 09 ④ 10 ①

## 11

회귀 분석의 가정 중 잔차와 독립변수의 값이 관련돼 있지 않음을 의미하는 것은?

① 선형성
② 독립성
③ 비상관성
④ 정규성

**해설** 회귀 분석의 가정 중 독립성은 잔차와 독립변수의 값이 관련돼 있지 않음을 의미한다.

**핵심 키워드 검색**
회귀 분석, 독립성

## 12

다음 중 독립변수를 선택하는 방법에 해당하지 않는 것은?

① 후진 제거법(Backward Elimination)
② 전진 선택법(Forward Selection)
③ 단계적 방법(Stepwise Method)
④ 특이값 분해(SVD)

**해설**
- 독립변수를 선택하는 방법에는 후진 제거법, 전진 선택법, 단계적 방법이 있다.
- 특이값 분해는 차원 축소 방법에 해당한다.

**핵심 키워드 검색**
독립변수 선택 방법, 차원 축소 방법, 특이값, 전진 제거법, 후진 제거법, 단계적 방법

## 13

회귀 분석의 가정 중 관측치들의 잔차들끼리 상관이 없음을 의미하는 것은?

① 선형성
② 독립성
③ 비상관성
④ 정규성

**해설** 회귀 분석의 가정 중 비상관성은 관측치들의 잔차들끼리 상관이 없음을 의미한다.

**핵심 키워드 검색**
비상관성, 잔차

## 14

독립변수를 선택하는 방법 중 모든 독립변수를 사용한 모형에서 중요하지 않은 독립변수들을 하나씩 제거하는 방법은?

① 후진 제거법
② 전진 선택법
③ 평균 대체법
④ 단계적 방법

해설 후진 제거법은 독립변수를 선택하는 방법 중 모든 독립변수를 사용한 모형에서 중요하지 않은 독립변수들을 하나씩 제거하는 방법이다.

**핵심 키워드 검색**

후진 제거법, 전진 선택법, 단계적 방법

## 15

다음 중 가설 검정에 사용되는 통계량을 나타내는 용어는?

① 검정 통계량  ② 추정량
③ 모수  ④ 기술 통계량

해설 검정 통계량은 표본 데이터에서 계산되어 가설 검정에 사용되는 랜덤 변수이며 검정 통계량을 사용하여 귀무가설의 기각 여부를 확인할 수 있다.

**핵심 키워드 검색**

검정 통계량, 가설 검정

## 16

[2021. 3회 기출문제 유사] 분산 분석

다음 중 분산 분석의 종류가 아닌 것은?

① 일원분산 분석  ② 교차 분석
③ 다변량 분산 분석  ④ 공분산 분석

해설 분산 분석의 종류에는 일원분산 분석, 이원분산 분석, 다변량 분산 분석, 공분산 분석이 있다.

**핵심 키워드 검색**

분산 분석, 일원분산 분석, 이원분산 분석, 다변량 분산 분석, 공분산 분석

**정답** 11 ②　12 ④　13 ②　14 ①　15 ①　16 ②

## 17

[2021. 3회 기출문제 유사] 분산 분석/F 통계량

**다음 중 분산 분석에 대한 설명으로 바르지 못한 것은?**

① 두 개 이상의 집단 간 비교를 수행하고자 할 때 집단 내의 분산, 총 평균과 각 집단의 평균 차이에 의해 생긴 집단 간 분산을 비교하는 분석이다.
② 분산 분석의 검정 통계량은 T-통계량을 사용한다.
③ 분산 분석의 귀무가설은 "집단 간에 통계적인 차이가 없다"이다.
④ 분산 분석은 독립변수의 수에 따라 일원분산 분석, 이원분산 분석으로 구분할 수 있다.

**해설** 분산 분석의 검정 통계량은 F-통계량을 사용한다.

**핵심 키워드 검색**
분산 분석, 검정 통계량, F-통계량

## 18

[2021. 3회 기출문제 유사] PCA 주성분 분석

**다음 중 주성분 분석(Principal Component Analysis)에 대한 설명으로 거리가 먼 것은?**

① 주성분 변수는 원래 변수 정보를 축약한 변수이다.
② 주성분 분석을 통해 일부 주성분에 의해 원래 변수의 변동이 충분히 설명되는지 알아볼 수 있다.
③ 주성분의 수는 스크리 도표(Scree plot)을 통해 결정할 수 있다.
④ P개의 변수가 있는 경우 P보다 많은 수의 주성분을 추출한다.

**해설** 주성분 분석은 P개의 변수가 있는 경우 이를 통해 얻은 정보를 P보다 적은 K개의 변수로 요약하는 것이다.

**핵심 키워드 검색**
주성분 분석

## 19

**다음 중 연속 확률 분포로 바르지 못한 것은?**

① 표준 정규 분포
② 베르누이 분포
③ T-분포
④ F-분포

**해설** 베르누이 분포는 이산 확률 분포에 해당한다.

**핵심 키워드 검색**
연속 확률 분포, 이산 확률 분포

## 20

다음 중 모집단(Population)의 특성을 나타내는 수치를 의미하는 용어는?

① 모수(Parameter)
② 통계량(Statistic)
③ 표본(Sample)
④ 표본 크기(Sample Size)

**해설** 모수(Parameter)는 모집단(Population)의 특성을 나타내는 수치이다.

🔍 **핵심 키워드 검색**

모수, 모집단, 표본

## 21

다음 중 집단에 대한 정보로부터 집단을 구별할 수 있는 판별규칙 혹은 판별함수를 만들고, 다변량 기법으로 조사된 집단에 대한 정보를 활용하여 새로운 개체가 어떤 집단인지를 탐색하는 통계 기법으로 가장 적절한 것은?

① 회귀 분석
② 분산 분석
③ 주성분 분석
④ 판별 분석

**해설** 판별 분석은 집단에 대한 정보로부터 집단을 구별할 수 있는 판별 규칙 혹은 판별 함수를 만들고, 다변량 기법으로 조사된 집단에 대한 정보를 활용하여 새로운 개체가 어떤 집단인지를 탐색하는 통계기법이다.

🔍 **핵심 키워드 검색**

판별 분석

## 22

[2021. 3회 기출문제 유사] 군집 추출

다음 중 표본 추출 기법이 아닌 것은?

① 단순 무작위 추출
② 계통 추출
③ 분산 추출
④ 군집 추출

**해설** 표본 추출 기법에는 단순 무작위 추출, 계통 추출, 층화 추출, 군집 추출이 있다.

🔍 **핵심 키워드 검색**

표본 추출 기법, 단순 무작위 추출, 계통 추출, 층화 추출, 군집 추출

**정답** 17 ② 18 ④ 19 ② 20 ① 21 ④ 22 ③

## 23

[2021. 3회 기출문제 유사] 표본 추출 기법

표본 추출 기법 중 모집단을 여러 계층으로 나누고, 계층별로 무작위 추출을 수행하는 방식은 무엇인가?

① 단순 무작위 추출
② 계통 추출
③ 층화 추출
④ 군집 추출

**해설** 층화 추출법은 모집단을 여러 계층으로 나누고, 계층별로 무작위 추출을 수행하는 방식으로 계층은 내부적으로 동질적이고, 외부적으로 이질적이어야 한다.

🔍 **핵심 키워드 검색**

층화 추출법, 표본 추출 기법

## 24

다음 중 명목 척도에 해당하지 않는 것은?

① 이메일 주소
② 평점
③ 인터넷 계정
④ 성별

**해설**
- 명목 척도에는 이메일 주소, 인터넷 계정, 옷 색깔, 성별 등이 있다.
- 평점은 순서 척도에 해당한다.

🔍 **핵심 키워드 검색**

명목 척도, 순서 척도

## 25

다음 중 승제 연산(×, ÷)이 가능한 척도는?

① 명목 척도
② 순서 척도
③ 구간 척도
④ 비율 척도

**해설** 비율 척도는 구간 척도의 성질을 가지면서 척도 간의 비도 의미가 있는 척도로, 승제 연산이 가능하다.

🔍 **핵심 키워드 검색**

비율 척도

## 26

**다음 중 확률 분포에 관한 설명으로 바르지 못한 것은?**

① 확률 분포란 확률 변수가 특정한 값을 가질 확률을 나타내는 분포이다.
② 확률 분포는 확률 변수의 종류에 따라 크게 이산 확률 분포와 단일 확률 분포로 나뉜다.
③ 확률 변수란 확률적인 과정에 따라 값이 결정되는 변수이다.
④ 확률 분포에는 포아송 분포, 베르누이 분포, 정규 분포 등이 있다.

**해설** 확률 분포는 확률 변수의 종류에 따라 크게 이산 확률 분포와 연속 확률 분포로 나뉜다.

**핵심 키워드 검색**
확률 분포

## 27

**다음 구간 척도에 해당하는 것은?**

① 직급
② 영화 평점
③ 온도
④ 성별

**해설**
- 구간 척도는 등간 척도라고도 하며 서열과 의미 있는 차이를 가지는 척도이다.
- 구간 척도에는 온도, 지능 지수 등이 있다.

**핵심 키워드 검색**
구간 척도

## 28

**다음 중 이산 확률 분포에 관한 설명으로 거리가 먼 것은?**

① 이산 확률 분포는 이산 확률 변수 X가 가지는 확률분포이다.
② 이산 확률 변수는 확률 변수 X가 0, 1, 2, 3, ···와 같이 하나씩 셀 수 있는 값을 취한다.
③ 이산 확률 분포의 종류에는 포아송 분포, 베르누이 분포, 이항 분포 등이 있다.
④ 이산 확률 변수 X에 대한 확률값의 범위는 $-1 \leq P(X=x) \leq 1$ 이다.

**해설** 이산 확률 변수 X에 대한 확률값의 범위는 $0 \leq P(X=x) \leq 1$ 이다.

**핵심 키워드 검색**
이산 확률 분포

**정답** 23 ③  24 ②  25 ④  26 ②  27 ③  28 ④

## 29

다음 중 n번 시행 중에 각 시행의 확률이 p일 때, k번 성공할 확률 분포로 가장 적절한 것은?

① 포아송 분포
② 이항 분포
③ 베르누이 분포
④ 이항 분포

**해설** 이항 분포는 n번 시행 중에 각 시행의 확률이 p일 때, k번 성공할 확률 분포이다.

**핵심 키워드 검색**
이항 분포

## 30

[2021. 3회 기출문제 유사] 기댓값 계산

베르누이 분포를 따른 확률 변수 X의 성공 확률이 p일 경우 X의 기댓값 E(X)는?

① p
② $\frac{1}{p}$
③ 2p
④ $\frac{1}{p}$

**해설** 성공 확률이 p인 베르누이 분포의 기댓값 E(X)은 p이다.

**핵심 키워드 검색**
베르누이 분포

## 31

어떤 모집단의 데이터를 정규 분포라고만 알고 있을 때, 모 표준 편차($\sigma$)는 모를 때 사용하는 분포는?

① T-분포
② F-분포
③ 표준 정규 분포
④ 이항 분포

**해설** T-분포는 모집단이 정규 분포라는 정도만 알고, 모 표준편차($\sigma$)는 모를 때 사용한다.

**핵심 키워드 검색**
T-분포

## 32

다음 중 K개의 서로 독립적인 표준 정규 확률 변수를 각각 제곱한 다음 합해서 얻어지는 분포는?

① 카이제곱 분포
② T-분포
③ 표준 정규 분포
④ 이항 분포

**해설** 카이제곱 분포는 K개의 서로 독립적인 표준 정규 확률 변수를 각각 제곱한 다음 합해서 얻어지는 분포이다.

**핵심 키워드 검색**
카이제곱 분포

## 33

통계학에서 통계적 추정을 할 때 표본 자료 중 모집단에 대한 정보를 주는 독립적인 자료의 수를 나타내는 용어는?

① 확률
② 자유도
③ 시행
④ 표본 크기

**해설** 자유도는 통계적 추정을 할 때 표본 자료 중 모집단에 대한 정보를 주는 독립적인 자료의 수를 의미한다.

**핵심 키워드 검색**
자유도

## 34

다음 중 표본 분포에 대한 설명으로 바르지 못한 것은?

① 표본 분포란 모집단에서 추출한 크기가 일정한 표본이 가지는 추정량의 확률 분포이다.
② 모수에 의해 모집단에 있는 통계량를 추론한다.
③ 표본 분포와 관련된 법칙에는 큰 수의 법칙, 중심 극한 정리가 있다.
④ 표본 분포의 용어로는 모집단, 모수, 통계량 추정량 등이 있다.

**해설** 통계량에 의해 모집단에 있는 모수를 추론한다.

**핵심 키워드 검색**
표본 분포, 모수

## 35

다음 중 표본 분포의 용어에 대한 설명으로 바르지 못한 것은?

① 모수는 모집단의 특성을 나타내는 대푯값이다.
② 통계량은 모수에서 얻은 평균이나 표준 오차와 같은 값이다.
③ 추정량은 모수의 추정을 위해 구해진 통계량이다.
④ 표준 오차는 통계량의 변동 정도를 의미한다.

**해설** 통계량은 표본에서 얻은 평균이나 표준 오차와 같은 값이다.

**핵심 키워드 검색**
통계량, 추정량, 모수, 표준 오차

**정답** 29 ④  30 ①  31 ①  32 ①  33 ②  34 ②  35 ②

## 36

[2021. 출문제 유사]

다음 중 표본의 개수가 커지면 모집단의 분포와 상관없이 표본 분포는 정규 분포에 근사하는 것을 의미하는 용어는?

① 큰 수의 법칙
② 차원의 저주
③ 중심 극한 정리
④ 오컴의 면도날

**해설** 중심 극한 정리는 표본의 개수가 커지면 모집단의 분포와 상관없이 표본 분포는 정규 분포에 근사하는 것을 의미한다.

> **핵심 키워드 검색**
>
> • 차원의 저주
>   - 데이터 학습을 통해 차원이 증가하면서 학습 데이터 수가 차원의 수보다 적어져 성능이 저하됨.
>   - 차원은 쉽게 변수라고 생각할 수 있으며 데이터 수가 100개인데 변수가 1000개.
>   - 차원의 저주 문제에 치명적인 알고리즘 : KNN(K-Nearest Neighborhood) 최근접 이웃
>
> • KNN
>   패턴 인식에서, k-최근접 이웃 알고리즘(또는 줄여서 k-NN)은 분류나 회귀에 사용되는 비모수 방식이다. 두 경우 모두 입력이 특징 공간 내 k개의 가장 가까운 훈련 데이터로 구성되어 있다. 출력은 k-NN이 분류로 사용되었는지 또는 회귀로 사용되었는지에 따라 다르다. [위키백과 참조]

## 37

다음 중 아래에서 설명하는 것은?

> 모집단을 대표할 수 있는 표본 단위들이 조사 대상으로 추출되지 못하기 때문에 발생하는 오차

① 표본 오차
② 비표본 오차
③ 표본 편의
④ 표준 오차

**해설** 표본 오차는 모집단을 대표할 수 있는 표본 단위들이 조사 대상으로 추출되지 못하기 때문에 발생하는 오차이다.

> **핵심 키워드 검색**
>
> 표본 오차, 표준 오차

## 38

난이도 : 중 [2021. 기출문제 유사]

표본 분포의 유형에 대한 설명으로 바르지 않는 것은?

① Z-분포는 표본 통계량이 표본 평균일 때, 이를 표준화시킨 분포이다.
② T-분포는 모집단이 정규 분포라는 정도만 알고, 모 표준 편차는 모를 때 사용하는 표본 분포이다.
③ 카이제곱 분포는 k개의 서로 독립적인 표준 정규 확률 변수를 각각 제곱한 다음 합해서 얻어지는 분포이다.
④ F-분포는 표본 통계량이 두 독립 표본에서 계산된 표본 평균들의 비율일 때의 표본 분포이다.

해설 F-분포는 표본 통계량이 두 독립 표본에서 계산된 표본 분산들의 비율일 때의 표본 분포이다.

**핵심 키워드 검색**

- **확률 분포**
  확률 분포(한국 한자: 確率 分布, probability distribution)는 확률 변수가 특정한 값을 가질 확률을 나타내는 함수를 의미한다. 예를 들어, 주사위를 던졌을 때 나오는 눈에 대한 확률 변수가 있을 때, 그 변수의 확률 분포는 이산 균등 분포가 된다.
- **이산 확률 분포**
  이산 확률 분포(discrete probability distribution)는 이산 확률 변수가 가지는 확률 분포를 의미한다. 여기에서 확률 변수가 이산 확률 변수라는 말은 확률 변수가 가질 수 있는 값의 개수가 가산 개 있다는 의미이다.
  – 이산 균등 분포 · 푸아송 분포 · 베르누이 분포 · 기하 분포 · 초기하 분포 · 이항 분포 · 음의 이항 분포 · 다항 분포
- **연속 확률 분포**
  연속 확률 분포(continuous probability distribution)는 확률 밀도 함수를 이용해 분포를 표현할 수 있는 경우를 의미한다. 연속 확률 분포를 가지는 확률 변수는 연속 확률 변수라고 부른다.
  – 정규 분포 · 연속 균등 분포 · 카이제곱 분포 · 감마 분포

## 39

[2021. 3회 기출문제 유사] 점 추정량 조건

**다음 중 점 추정의 조건에 해당하지 않는 것은?**

① 불편성(Unbiasedness)   ② 효율성(Efficiency)
③ 다중공선성(Multicollinearity)   ④ 충족성(Sufficient)

해설 점 추정의 조건에는 불편성, 효율성, 일치성, 충족성이 있다.

**핵심 키워드 검색**

점 추정

## 40

[2021. 3회 기출문제 유사] 점 추정량 조건

**다음 중 점 추정에 대한 설명으로 바르지 못한 것은?**

① 점 추정은 표본의 정보로부터 모집단의 모수를 하나의 값으로 추정하는 기법이다.
② 표본의 평균, 중윗수, 최빈값 등을 사용한다.
③ 점 추정의 조건에는 불편성, 효율성, 일치성, 충족성이 있다.
④ 항상 추정량의 분포에 대한 전제가 주어져야 한다.

해설 항상 추정량의 분포에 대한 전제가 주어져야 하는 것은 구간 추정에 관한 설명이다.

**핵심 키워드 검색**

추정량, 점 추정

**정답** 36 ③   37 ①   38 ④   39 ③   40 ④

## 41

다음 중 구간 추정에 관한 설명으로 바르지 못한 것은?

① 추정값에 대한 신뢰도를 제시한다.
② 신뢰 수준은 추정값이 존재하는 구간에 모수가 포함될 확률이다.
③ 신뢰 구간은 제 1종 오류를 범할 최대 허용확률을 의미하고 알파로 표기한다.
④ 항상 추정량의 분포에 대한 전제가 주어져야 한다.

**해설** 신뢰 구간은 신뢰 수준을 기준으로 통계적으로 유의미한 모수의 범위이다.

**핵심 키워드 검색**
구간 추정, 신뢰 구간

## 42

다음 빈칸에 들어갈 말로 알맞은 것은?

> 모평균의 신뢰 구간을 추정할 때는 모분산에 따라 확률 분포를 사용한다. 모분산을 알고 있는 경우에는 (A)를, 모르는 경우에는 (B)를 사용한다.

① T-분포, 정규 분포
② 정규 분포, T-분포
③ 정규 분포, F-분포
④ F-분포, 정규 분포

**해설** 모평균의 신뢰 구간을 추정할 때는 모분산에 따라 확률 분포를 사용한다. 모분산을 알고 있는 경우에는 정규 분포를, 모르는 경우에는 T-분포를 사용한다.

**핵심 키워드 검색**
정규 분포, T분포

## 43

다음 중 가설에 대한 설명으로 바르지 못한 것은?

① 가설은 모집단의 특성으로, 특히 모수에 대한 가정 혹은 잠정적인 결론이다.
② 가설 검정 종류에는 귀무가설과 대립가설이 있다.
③ "A기업 직원과 B기업 직원의 연봉에는 평균적인 차이가 없다"는 귀무가설에 해당한다.
④ 대립가설이란 현재까지 주장되어 온 것이거나 기존과 비교하여 변화 혹은 차이가 없음을 나타내는 가설이다.

**해설** 귀무가설이란 현재까지 주장되어 온 것이거나 기존과 비교하여 변화 혹은 차이가 없음을 나타내는 가설이다.

**핵심 키워드 검색**
귀무가설, 대립가설

## 44

[2021. 3회 기출문제 유사] 가설 검정 개념

**다음 중 가설 검정에 대한 설명으로 바르지 못한 것은?**

① 가설 검정이란 모집단에 대한 통계적 가설을 세우고 표본을 추출한 다음, 그 표본을 통해 얻은 정보를 이용하여 통계적 진위를 판단하는 과정이다.
② 표본을 활용하여 새롭게 제시된 귀무가설이 옳다고 판단할 수 있는지를 평가하는 과정이다.
③ 가설 검정 시 p-값과 유의 수준을 비교하여 귀무가설 혹은 대립가설을 채택하는 절차를 거치게 된다.
④ 지정한 유의 수준보다 p-값이 작다면 귀무가설을 기각하고 대립가설을 채택한다.

**해설** 표본을 활용하여 새롭게 제시된 대립가설이 옳다고 판단할 수 있는지를 평가하는 과정이다.

**핵심 키워드 검색**
가설 검정

## 45

[2021. 3회 기출문제 유사] 가설 검정 개념

**다음 중 가설 검정의 절차를 바르게 나열한 것은?**

① 가설 설정 → 유의 수준 설정 → 검정 방법 설정 → p-값 산출 → 통계적인 의사 결정
② 검정 방법 설정 → 가설 설정 → 유의 수준 설정 → p-값 산출 → 통계적인 의사 결정
③ 유의 수준 설정 → 가설 설정 → 검정 방법 설정 → p-값 산출 → 통계적인 의사 결정
④ 가설 설정 → p-값 산출 → 유의 수준 설정 → 검정 방법 설정 → 통계적인 의사 결정

**해설** 가설 검정의 절차는 '가설 설정 → 유의 수준 설정 → 검정 방법 설정 → p-값 산출 → 통계적인 의사 결정' 순이다.

**핵심 키워드 검색**
가설 검정 절차

**정답** 41 ③ | 43 ② | 43 ④ | 44 ② | 45 ①

## 46

[2021. 3회 기출문제 유사] 유의 수준

**다음 중 아래 빈칸에 들어갈 말로 알맞은 것은?**

( )은(는) 귀무가설이 참이라는 전제하에서 구한 검정 통계량의 값이 나타날 가능성으로 해석할 수 있으며,
( ) 이(가) 유의 수준보다 작으면 귀무가설을 기각한다.

① p값
② 오차율
③ 표준 편자
④ 분산

**해설** p–값은 귀무가설이 참이라는 전제하에서 구한 검정 통계량의 값이 나타날 가능성으로 해석할 수 있으며, p–값이 유의 수준보다 작으면 귀무가설을 기각한다.

**핵심 키워드 검색**
귀무가설, p값

## 47

[2021. 3회 기출문제 유사] 가설 검정 개념

**다음 중 가설 검정의 오류에 대한 설명으로 바르지 못한 것은?**

① 제1종 오류는 귀무가설이 참인데 잘못하여 이를 기각하게 되는 오류이다.
② 제2종 오류는 귀무가설이 참이 아닌데 잘못하여 이를 채택하게 되는 오류이다.
③ 일반적으로 1종 오류의 영향이 2종 오류의 영향보다 크다
④ 검정력이란 1에서 제1종의 오류가 발생할 확률을 뺀 값이다.

**해설** 검정력이란 1에서 제2종의 오류가 발생할 확률을 뺀 값이다.

**핵심 키워드 검색**
가설 검정의 오류, 검정력

## 48

**다음 중 귀무가설과 대립가설이 다음과 같을 때 사용하는 가설 검정 방법은?**

$$H_0 : \theta = \theta_0, H_1 : \theta \neq \theta_0$$

① 점 추정
② 양측 검정
③ 단측 검정
④ 머신 러닝

**해설** 모수 $\theta$에 대해 표본 자료를 바탕으로 모수가 특정 값 $\theta_0$과 통계적으로 같은지 여부를 판단하는 경우 양측 검정을 사용한다.

**핵심 키워드 검색**
가설 검정, 양측 검정, 단측 검정

## 49

다음 중 p-값에 대한 설명으로 바르지 못한 것은?

① 귀무가설이 참이라는 가정에 따라 주어진 표본 데이터를 희소 또는 극한값으로 얻을 확률값이다.
② 검정 통계량 및 이의 확률 분포에 근거하여 귀무가설이 참일 때 귀무가설을 기각하게 되는 제1종 오류를 범할 확률로도 볼 수 있다.
③ 대립가설이 사실일 때, 이를 사실로서 결정할 확률이다.
④ p-값이 유의 수준보다 작으면 귀무가설을 기각한다.

**해설** 대립가설이 사실일 때, 이를 사실로서 결정할 확률은 검정력에 대한 설명이다.

**핵심 키워드 검색**
P값, 대립가설, 검정력

## 50

다음 중 데이터를 많이 뽑을수록 표본 평균의 분산이 0에 가까워지는 것을 의미하는 용어는?

① 큰 수의 법칙(Law Large Number)
② 중심 극한 정리(Central Limit Theorem)
③ 차원의 저주(Curse of dimensionality)
④ 오컴의 면도날(Occam's razor)

**해설** 큰 수의 법칙은 데이터를 많이 뽑을수록 표본 평균의 분산이 0에 가까워지는 것을 의미한다.

**핵심 키워드 검색**
큰 수의 법칙

**정답** 46 ① 47 ④ 48 ② 49 ③ 50 ①

## 51

[2021. 3회 기출문제 유사] 상관 계수

**다음 중 피어슨 상관 계수에 대한 설명으로 바르지 못한 것은?**

① $r = \frac{\sum_{i=1}^{n}(x_i-\bar{x})(y_i-\bar{y})}{\sqrt{\sum_{i=1}^{n}(x_i-\bar{x})^2}\sqrt{\sum_{i=1}^{n}(y_i-\bar{y})^2}}$ 이다.

② 모집단의 상관 계수와 표본 집단의 상관 계수 계산식은 같다.

③ x와 y가 선형적으로 독립이면 r=0이다.

④ 두 명목형 변수에 대한 관계를 나타낸다.

**해설** 피어슨 상관 관계는 두 수치형 변수에 대한 상관 관계를 나타낸다.

**핵심 키워드 검색**

- 상관 계수 정의

  상관 계수(相關係數, correlation coefficient)는 두 변수 사이의 통계적 관계를 표현하기 위해 특정한 상관 관계의 정도를 수치적으로 나타낸 계수이다.
  여러 유형의 상관 계수가 존재하지만 제각기 자신들만의 정의와 특징이 있다. 이들은 모두 값의 범위가 –1에서 +1 사이에 속하며 여기서 ±1은 정도가 가장 센 잠재적 일치를 나타내고 0은 정도가 가장 센 불일치를 나타낸다. [위키백과 참조]

- 결정계수

  통계학에서 결정계수(決定係數, coefficient of determination)는 추정한 선형 모형이 주어진 자료에 적합한 정도를 재는 척도이다. 반응 변수의 변동량 중에서 적용한 모형으로 설명가능한 부분의 비율을 가리킨다. 결정계수의 통상적인 기호는 표본에서 r^2이 그리고 모집단에서는 p^2이 사용된다.
  일반적으로 모형의 설명력으로 해석되지만 모형에 설명 변수가 들어갈수록 증가하기 때문에 해석에 주의해야 한다. 이러한 문제를 해결하기 위해 조정 결정계수가 제시되었다.
  결정계수의 값은 0에서 1사이에 있으며, 종속 변인과 독립 변인 사이에 상관 관계가 높을수록 1에 가까워진다. 즉, 결정계수가 0에 가까운 값을 가지는 회귀 모형은 유용성이 낮은 반면, 결정계수의 값이 클수록 회귀 모형의 유용성이 높다고 할 수 있다.
  [위키백과 참조]

## 52

**다음 중 표본 분포에 대한 설명으로 바르지 못한 것은?**

① Z-분포는 표본 통계량이 표본 평균일 때, 이를 표준화시킨 분포이다.

② T-분포는 모집단의 분산을 알 경우, Z-분포 대신 가설검정을 위해 사용하는 분포이다.

③ F-분포는 표본 통계량이 두 독립 표본에서 계산된 표본분산들의 비율일 때의 표본 분포이다.

④ 카이제곱 분포는 k개의 서로 독립적인 표준 정규 확률 변수를 각각 제곱한 다음 합에서 얻어지는 분포이다.

**해설** T-분포는 모집단이 정규 분포라는 정도만 알고, 모 표준편차는 모를 때 사용하는 표본 분포이다.

**핵심 키워드 검색**

표본 분포, T 분포, F 분포, 카이제곱 분포

## 53

[2021. 3회 기출문제 유사] 표본 추출 방법

**다음 중 아래에서 설명하는 용어는 무엇인가?**

- 모수를 작게 또는 크게 할 때 추정하는 것과 같이 표본 추출 방법에서 기인하는 오차
- 확률화에 의해 최소화하거나 없애지는 못함

① 표본 편의
② 표본 오차
③ 비표본 오차
④ 표준 오차

**해설** 표본 편의는 모수를 작게 또는 크게 할 때 추정하는 것과 같이 표본 추출 방법에서 기인하는 오차이며 확률화에 의해 최소화하거나 없애지는 못한다.

🔍 **핵심 키워드 검색**

표본 편의

## 54

**다음 중 아래 빈칸에 들어갈 말로 가장 알맞은 것은?**

( A )은 표본의 정보로부터 모집단의 모수를 하나의 값으로 추정하는 기법이며, ( B )은 추정값에 대한 신뢰도를 제시하면서 범위로 모수를 추정하는 방법이다.

① A : 가설 검정, B : 기술 통계량
② A : 기술 통계량, B : 가설 검정
③ A : 점 추정, B : 구간 추정
④ A : 구간 추정, B : 점 추정

**해설** 점 추정은 표본의 정보로부터 모집단의 모수를 하나의 값으로 추정하는 기법이며, 구간 추정은 추정값에 대한 신뢰도를 제시하면서 범위로 모수를 추정하는 방법이다.

🔍 **핵심 키워드 검색**

점 추정, 구간 추정

**정답** 51 ④  52 ②  53 ①  54 ③

## 55
다음 중 아래 빈칸에 들어갈 말로 가장 알맞은 것은?

가설 검정 중 ( A )은 모수에 대해 표본 자료를 바탕으로 모수가 특정 값과 통계적으로 같은지 여부를 판단하는 방법이며, ( B )은 모수에 대해 표본 자료를 바탕으로 모수가 특정 값과 통계적으로 큰지 작은지 여부를 판단하는 방법이다.

① A : 양측 검정, B : 단측 검정
② A : 단측 검정, B : 양측 검정
③ A : 점 추정, B : 구간 추정
④ A : 구간 추정, B : 점 추정

**해설** 가설 검정 중 양측 검정은 모수에 대해 표본 자료를 바탕으로 모수가 특정 값과 통계적으로 같은지 여부를 판단하는 방법이며, 단측 검정은 모수에 대해 표본 자료를 바탕으로 모수가 특정 값과 통계적으로 큰지 작은지 여부를 판단하는 방법이다.

**핵심 키워드 검색**
양측 검정, 단측 검정

## 56
다음 중 p-값에 대한 설명으로 바르지 못한 것은?

① 귀무가설이 참이라는 가정에 따라 주어진 표본 데이터를 희소 또는 극한값으로 얻을 확률값이다.
② 검정 통계량 및 이의 확률 분포에 근거하여 귀무가설이 참이라는 가정하에 귀무가설이 참일 확률이다.
③ 제 1종 오류를 범할 확률이다.
④ 검정력이라고도 불린다.

**해설** 검정력은 귀무가설이 참이 아닌 경우 이를 기각할 수 있는 확률이다.

**핵심 키워드 검색**
P값, 검정 통계량, 제 1종 오류, 제 2종 오류

## 57

분산 분석의 종류 중 연속형 외생 변수가 종속변수에 미치는 영향을 제거한 후, 순수한 집단 간 종속 변수의 평균 차이를 평가하는 방법은?

① 일원 분산 분석
② 이원 분산 분석
③ 다변량 분산 분석
④ 공분산 분석

**해설** 공분산 분석은 연속형 외생 변수가 종속변수에 미치는 영향을 제거한 후, 순수한 집단 간 종속변수의 평균 차이를 평가하는 방법이다.

🔍 **핵심 키워드 검색**
분산 분석, 공분산 분석

## 58

데이터의 각 행을 변수별로 선으로 매핑시켜 나타내는 그래프에 가장 적당한 것은 무엇인가?

① 평행 좌표 그래프(Parallel Coordinate Plots)
② 별 그림(star graph)
③ 체르노프 얼굴그림(Chernoff faces)
④ 산점도 행렬(scatter plot matrix)

**해설**
- 평행 좌표 그래프(Parallel Coordinate Plots)
  - 데이터의 각 행을 변수별로 선으로 매핑시켜 나타내는 그래프
- 별 그림(star graph)
  - 중심점(center point)으로 부터 각 관측치별 또는 각 변수별로 거리(distance) 혹은 반지름(radius)이 얼마나 떨어져 있는가를 시각화하는 그래프
- 체르노프 얼굴 그림
  - 다변량 변수의 속성 값들을 15가지의 얼굴의 생김새(얼굴 높이, 얼굴 넓이, 입 높이, 입 넓이… 등) 특성에 매핑해서 얼굴 모양이 달라지게 하는 방식의 그래프
- 산점도(Scatter plot)
  - 변수 간의 상호 관계가 존재하지 않으면 산점도에서는 이산점을 랜덤하게 분포하는 것으로 표현
- 버블 차트(Bubble Chart)
  - 데이터의 흐름을 평가하는 시스템 분석에 사용되며 각 부분 간의 구조적, 순차적 또는 절차 상의 관계를 볼 수 있다.
- 방사형 그래프(Rader Chart)
  - 한 사이클 수치의 변화를 나타내는 데 사용될 수 있고 특정 대상 주요 변수의 상대적인 관계를 나타내는데 사용함.

🔍 **핵심 키워드 검색**
평행 좌표 그래프

**정답** 55 ① 56 ④ 57 ④ 58 ①

## 59

[2021. 3회 기출문제 유사] 나이브 베이즈 개념

다음 중 베이즈의 정리에 대한 공식이 바른 것은 무엇인가?

① P(A|B) = P(B|A)P(A)/P(B)
② P(A|B) = P(A|B)P(A)/P(B)
③ P(A|B) = P(B|A)P(B)/P(A)
④ P(A|B) = P(B|A)P(A)/P(A)

**해설**
- P(A|B) = P(B|A)P(A)/P(B) 는 베이즈의 정리를 의미한다.
  - P(A|B) : 사건 B가 발생한 상태에서 사건 A가 발생할 조건부 확률
  - P(B|A) : 사건 A가 발생한 상태에서 사건 B가 발생할 조건부 확률
  - P(A) : 사건 A가 발생할 확률, B에 대한 어떠한 정보도 없는 상태에서 A가 발생할 확률
  - P(B) : 사건 B가 발생할 확률, A에 대한 어떠한 정보도 없는 상태에서 B가 발생할 확률

**핵심 키워드 검색**

베이즈 정리

## 60

난이도 : 중 [2021. 기출문제 유사]

어느 회사 전체 직원의 70%는 자가용으로, 나머지는 대중 교통을 이용한다. 자가용으로 출근한 직원의 30%는 지각을 하였고, 대중 교통을 이용한 직원은 20%가 지각을 하였다. 이 회사 전체 직원 중 임의로 선택한 1명의 직원이 지각하였을 때 이 직원이 자동차로 출근하였을 확률은?

① 7/9
② 7/27
③ 21/9
④ 7/21

**해설** 조건부 확률에 대한 계산식

$$P(B|A) = \frac{P(A \cap B)}{P(A)} \text{ (단, } P(A) \neq 0\text{)}$$

사건 A가 조건으로 일어났을 때 사건 B의 조건부 확률 : P(B|A)
사건 B가 조건으로 일어났을 때 사건 A의 조건부 확률 : P(A|B)

$$\frac{0.7 \times 0.3}{0.7 \times 0.3 + 0.3 * 0.2} = 7/9$$

**핵심 키워드 검색**

조건부 확률 공식

**정답** 59 ① 60 ①

국가공인자격 빅데이터 분석기사 필기 1000

시험에 반드시 나오는 핵심 키워드 정리

# 03 PART

## 빅데이터 모델링

 **01 분석 모형 설계**
- 분석 모형 선정, 분석 모형 구축 절차, 데이터 분할, 가설 검정, 검정 통계량, R, 파이썬, 과대적합과 과소적합

 **02 분석기법 적용**
- 지도학습 강화학습, 로지스틱 회귀 분석, 다중 회귀 분석, 의사결정나무, 배경, 부스팅, 앙상블, 인공 신경망, CNN, 풀링, GAN, SVM, ReLU, 오토인코더, 유클리드 거리, 군집 분석, 시계열, 딥러닝, 비정형 데이터 분석, 앙상블, 범주형, 다변량, 분할표, 카이제곱, 정상성, 베이즈, ANN, DNN, RNN, 비모수통계

PART 03 | 빅데이터 모델링

CHAPTER 01 분석모형 설계

| 41문항

## 01
다음 중 어떠한 문제를 해결하기 위해 정해진 일련의 절차나 방법을 공식화한 형태로 표현한 것은?

① 모형(Model)
② 통계(Statistics)
③ 확률(Probability)
④ 알고리즘(Algorithm)

**해설** 알고리즘은 어떠한 문제를 해결하기 위해 정해진 일련의 절차나 방법을 공식화한 형태로 표현한 것이다.

**핵심 키워드 검색**
알고리즘

## 02
다음 중 데이터 분석에 대한 내용중 A와 B에 알맞은 용어로 가장 적절한 것은?

현상에서 ( A )을 발견하는 것은 탐색적 데이터 분석(EDA)이며, 현상을 ( B )하는 것은 기계 학습이다.

① A : 패턴, B : 예측
② A : 데이터, B : 추측
③ A : 패턴, B : 모델링
④ A : 확률, B : 수치화

**해설** 현상에서 패턴을 발견하는 것은 탐색적 데이터 분석(EDA)이며, 현상을 예측하는 것은 기계 학습이다. 통계적 추론을 통해 인과적인 결론을 도출할 수 있다.

**핵심 키워드 검색**
패턴, 예측, EDA

## 03
다음 중 기술 통계(Descriptive Statistics)에 대한 설명으로 올바른 것은?

① 데이터 분석의 목적으로 수집된 데이터를 확률·통계적으로 정리·요약하는 기초적인 통계이다.
② 수집된 데이터를 기반으로 모집단의 특성을 추론하고 예측하는 데 사용하는 통계적 기법이다.
③ 분석 마지막 단계에서 데이터 분포의 특징을 평가한다.
④ 하나 이상의 독립변수들이 종속변수에 미치는 영향을 추정할 수 있는 통계 기법이다.

**해설** 하나 이상의 독립변수들이 종속변수에 미치는 영향을 추정할 수 있는 통계 기법은 회귀 분석에 대한 설명이다. 분석 초기 단계에서 데이터 분포의 특징을 평가한다. 수집된 데이터를 기반으로 모집단의 특성을 추론하고 예측하는 데 사용하는 통계적 기법은 추론 통계에 해당한다.

**핵심 키워드 검색**
기술 통계, 추론 통계

## 04

다음 중 통계학에서 두 개 이상 다수의 집단을 서로 비교하고자 할 때 집단 내의 분산, 총평균 그리고 각 집단의 평균의 차이에 의해 생긴 집단 간 분산의 비교를 통해 가설 검정을 수행하는 방법은?

① 회귀 분석  ② 상관 분석
③ 분산 분석  ④ 주성분 분석

**해설** 분산 분석은 통계학에서 두 개 이상 다수의 집단을 서로 비교하고자 할 때 집단 내의 분산, 총평균 그리고 각 집단의 평균의 차이에 의해 생긴 집단 간 분산의 비교를 통해 만들어진 F분포를 이용하여 가설 검정을 하는 방법이다.

**핵심 키워드 검색**
분산 분석, F분포

## 05

다음 중 데이터 마이닝 기반 분석 모델이 아닌 것은?

① 예측(Prediction)  ② 분류(Classification)
③ 상관 분석(Correlation Analysis)  ④ 연관규칙(Association Rule)

**해설**
- 데이터 마이닝 기반 분석 모형은 분류, 예측, 군집, 연관 규칙 등이 있다.
- 상관 분석은 통계 기반 분석 모형에 해당한다.

**핵심 키워드 검색**
데이터 마이닝 기반 분석 모형, 분류, 예측, 군집, 연관 규칙, 통계 기반 분석 모형

**정답** 01 ④  02 ①  03 ④  04 ③  05 ③

## 06

[2021. 3회 기출문제 유사] 선형 회귀 분석의 가정

회귀 분석 모형 중 선형 회귀 분석과는 다르게 종속변수가 범주형 데이터를 대상으로 하며 입력 데이터가 주어졌을 때 해당 데이터의 결과가 특정 분류로 나뉘는 모형은?

① 로지스틱 회귀
② 다중 선형 회귀
③ Cox 비례 회귀
④ 비선형 회귀

**해설** 로지스틱 회귀는 선형 회귀 분석과는 다르게 종속변수가 범주형 데이터를 대상으로 하며 입력 데이터가 주어졌을 때 해당 데이터의 결과가 특정 분류로 나뉘는 모형이다.

**핵심 키워드 검색**

로지스틱 회귀, 회귀 분석

## 07

다음 중 아래에서 설명하는 것은?

> 대용량 데이터로부터 데이터 내에 존재하는 패턴, 관계 혹은 규칙 등을 탐색하고 통계적인 기법들을 활용하여 모델화하며 이를 통해 데이터 분석 및 더 나아가 유용한 정보, 지식 등을 추출하는 과정이다.

① 데이터 마이닝(Data Mining)
② 기계 학습(Machine Learning)
③ 신경망(Neural Net)
④ 통계(Statistics)

**해설** 데이터 마이닝은 대용량 데이터로부터 데이터 내에 존재하는 패턴, 관계 혹은 규칙 등을 탐색하고 통계적인 기법들을 활용하여 모델화하며 이를 통해 데이터 분석 및 더 나아가 유용한 정보, 지식 등을 추출하는 과정이다.

**핵심 키워드 검색**

데이터 마이닝, 모델화

## 08

다음 중 한 시점의 변수가 그 이전 변수들의 영향, 과거 오차의 영향을 받는 경우 사용할 수 있는 기법은?

① 최적화 기법
② 신경망 기법
③ 회귀 분석기법
④ 시계열 분석

**해설** 시계열 분석은 시계열 자료를 분석하고 여러 변수들 간의 인과 관계를 분석하는 방법론이다.

**핵심 키워드 검색**

시계열 분석, 인과 관계

## 09

다음 중 기계 학습(Machine Learning)에 대한 설명으로 가장 부적절한 것은?

① 기계가 일일이 코드로 명시하지 않은 동작을 데이터로부터 학습하여 실행할 수 있도록 하는 알고리즘을 개발하는 연구 분야이다.
② 데이터 마이닝은 훈련 데이터를 통해 학습된 알려진 속성을 기반으로 예측에 초점을 두고 있는 반면, 기계 학습은 데이터의 미처 몰랐던 속성을 발견하는 것에 집중한다.
③ 기계 학습에서의 일반화는 훈련 이후 새롭게 들어온 데이터를 정확히 처리할 수 있는 능력을 말한다.
④ 기계 학습을 통해 스팸 메일을 분류하도록 훈련할 수 있다.

**해설** 기계 학습은 훈련 데이터를 통해 학습된 알려진 속성을 기반으로 예측에 초점을 두고 있는 반면, 데이터 마이닝은 데이터의 미처 몰랐던 속성을 발견하는 것에 집중한다.

**핵심 키워드 검색**
기계 학습, 데이터 마이닝

## 10

다음 중 연관 규칙 모델(Association Rule Model)에 대한 설명으로 가장 부적절한 것은?

① 연관 규칙을 통해 데이터 상에서 동시에 발생하는 사건의 빈도를 나타낼 수 있다.
② 연관 분석은 장바구니 분석이라고도 불린다.
③ 연관 규칙 모델은 트랜잭션 데이터를 통해 비지도 방식으로 진행된다.
④ 연관 규칙 모델은 크게 계층적 방법과 비계층적 방법으로 구분한다.

**해설** 계층적 방법과 비계층적 방법으로 구분하는 것은 군집화 모델에 대한 설명이다.

**핵심 키워드 검색**
연관 규칙 모델, 계층적 방법, 비계층적 방법, 군집화 모델

**정답** 06 ①  07 ①  08 ④  09 ②  10 ④

## 11

다음 중 지도학습에 해당하지 않는 기법은?

① 로지스틱 회귀(Logistic Regression)
② 의사결정나무(Decision Tree)
③ K-군집화(K-means)
④ 은닉 마르코프 모델(Hidden Markov model)

**해설**  K-군집화 방법은 군집화 분석기법 중 하나로 비지도학습에 속한다.

🔍 **핵심 키워드 검색**

지도학습, 비지도학습

## 12

[2021. 3회 기출문제 유사] 가중치 계산

다음 중 인공 신경망의 출력 결과와 실제 값과의 오차를 바탕으로 모형의 가중치를 갱신하는 알고리즘으로 가장 적절한 것은?

① 역전파 알고리즘
② 탐색 알고리즘
③ 그래프 알고리즘
④ 해시 알고리즘

**해설**  역전파 알고리즘은 인공 신경망의 출력 결과와 실제 값과의 오차를 줄이는 방향으로 모형의 가중치를 반복 갱신하는 알고리즘이다.

🔍 **핵심 키워드 검색**

인공 신경망, 가중치, 역전파 알고리즘

## 13

다음 중 데이터를 비선형 분류를 하기 위해 커널트릭을 사용하여 주어진 데이터를 고차원 특징 공간으로 사상하는 지도학습 모델은?

① 랜덤 포레스트(Random Forest)
② 로지스틱 회귀(Logistic Regression)
③ 서포트 벡터 머신(Support Vector Machine)
④ 인공 신경망 분석(Artificial Neural Network)

**해설**  서포트 벡터 머신은 데이터를 비선형 분류를 하기 위해 커널트릭을 사용하여 주어진 데이터를 고차원 특징 공간으로 사상하는 지도학습 모델이다.

🔍 **핵심 키워드 검색**

서포트 벡터 머신, 지도학습 모델

## 14

**다음 중 비지도학습에 대한 특징으로 부적절한 것은?**

① 비지도학습은 입력값에 대한 목표치가 주어지지 않는다.
② 예측의 문제 보다는 주로 현상의 설명이나 특징 도출, 패턴 도출 등의 문제에 많이 활용된다.
③ 일반적으로 명확하고 목적이 있는 지도학습 기법과 비교하면 유용한 정보나 패턴을 탐색적으로 발견하고자 하는 데이터 마이닝의 성격이 더 강하다.
④ 비지도학습의 유형에는 나이브베이즈, KNN, 서포트 벡터 머신, 분류 등이 있다.

**해설**
- 지도학습과 비지도학습 알고리즘

| | | |
|---|---|---|
| 지도학습 | 분류 | KNN<br>Naïve Bayes<br>Support Vector Machine<br>(의사결정)Machine Decision |
| | 회귀 | Linear Regression<br>Locally Weighted Linear<br>Ridge<br>Lasso |
| 비지도학습 | | 군집화(Clustering), K-Means, Density Estimation, Exception Maximization, Pazen Window, DBSCAN |

**🔍 핵심 키워드 검색**
지도학습, 비지도학습, 분류, 회귀, 군집화, K-Means

## 15

**다음 중 탐색적 기법의 활용에 대한 설명으로 부적절한 것은?**

① 범주형 변수를 분석할 경우 히스토그램을 사용하여 각 범주의 분포를 확인한다.
② 수치형의 변수들에 대해서는 산점도를 사용해서 두 변수 간의 관계를 확인한다.
③ 세 개 이상의 연속형 변수가 포함된 경우 연속형 변수를 범주형 변수로 변환한 후 분석한다.
④ 범주형 변수가 하나 이상 포함된 경우 범주에 따라 단변량 혹은 다변량 분석이 가능하다.

**해설** 범주형 변수를 분석할 경우 막대형 차트를 사용하여 각 범주의 분포를 확인한다.

**🔍 핵심 키워드 검색**
탐색적 기법, 범주형 변수, 범주의 분포

**정답** 11 ③  12 ①  13 ③  14 ④  15 ①

## 16
다음 중 종속변수가 연속형일 경우 활용하는 분석기법이 아닌 것은?

① 회귀 분석
② 인공 신경망 모델
③ K-최근접 이웃 기법(KNN)
④ 판별 분석

**해설** 판별 분석은 종속변수가 범주형인 경우 활용된다.

🔍 **핵심 키워드 검색**
종속변수, 범주형, 연속형

## 17
다음 중 아래 결론을 도출할 수 있는 가장 적합한 분석 모형은?

> 맥주를 구매하는 사람들은 기저귀를 함께 구매한다.
> 초콜렛을 구매하는 사람들은 우유를 함께 구매한다.

① 연관 규칙 학습
② 분류 분석
③ 기계 학습
④ 감성 분석

**해설**
- 연관 규칙 학습은 거래 데이터에서 패턴을 확인하기 위한 방법이다.
- 맥주 구매 패턴과 같은 상품은 연관 규칙 학습을 통해 분석한다.

🔍 **핵심 키워드 검색**
연관 규칙 학습

## 18
[2021. 3회 기출문제 유사] 하이퍼 파라미터(초매개 변수)

다음 중 하이퍼 파라미터에 대한 설명으로 부적절한 것은?

① 모델 학습 과정에서는 데이터와 관계없이 고정된 값이다.
② 시행 착오를 통해 최적의 값을 결정한다.
③ 모형에 관계 없이 최적의 하이퍼 파라미터 값은 동일하다.
④ 모델에서 외적인 요소로 연구자가 직접 설정하는 파라미터이다.

**해설** 모형에 주어진 문제와 데이터에 따라 최적의 하이퍼 파라미터 값은 다르다.

🔍 **핵심 키워드 검색**
하이퍼 파라미터, 파라미터

## 19

**다음 중 아래 빈칸에 해당하는 말로 알맞은 것은?**

> 분석 대상인 데이터에 비해 모델이 너무 간단하면 ( A )이(가) 발생하고, 모델을 너무 복잡하게 선택하면 ( B )이(가) 발생하므로 적절한 모델을 사용한다.

① (A) : 과소적합, (B) : 과대적합
② (A) : 과소적합, (B) : 제1종의 오류
③ (A) : 과대적합, (B) : 과소적합
④ (A) : 제1종의 오류, (B) : 제2종의 오류

**해설** 분석 대상인 데이터에 비해 모델이 너무 간단하면 과소적합이 발생하고, 모델을 너무 복잡하게 선택하면 과대적합이 발생하므로 적절한 모델을 사용한다.

**핵심 키워드 검색**

과대적합, 과소적합

## 20

**다음 중 분석 모형 구축 절차를 바르게 나열한 것은?**

① 요건 정의 → 모델링 → 적용 → 검증 및 테스트
② 모델링 → 요건 정의 → 검증 및 테스트 → 적용
③ 요건 정의 → 모델링 → 검증 및 테스트 → 적용
④ 요건 정의 → 검증 및 테스트 → 모델링 → 적용

**해설** 분석 모형 구축 절차는 '요건 정의 → 모델링 → 검증 및 테스트 → 적용' 순이다.

**핵심 키워드 검색**

분석 모형 구축 절차

## 21

**다음 중 R에서 피어슨 상관 계수를 구하기 위한 함수로 적절한 것은?**

① lm( )
② split( )
③ cor( )
④ mean( )

**해설**
- lm( )은 linear model의 약자로 R에서 선형 회귀 모형을 적용하는 함수이다.
- Cor( )은 Correlation의 약자로 R에서 피어슨 상관 계수를 구하기 위한 함수이다.

**핵심 키워드 검색**

R, 피어슨 상관 계수, lm( ), Cor( )

**정답** 16 ④  17 ①  18 ②  19 ①  20 ③  21 ①

## 22

[2021. 3회 기출문제 유사] 분석 모형 특징

분석 모형 구축 절차 중 모델링 단계에서 수행하지 않는 것은?

① 모델링 마트 설계 및 구축
② 탐색적 분석 및 유의 변수 도출
③ 수행 방안 설계
④ 모델링 성능 평가

**해설** 수행 방안 설계는 요건정의 단계에서 수행되는 작업이다.

🔍 **핵심 키워드 검색**
분석 모형 구축 절차, 모델링 단계

## 23

분석 도구 중 R에 대한 설명으로 잘못된 것은 무엇인가?

① 통계 분석과 그래픽을 위한 프로그래밍 언어이며 S/W 환경이다.
② 다양한 패키지를 통한 시각화 기능을 제공한다.
③ R studio는 R을 사용하기 위해 개발된 통합 개발 환경(IDE)이다.
④ 오픈 소스(GNU) 데이터의 처리를 하는 통계 프로그램으로 유료다.

**해설** R은 대표적인 오픈 소스 통계 패키지로 무료로 이용할 수 있다.

🔍 **핵심 키워드 검색**
R, 오픈 소스, IDE, GNU

## 24

다음 중 분석을 위한 분할된 데이터 셋이 아닌 것은?

① 학습용 데이터
② 탐색용 데이터
③ 평가용 데이터
④ 검증용 데이터

**해설** 데이터는 분석을 위해 학습용 데이터, 검증용 데이터, 평가용 데이터로 분할된다.

🔍 **핵심 키워드 검색**
학습용 데이터, 검증용 데이터, 평가용 데이터

## 25

[2021. 3회 기출문제 유사] 데이터 분할/방법

**다음 중 데이터 분할에 대한 설명으로 바르지 않은 것은?**

① 데이터 분할을 하는 이유는 모형이 특정 데이터에 대해서만 높은 성능을 보이는 과소적합의 문제를 예방하기 위해서다.
② 학습용 데이터와 검증용 데이터는 학습 과정에서 사용하며 평가용 데이터는 학습이 끝난 후 평가를 위해 사용된다.
③ 일반적으로 학습용 데이터가 평가용 데이터에 비해 크기가 크다.
④ 검증용 데이터를 활용하여 과대적합, 과소적합의 발생 여부를 확인한다.

**해설** 모형이 특정 데이터 대해서만 높은 성능을 보이는 것은 과대적합에 대한 설명이다.

**핵심 키워드 검색**
데이터 분할, 과대적합

## 26

[2021. 3회 기출문제 유사] 재현율/민감도/특이도

**분류 모델의 성능 평가지표 중 실제 참인 데이터 중 참으로 분류한 비율을 나타내는 것은?**

① 정확도(Accuracy)  ② 정밀도(Precision)
③ 재현율(Recall)     ④ 향상도(Lift)

**해설** • 재현율은 실제 참인 데이터 중 참으로 분류한 비율이다.

|  |  | 예측 | |
|---|---|---|---|
|  |  | 긍정(Positive) | 부정(Negative) |
| 실제 측정 | 긍정(Positive) | TP | FN |
|  | 부정(Negative) | FP | TN |

- 민감도(sensitivity) = TP / TP + FN
- 특이도(specificity) = TN / FP + TN
- 정확도(Precision) = TP / TP + FP
- 재현율(Recall) = TP / TP + FN

**핵심 키워드 검색**
민감도, 특이도, 정확도, 재현율

**정답** 22 ③  23 ④  24 ②  25 ①  26 ③

## 27
다음 중 분석 모델링 단계에서 비즈니스 영향도를 평가하는 기준이 아닌 것은?

① 내부 수익률(IRR)
② 자기 자본 이익률(ROE)
③ 순현재 가치(NPV)
④ 주가수익비율(PER)

**해설** 비즈니스 영향도를 평가하는데 사용되는 투자 대비 효과 정량화 기법에는 총소유 비용(TCO), 투자 대비 효과(ROI), 순 현재가치(NPV), 내부 수익률(IRR), 투자 회수 기간(PP)이 있다.

**핵심 키워드 검색**
분석 모델링 단계, 비즈니스 영향도 평가 기준

## 28
다음 중 분석 도구인 R에 대한 설명으로 알맞은 것은 무엇인가?

① R 패키지를 호출하기 위해 import 명령어를 사용한다.
② CRAN(the Comprehensive R Archive Network)을 통해 파이썬 패키지를 내려 받을 수 있다.
③ R은 Microsoft Windows, Mac OS, Linux 등 다양한 OS를 지원하지 않는다.
④ RSNNS 패키지는 Stuttgart Neural Network Simulator (SNNS)을 R에서 사용할 수 있게 한 것으로 여러 가지 다양한 신경망 및 시각화 기능을 제공한다.

**해설** CRAN(the Comprehensive R Archive Network)을 내려 받을 수 있는 것은 R 패키지에 대한 설명이다.

**핵심 키워드 검색**
R

## 29
다음 중 개인적인 인간관계가 확산되어 형성된 사람들 사이의 연결된 사회 연결망을 분석하는 기법은?

① 연관 규칙 학습
② 회귀 분석
③ 감성 분석
④ 소셜 네트워크 분석

**해설** 소셜 네트워크 분석은 개인적인 인간관계가 확산되어 형성된 사람들 사이의 연결된 사회 연결망을 분석하는 기법이다.

**핵심 키워드 검색**
소셜 네트워크 분석, 사회 연결망 분석

## 30
[2021. 3회 기출문제 유사] 분석 모형 특징

다음 중 모형 선택 오류, 변수 누락, 부적합 변수 생성, 동시 편향과 같은 현상이 발생하는 분석 모형 현상을 무엇이라 하는가?

① 부적합 모형 현상
② 비지도 모형 현상
③ 준지도 모형 현상
④ 비모수 모형 현상

**해설** 부적합 모형 현상에는 모형 선택 오류, 변수 누락, 부적합 변수 생성, 동시 편향이 있다.

**핵심 키워드 검색**
부적합 모형 현상, 모형 선택 오류, 변수 누락, 부적합 변수 생성, 동시 편향

## 31
[2021. 3회 기출문제 유사] 데이터 웨어하우스 특성

데이터 웨어하우스 모델링 기법에 대한 주요 용어로써 사업의 특정 단면이나 활동을 수치로 나타낸 값으로 예를 들면 납입 건강보험료, 아파트 신규 계약과 같은 단계를 무엇이라 하는가?

① 사실(Facts)
② 차원(Dimensions)
③ 속성(Attribute)
④ 속성 계층(Hierarchies)

**해설** 데이터 웨어하우스 모델링 기법에 대한 주요 용어로써 사업의 특정 단면이나 활동을 수치로 나타낸 값을 '사실(Facts)'이라 한다.

**핵심 키워드 검색**
데이터 웨어하우스 모델링 기법, 사실

## 32
다음 중 의사 결정 규칙에 따라 관심 대상 집단을 여러 개의 소집단으로 분류하면서 분석하는 CART 알고리즘을 활용하는 통계적 기법은 무엇인가?

① 트리 기반 기법
② 최적화 기법
③ 기계 학습
④ 통계적 기법

**해설**
- 트리기반 기법 : CART 알고리즘 활용(각 독립변수에 대해 이분화하는 과정을 반복하여 이진 트리 형태를 형성하여 분류와 예측을 수행한다.), 관심 대상 집단을 소집단으로 분류하는 의사 결정 규칙을 따른다.
- 최적화 기법 : SVM(Support Vector Machine) 데이터들과 가장 거리가 먼 초평면을 선택하여 분리하는 확정적 모델 기반의 이진 선형 분류 방법
- 기계 학습 : 기대값과 실제값에 오차를 신경망 노드에 가중치를 조정하여 모델을 반영한다. 인공 신경망에서 오차를 줄이기 위해 출력을 입력 즉 역방향으로 역전파 알고리즘 사용으로 모델 안정화를 한다.

**핵심 키워드 검색**
트리 기반 기법, 최적화 기법, 기계 학습

**정답** 27 ② 28 ④ 29 ④ 30 ① 31 ① 32 ①

## 33

[2021. 3회 기출문제 유사] 시계열자료 변동 유형

다음 중 데이터 마이닝 기반 분석 모델 중 시계열 분석과 인공 신경망 분석 모델에 가장 가까운 모델은 무엇인가?

① 분류
② 예측
③ 군집화
④ 연관규칙

**해설**
- 데이터 마이닝 기반 분석 모델은 분류, 예측, 군집화, 연관 규칙 모델이 있다.
- 예측 모델은 회귀 분석, 의사결정나무, 시계열 분석, 인공 신경망에 사용되는 모델이다.

🔍 **핵심 키워드 검색**

데이터 마이닝, 인공 신경망, 예측 모델

## 34

군집화 모델에 대한 설명이 잘못된 것은 무엇인가?

① 군집화는 사전에 정의된 정답 혹은 집단이 존재하지 않는다는 점에서 분류와 차이가 있다.
② 계층적 방법에는 응집 분석법과 분할 분석법이 있다.
③ 군집화는 비지도학습의 대표적인 기술로 클러스터란 같은 특성을 가진 데이터들의 집단이다.
④ K 평균 군집화는 K개 소집단의 중심 좌표를 이용하여 각 개체와의 거리를 측정하여 군집을 형성 후, 반복적으로 군집을 적합하게 갱신하는 방법이다.

**해설** 군집화는 비지도학습의 대표적인 기술로 클러스터란 비슷한 특성을 가진 데이터들의 집단이다.

🔍 **핵심 키워드 검색**

군집화, 비지도학습, 클러스터

## 35

[2021. 3회 기출문제 유사] 분석 모형 특징

다음 중 머신러닝 기반 분석 모형 선정에서 비지도학습 기법에 해당하는 것은?

① 로지스틱 회귀
② 서포트 벡터 머신
③ 차원 축소 기법
④ 의사결정나무

**해설**
- 비지도학습에는 군집화, 차원 축소 기법, 연관 관계 분석, 자율 학습 인공 신경망(자기조직화 지도 Self Organizing Map, SOM) – 차원 축소+군집화
- 로지스틱 회귀, 서포트 벡터 머신, 의사결정나무는 지도학습 기법에 해당한다.

🔍 **핵심 키워드 검색**

비지도학습, 지도학습

## 36    [2021. 3회 기출문제 유사] 이상치 판별

다음 중 가공하지 않은 자료로부터 얻어낸 통계량을 바탕으로 그려지며 이상치를 확인하기 좋은 차트는?

① 히스토그램
② 파이 차트
③ 박스 플롯
④ 누적 막대 차트

**해설** 박스 플롯(Boxplot)은 가공하지 않은 자료로부터 얻어낸 통계량(최솟값, 제 1사분위, 제 2사분위, 제 3사분위, 최댓값)을 바탕으로 그려지며 이상치를 확인하기 용이한 차트이다.

**핵심 키워드 검색**
박스 플롯

## 37    [2022. 4회 기출 예상문제] 차원 축소/지도/비지도 학습

다음 중 지도학습에 대한 설명으로 부적절한 것은?

① 정답인 Label이 포함되어 있는 학습 데이터를 통해 컴퓨터를 학습시킨다.
② 인식, 분류, 예측, 진단 등의 문제 해결에 적합하다.
③ 지도학습 기법의 유형은 로지스틱 회귀, 신경망, 의사결정나무, SVM 등이 있다.
④ 텍스트로부터 인상, 감정, 태도 등을 추출하는 감성 분석은 비지도학습이다.

**해설**
• 텍스트로부터 인상, 감정, 태도 등을 추출하는 감성 분석은 지도학습이다.

| | |
|---|---|
| 지도학습 | 정답인 Label이 포함되어 있는 학습 데이터를 통해 컴퓨터를 학습시키는 방법<br>▶ 인식, 분류, 예측, 진단 등의 문제 해결에 적합<br><br>• 지도학습 기법의 유형<br>• 로지스틱 회귀<br>• 인공 신경망 분석<br>• 의사결정나무<br>• 서포트 벡터 머신<br>• 랜덤 포레스트<br>• 감성 분석 |
| 비지도학습 | 정답인 Label이 없는 상태에서 데이터가 어떻게 구성되었는지를 알아내는 방법<br>▶ 현상의 설명이나 특징 도출, 패턴 도출의 문제에 활용<br>• 지도학습기법보다 데이터 마이닝의 성격이 더 강하다.<br><br>▶ 비지도학습 기법의 유형<br>• 군집화<br>• 차원 축소 기법<br>• 연관 관계 분석<br>• 자율 학습 인공 신경망(자기 조직화 지도, Self-Organizing Map, SOM)<br>• 차원 축소 + 군집화 |

**핵심 키워드 검색**
지도학습, 비지도학습

**정답** 33 ② 34 ② 35 ③ 36 ③ 37 ④

## 38

[2021. 3회 기출문제 유사] 앙상블

다음 중 지도학습에서 의사결정나무의 특징 중 하나인 분산이 크다는 점을 가정하여 배깅과 부스팅보다 더 많은 무작위성을 주어 분류, 회귀 분석 등에 사용되는 앙상블 학습 방법의 일종으로 훈련 과정에서 평균 예측치를 출력하는 지도학습 방법은 무엇인가?

① 인공 신경망 분석  
② 의사결정나무  
③ 서포트 벡터 머신  
④ 랜덤 포레스트

**해설** 기계 학습에서의 랜덤 포레스트(영어: random forest)는 분류, 회귀 분석 등에 사용되는 앙상블 학습 방법의 일종으로, 훈련 과정에서 구성한 다수의 결정 트리로부터 부류(분류) 또는 평균 예측치(회귀 분석)를 출력함으로써 동작한다.

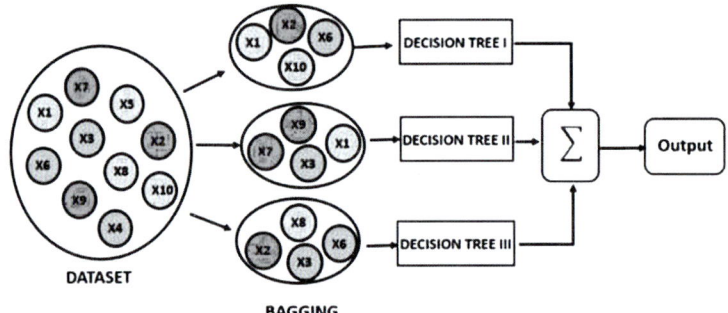

이미지 출처 : https://medium.com/greyatom/a-trip-to-random-forest-5c30d8250d6a

랜덤 포레스트는 위와 같이 배깅을 사용하여 하위 집합에서 입력을 받는 세 개의 의사 결정 트리를 만들 수 있다. 따라서 마지막으로 각 '의사결정 트리'에서 다수의 투표(Classification의 경우) 또는 집계(Regression의 경우)를 기반으로 예측한다.

**핵심 키워드 검색**

기계 학습, 랜덤 포레스트

## 39

[2021. 3회 기출문제 유사] 하이퍼 파라미터

다음 중 하이퍼 파라미터에 대한 설명으로 잘못된 것은 무엇인가?

① 모델 내부에서 확인이 가능하며 데이터를 통해 산출이 가능하다.  
② 알고리즘 구현 과정에서 사용한다.  
③ 경험에 의해 결정 가능한 값을 가진다.  
④ 학습률, 의사결정나무 Depth, KNN의 k 개수라고 말할 수 있다.

**해설**
- 하이퍼 파라미터는 모델 외적인 요소로 얻어지는 데이터 분석 값이 아니라 사용자가 설정해 주는 값이다. 알고리즘 구현 과정에서 사용되며 경험에 의해 결정 가능한 값이다. 모델링 성능 문제 해결을 위한 변수로 학습률, 의사결정나무 깊이, KNN의 K 개수가 이에 해당한다.
- 모델 내부에서 확인이 가능하며 데이터를 통해 산출이 가능한 것은 파라미터이다. 모델의 성능을 결정하고 데이터 분석을 통해 측정된다.

**핵심 키워드 검색**

하이퍼 파라미터

## 40

[2021. 3회 기출문제 유사] 과대적합 방지

다음 중 분석 모형 정의 시 고려할 사항에서 부적합 모형 현상이 있다. 관련이 없는 변수가 모델에 포함되어 과대적합을 유발할 때 발생하는 현상은 무엇인가?

① 모형 선택 오류
② 변수 누락
③ 부적합 변수 생성
④ 동시 편향

**해설**
- 데이터에 비해 모델이 간단하면 과소적합, 너무 복잡하면 과대적합 발생할 수 있다.
- 부적합 모형 현상

| 모형 선택 오류 | 분석에 적합하지 않은 함수 모형을 생성한다. |
|---|---|
| 변수 누락 | 종속변수와 독립변수 사이에 관련성이 있지만 모델을 생성할 때 변수가 누락되는 경우 발생한다. |
| 부적합 변수 생성 | 관련성이 없는 변수가 모델에 포함되어 과대적합을 유발한다. |
| 동시 편향 | 종속변수가 연립 방정식의 일부인 경우 편향이 발생한다. |

**핵심 키워드 검색**

부적합 모형 현상, 과소적합, 변수 누락, 동시 편향, 부적합 변수 생성

## 41

독립변수 x가 연속형이고 종속변수 y도 연속형일 때 데이터 유형에 따른 분석기법에 해당하지 않는 것은 무엇인가?

① 회귀 분석
② 인공 신경망 모델
③ K-최근접 이웃 모델
④ 의사결정나무

**해설** 독립변수 x가 연속형이고 종속변수 y도 연속형일 때 데이터 유형에 따른 분석에는 회귀 분석, 인공 신경망 모델, K-최근접 이웃 모델이 있다.

**핵심 키워드 검색**

독립변수, 연속형, 종속변수, 데이터 유형 분석, 인공 신경망 모델, k-최근접 이웃 모델

**정답** 38 ④  39 ①  40 ③  41 ④

# CHAPTER 02 분석기법 적용

| 129문항

## 01
다음 중 회귀 분석의 가정이 아닌 것은?

① 일관성
② 독립성
③ 정상성
④ 등분산성

**해설** 회귀 분석의 가정에는 선형성, 독립성, 등분산성, 비상관성, 정상성이 있다.

**핵심 키워드 검색**
회귀 분석 가정, 선형성, 독립성, 등분산성, 비상관성, 정상성

## 02
다음 중 다중 회귀 모형의 각 회귀 계수들이 유의미한지 확인하기 방법으로 가장 적절한 것은?

① 중앙값과 평균을 확인한다.
② 해당 계수의 T-통계량과 p-값을 확인한다.
③ 잔차를 그래프로 그리고 회귀 진단을 한다.
④ 수정된 결정계수를 확인한다.

**해설** 회귀 모형의 회귀 계수들이 유의미한지 확인하기 위해서는 해당 계수의 p-값과 T-통계량 또는 이들의 신뢰 구간을 확인한다.

**핵심 키워드 검색**
회귀 모형, 회귀 계수, p-값, T-통계량, 신뢰 구간

## 03
[2021. 3회 기출문제 유사] 통계 분석기법 유형/종류

회귀 분석 유형 중 독립변수와 종속변수와의 관계가 1차함수 이상인 모형으로 가장 적절한 것은?

① 단순 회귀
② 다중 회귀
③ 다항 회귀
④ 로지스틱 회귀

**해설** 다항 회귀는 회귀 분석 유형 중 독립변수와 종속변수와의 관계가 1차함수 이상인 모형이다.

**핵심 키워드 검색**
회귀 분석, 다항 회귀, 독립변수, 종속변수

## 04

변수 선택 방법 중 가장 단순한 회귀 모형인 영모형(null model)에서 출발하여 가장 중요한 변수들을 골라 차례대로 모형에 포함시켜 나가는 과정을 반복하여 회귀 방정식을 적합시키는 방법은?

① 전진 선택법(Forward Selection)
② 후진 제거법(Backward Elimination)
③ 단계적 방법(Stepwise Method)
④ 주성분 분석(Principal Component Analysis)

**해설**
- 전진 선택법은 가장 단순한 회귀 모형인 영모형(null model)에서 출발하여 가장 중요한 변수들을 골라 차례대로 모형에 포함시켜 나가는 과정을 반복하여 회귀 방정식을 적합시키는 방법이다.
- 후진제 거법은 방정식에 모든 변수를 입력한 다음 순차적으로 제거하는 변수 선택 프로시저이다. 종속변수와 함께 편상관이 가장 작은 변수가 가장 먼저 제거된다. 변수가 제거 기준을 충족하면 제거되고 첫 번째 변수가 제거되면 방정식에 남아 있는 변수 중 편상관이 가장 작은 변수가 그 다음으로 제거된다. 방정식에 제거 기준을 만족하는 변수가 없으면 프로시저가 중단된다.

[ibm SPSS 버전 인용]

🔍 **핵심 키워드 검색**

변수 선택 방법, 전진 선택법, 후진 제거법

## 05

[2021. 3회 기출문제 유사] 선형 회귀 분석의 기정/유의성 검정/F 통계량

lm( )함수를 이용하여 단순 회귀 분석을 하였을 경우 출력되지 않는 것은?

① 잔차 표준 오차(Residual standard error)
② 자유도(degrees of freedom)
③ p-value
④ 이상치

**해설**
단순 회귀 모형의 다음과 같은 내용을 볼 수 있다.
(1) 선형 회귀식에 필요한 예측치, 유의성 판단, 잔차
(2) 잔차 표준 오차(Residual standard error)
(3) 자유도
(4) 잔차, 결정계수, p-value, F 통계량 등을 볼 수 있다.

```
Call:
lm(formula = annual_salary ~ year, data = data)

Residuals:
    Min      1Q  Median      3Q     Max
-115.282 -59.636  -3.018  37.011 215.873

Coefficients:
            Estimate Std. Error t value Pr(>|t|)
(Intercept)  252.375     39.766   6.346 5.59e-06 ***
year          42.922      2.179  19.700 1.25e-13 ***
---
Signif. codes:  0 '***' 0.001 '**' 0.01 '*' 0.05 '.' 0.1 ' ' 1

Residual standard error: 89.02 on 18 degrees of freedom
Multiple R-squared:  0.9557,    Adjusted R-squared:  0.9532
F-statistic: 388.1 on 1 and 18 DF,  p-value: 1.25e-13
```

🔍 **핵심 키워드 검색**

단순 회귀 모형, 자유도, 잔차, 결정계수, p-value, F통계량

**정답** 01 ① 02 ② 03 ③ 04 ① 05 ④

## 06

[2021. 3회 기출문제 유사] 로지스틱 회귀 분석 개념

다음 중 로지스틱 회귀 분석의 R함수에 해당하지 않는 것은?

① glm( )
② cdplot( )
③ step( )
④ lm( )

**해설** lm( )은 단순 회귀 분석을 위한 R함수이다.

**핵심 키워드 검색**
로지스틱 회귀 분석, R함수, lm( )

## 07

[2021. 3회 기출문제 유사] 로지스틱 회귀 분석 개념

다음 중 로지스틱 회귀 분석에 대한 설명으로 부적절한 것은?

① 독립변수의 선형 결합으로 종속변수를 설명한다는 관점에서는 선형 회귀 분석과 유사하다.
② 로지스틱 회귀 분석은 독립변수가 범주형일 경우 적용할 수 없다.
③ 종속변수 또는 결과 값은 로짓 변환을 통해 항상 0과 1사이에 있도록 한다.
④ 모형의 적합을 통해 추정된 확률을 사후 확률로도 부른다.

**해설** 로지스틱 회귀 분석은 독립변수가 범주형인 경우도 적용할 수 있다.

**핵심 키워드 검색**
로지스틱 회귀 분석, 선형 회귀 분석

## 08

[2021. 3회 기출문제 유사] 다중 공선성

다음 중 변수들 간의 다중 공선성(Multicollinearity)을 측정하는 방법으로 적절한 것은?

① 분산 팽창 요인(VIF)
② Q-Q plot
③ $R^2$
④ 샤피로-윌크 검정(Shapiro-Wilk Test)

**해설** 다중 공선성을 검사하는 방법에는 분산 팽창 요인, 공차 한계가 있다.

**핵심 키워드 검색**
다중 공선성, 분산 팽창 요인, 공차 한계

## 09

다음 중 의사결정나무(Decision Tree)에 대한 설명으로 옳지 않은 것은?

① 데이터가 가진 속성으로부터 분할 기준을 추출하고, 분할 기준에 따른 트리 구조의 모델을 이용하는 분류 예측 모델이다.
② 결정 트리를 구성하는 알고리즘에는 주로 하향식 기법이 사용된다.
③ 반응 변수가 범주형인 경우 적용되는 회귀 분석 모델의 한 종류이다.
④ 의사결정나무 기법의 해석이 용이한 이유는 트리모델이 시각적이고 명시적인 방법으로 의사 결정 과정과 결정된 의사를 보여주는데에 있다.

**해설** 반응 변수가 범주형인 경우 적용되는 회귀 분석 모형은 로지스틱 회귀 분석에 대한 설명이다.

**핵심 키워드 검색**

의사결정나무, 반응 변수, 트리모델

## 10

다음 중 의사결정나무(Decision Tree)의 구성 요소가 아닌 것은?

① 뿌리 마디(Root Node)
② 트리 노드(Tree Node)
③ 깊이(depth) : 마디의 개수
④ 자식 마디(Child Node)

**해설** 의사결정나무의 구성 요소에는 뿌리 마디, 깊이, 부모 마디, 자식 마디, 끝 마디, 가지 등이 있다.

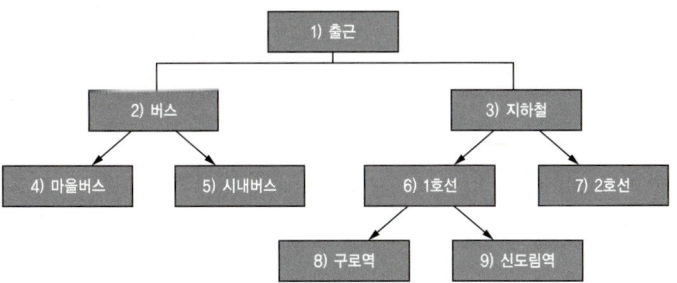

- 뿌리 노드(root node) : ① 마디, 나무 구조가 시작되는 노드
- 자식 노드(child node) : ②, ③은 ①의 자식 노드
- 부모 노드(parent node) : ①은 ②, ③의 부모 노드
- 끝마디 노드(Terminal node) or 잎 노드(leaf node) : ④, ⑤, ⑦, ⑧, ⑨ 각 나무줄기의 끝에 위치하며, 의사결정나무에서 분류 규칙은 끝마디의 개수만큼 생성
- 중간 노드(internal node) : ②, ③, ⑥ 끝마디 노드가 아닌 노드들
- 깊이(depth) : 마디의 개수

**핵심 키워드 검색**

의사결정나무, 노드, 끝마디, 깊이

**정답** 06 ④  07 ②  08 ①  09 ③  10 ②

## 11

의사결정나무(Decision Tree)에서 자식 마디가 없으며 '잎 마디(Leaf Node)'로도 불리는 요소는?

① 부모 마디(Parent Node)  ② 자식 마디(Child Node)
③ 뿌리 마디(Root Node)  ④ 끝 마디(Terminal Node)

**해설** 잎 마디는 자식 마디가 없으며 '끝(Terminal Node) 마디'로도 불리는 마디이다.

**핵심 키워드 검색**
의사결정나무, 잎 마디

## 12

다음 중 의사결정나무(Decision Tree)의 분석 과정을 바르게 나열한 것은?

① 가지치기 → 의사결정나무 성장 → 타당성 평가 → 해석 및 예측
② 의사결정나무 성장 → 가지치기 → 타당성 평가 → 해석 및 예측
③ 가지치기 → 타당성 평가 → 의사결정나무 성장 → 해석 및 예측
④ 의사결정나무 성장 → 가지치기 → 해석 및 예측 → 타당성 평가 탐색 알고리즘

**해설** 의사결정나무의 분석 과정은 '의사결정나무 성장 → 가지치기 → 타당성 평가 → 해석 및 예측' 순이다.

**핵심 키워드 검색**
의사결정나무 분석 과정

## 13

의사결정나무(Decision Tree)에서 분류 오류(Classification Error) 유발 위험이 높거나 부적절한 규칙을 가지는 가지(Branch)를 제거하는 단계는?

① 의사결정나무 성장(Growing)  ② 가지치기(Pruning)
③ 타당성 평가  ④ 해석 및 예측

**해설** 의사결정나무 중 가지치기는 분류 오류(Classification Error) 유발 위험이 높거나 부적절한 규칙을 가지는 가지(Branch)를 제거하는 단계이다.

**핵심 키워드 검색**
의사결정나무, 분류 오류, 가지치기

## 14

다음 중 의사결정나무(Decision Tree)의 분리 기준(Splitting Criterion)에 대한 설명으로 적절한 것은?

① 분리 기준은 마디들이 형성될 때, 출력 변수(Output Variable)의 선택과 범주(Category)의 병합이 이루어질 기준을 의미한다.
② 어떤 출력 변수를 이용하여 어떻게 분리하는 것이 목표 변수의 분포를 가장 잘 구별해주는지를 파악하여 부모 마디가 형성된다.
③ 목표 변수의 분포를 구별하는 정도를 순수도, 또는 불순도(Impurity)에 의해서 측정되는 것이다.
④ 의사결정나무는 자식 마디의 순수도에 비해서 부모 마디들의 불순도가 증가하도록 부모 마디를 형성해 나가게 된다.

**해설**
1. 분리 기준은 마디들이 형성될 때, 입력 변수(Input Variable)의 선택과 범주(Category)의 병합이 이루어질 기준을 의미한다.
2. 어떤 입력 변수를 이용하여 어떻게 분리하는 것이 목표 변수의 분포를 가장 잘 구별해 주는지를 파악하여 자식 마디가 형성된다.
3. 의사결정나무는 부모 마디의 순수도에 비해서 자식 마디들의 순수도가 증가하도록 자식 마디를 형성해 나가게 된다.

**핵심 키워드 검색**
의사결정나무 분리 기준

## 15

다음 중 의사결정나무(Decision Tree)의 가지치기(Pruning)에 대한 설명으로 옳지 않은 것은?

① 의사결정나무에서 너무 큰 나무 모형은 자료를 과대적합하고, 너무 작은 나무 모형은 과소적합할 위험성이 있다.
② 의사결정나무는 노드(Node)와 가지치기(pruning)를 통해 생성된다.
③ 보통 비용-복잡도 가지치기(Cost Complexity Pruning)를 활용하여 성장시킨 나무에 대한 가지치기를 한다.
④ 의사결정나무에서 마디의 개수는 깊이(Depth)로 구성된다.

**해설** 의사결정나무는 분할(split)과 가지치기(pruning)를 통해 생성된다.

**핵심 키워드 검색**
의사결정나무 가지치기

**정답** 11 ④  12 ②  13 ②  14 ③  15 ②

## 16

다음 중 의사결정나무(Decision Tree)의 불순도를 측정하는 방법이 아닌 것은?

① 지니 지수
② 카이제곱 통계량
③ F-통계량
④ 엔트로피 지수

**해설** 불순도의 척도에는 카이제곱 통계량, 지니 지수, 엔트로피 지수가 있다.

**핵심 키워드 검색**

의사결정나무 불순도, 카이제곱 통계량, 지니 지수, 엔트로피 지수

## 17

다음 중 의사결정나무(Decision Tree)의 알고리즘이 아닌 것은?

① SVM(Support Vector Machine)
② CART
③ C5.0
④ CHAID

**해설** SVM은 서포트 벡터 머신(support vector machine, SVM.)은 기계 학습의 분야 중 하나로 패턴 인식, 자료 분석을 위한 지도학습 모델이며, 주로 분류와 회귀 분석을 위해 사용한다.

**핵심 키워드 검색**

의사결정나무 알고리즘, SVM

## 18

의사결정나무(Decision Tree) 기법 중 이익 비율 표준(Gain Ratio)을 사용하여 분류 규칙을 생성하는 것은?

① CART
② C5.0
③ CHAID
④ QUEST

**해설** • 의사결정나무 기법

| 기 법 | 분리 기준 |
| --- | --- |
| CART | 지니 지수, 분산의 감소량 |
| C5.0 | 이익 비율 표준(Gain Ratio) |
| CHAID | 카이제곱 통계량, F-검정 |
| QUEST | 카이제곱 통계량, F-검정 |

**핵심 키워드 검색**

의사결정나무(Decision Tree) 기법, 이익 비율 표준(Gain Ratio), 분류 규칙

## 19
다음 중 의사결정나무(Decision Tree)의 장점이 아닌 것은?

① 해석의 용이성
② 교호효과의 해석
③ 비모수적 모형
④ 안정성

**해설** 의사결정나무는 분석용 자료에만 의존하는 의사결정나무는 새로운 자료의 예측에서 불안정할 가능성이 높아 비안정성의 단점이 있다.

🔍 **핵심 키워드 검색**
의사결정나무 장점

## 20

[2021. 3회 기출문제 유사] 비모수 검정/과대적합 방지 방법

다음의 설명에 대한 용어는 무엇인가?

- 나무 구조에 의해서 모형이 표현되기 때문에 모형을 사용자가 쉽게 이해 가능하다.
- 이것은 선형성(Linearity)이나 정규성(Normality) 또는 등분산성(Equal Variance) 등의 가정을 필요로 하지 않는 비모수적인 방법이다.
- 새로운 자료의 예측에서는 불안정 하여 과대적합이 발생할 가능성이 있다.

① 의사결정나무
② SVM
③ 나이브베이즈 이론
④ 인공 신경망

**해설** 학습용 자료(Training Data)에만 의존하는 의사결정나무는 새로운 자료의 예측에서는 불안정 하여 과대적합이 발생할 가능성이 있다.

🔍 **핵심 키워드 검색**
의사결정나무 정의

**정답** 16 ③  17 ①  18 ②  19 ④  20 ①

## 21

[2021. 기출문제 유사]

**다음 중 인공 신경망에 대한 설명으로 바른 것은?**

① 인공지능 모델 학습의 목표는 평균적으로 작은 손실을 갖는 은닉층과 출력층의 집합을 찾는 것이다.
② 활성 함수(Activation Function)는 가중치의 학습을 위해 출력 함수의 결과와 반응값 간의 오차를 측정한다.
③ 인공 신경망은 입력값을 받아서 출력값을 만들기 위해 손실 함수를 사용한다.
④ 딥러닝은 오류역전파 알고리즘을 사용한다.

**해설** 손실 함수(Loss Function)는 가중치의 학습을 위해 출력 함수의 결과와 반응값 간의 오차를 측정한다.

**핵심 키워드 검색**

딥러닝은 오류역전파 알고리즘을 사용한다.
인공지능 모델 학습의 목표는 평균적으로 작은 손실을 갖는 가중치와 편향의 집합을 찾는 것.

Components (인공 신경망의 구성 요소)
- 노드/유닛(Node/Unit) : 각층(Layer)를 구성하는 요소
- 층(Layer)
  - 입력층(Input Layer) : 데이터를 받아들이는 층
  - 은닉층(Hidden Layer) : 데이터를 한 번 이상 처리한 노드로 구성된 층
  - 출력층(Output Layer) : 최종 은닉층 또는 입력층에 가중치를 곱하고, 출력 함수의 결과를 얻은 노드로 구성된 층
- 가중치(Weight) : 노드와 노드 간의 연결 강도를 나타냄.
- 활성 함수(Activation Function) : 합을 처리해 주는 함수로 은닉층 노드의 결과를 얻을 때 표현
- 출력 함수(Output Function) : 합을 처리해 주는 함수로 출력층 노드의 결과를 얻을 때 표현
- 손실 함수(Loss Function) : 가중치의 학습을 위해 출력 함수의 결과와 반응값 간의 오차를 측정

## 22

**인공 신경망의 역사에 대한 설명으로 2세대에는 이 문제가 발생하였으나 3세대에서 이러한 문제를 해결하였다. 여기에서 문제는 무엇인가?**

① 퍼셉트론
② 순방향 신경망
③ 은닉층을 통해 XOR 문제
④ 과적합 문제 및 기울기 소실

**해설** 2세대에는 과적합 문제 및 기울기 소실 문제가 발생하였으나 3세대에서 이러한 문제를 해결하였다.

**핵심 키워드 검색**

인공 신경망 2세대, 3세대 문제, 과적합, 기울기 소실

## 23
다음 중 다층 퍼셉트론에 대한 설명으로 부적절한 것은?

① 입력층, 은닉층, 출력층으로 구성하고 역전파 알고리즘을 통해 다층으로 만들어진 퍼셉트론의 학습이 가능하다.
② 다층 퍼셉트론은 입력층과 출력층 사이에 하나 이상의 은닉층을 두어 비선형적으로 분리되는 데이터에 대해 학습이 가능한 퍼셉트론이다.
③ 다층 퍼셉트론에서는 활성화 함수로 역전파 함수를 사용하였다.
④ 퍼셉트론의 XOR 선형 분리 문제점은 다층 퍼셉트론으로 해결하였다.

**해설**
- 다층 퍼셉트론의 문제점으로는 과대적합, 기울기 소실이 있다.
- 다층 퍼셉트론에서는 활성화 함수로 시그모이드 함수를 사용하였다.

**핵심 키워드 검색**
퍼셉트론, 다층 퍼셉트론, 과대적합, 기울기 소실, 시그모이드 함수

## 24
다음 중 퍼셉트론의 구조에 해당하지 않는 것은?

① 입력값
② 가중치
③ 깊이(Depth)
④ 활성 함수

**해설**
퍼셉트론의 구조는 입력값, 가중치, 입력 함수, 활성 함수, 예측값(출력값)으로 이루어져 있다.

**핵심 키워드 검색**
퍼셉트론 구조, 입력값, 가중치, 입력 함수, 활성 함수, 예측값(출력값)

## 25
[2021. 3회 기출문제 유사] 뉴런 활성화 함수 유형

다음 중 활성화 함수의 종류에 해당하지 않는 것은?

① 시그모이드 함수(Sigmoid Function)
② 부호 함수
③ 코사인 함수(Cosine Function)
④ ReLU(Rectified Linear Unit)

**해설**
활성화 함수의 종류에는 계단 함수, 부호 함수, 시그모이드 함수, tanh 함수, ReLU 함수, Leaky ReLU가 있다.

**핵심 키워드 검색**
활성화 함수, 계단 함수, 부호 함수, 시그모이드 함수, tanh 함수, ReLU 함수, Leaky ReLU

**정답** 21 ④  22 ④  23 ③  24 ③  25 ③

## 26

[2021. 3회 기출문제 유사] 뉴런 활성화 함수 유형

다음 중 아래에서 설명하는 활성화 함수는 무엇인가?

- x 값이 0보다 큰 경우 y값도 지속적으로 증가함.
- 시그모이드의 기울기 소실 문제를 해결함.
- x < 0인 경우 기울기가 0인 함수.

① tanh 함수
② ReLU 함수
③ 계단 함수
④ Leaky ReLU

**해설** ReLU 함수는 시그모이드의 기울기 소실 문제를 해결하였으나, x < 0인 경우 기울기가 0이기 때문에 뉴런이 죽을 수 있는 단점이 존재한다. Leaky ReLU 함수를 통해 뉴런이 죽는 현상을 해결하였다.

**핵심 키워드 검색**
ReLU 함수, 활성화 함수, 시그모이드 함수

## 27

[2021. 3회 기출문제 유사] 활성화 함수 / 소프트맥스 함수 / 시그모이드 함수

활성화 함수 중 입력 받은 값을 출력으로 0~1사이의 값으로 모두 정규화하며 출력 값들의 총합은 항상 1이 되는 특성을 가진 함수는?

① 시그모이드 함수(Sigmoid Function)
② ReLU(Rectified Linear Unit) 함수
③ 계단 함수(Step Function)
④ 소프트맥스(Softmax) 함수

**해설** 입력 받은 값을 출력으로 0~1사이의 값으로 모두 정규화하며 출력 값들의 총합은 항상 1이 되는 특성을 가진 함수는 소프트맥스 함수에 대한 설명이다.

**핵심 키워드 검색**
활성화 함수, 소프트맥스 함수

## 28

[2021. 3회 기출문제 유사] SVM 서포트 벡터 머신

다음 중 서포트 벡터 머신(Support Vector Machine)의 현실 세계의 문제를 해결하는데 필요한 설명으로 부적절한 것은?

① SVM은 텍스트와 하이퍼 텍스트를 분류하는데 있어서, 학습 데이터가 훨씬 많아질 수 있는 단점이 있다.
② 이미지를 분류하는 작업에서 SVM을 사용할 수 있다.
③ SVM은 분류된 화합물에서 단백질을 90%까지 구분하는 의학 분야에 유용하게 사용된다.
④ SVM을 통해서 손글씨의 특징을 인지할 수 있다.

**해설** SVM은 텍스트와 하이퍼 텍스트를 분류하는데 있어서, 학습 데이터를 상당히 줄일 수 있게 해준다.

**핵심 키워드 검색**
SVM, 하이퍼 텍스트, 학습데이터

## 29 [2021. 3회 기출문제 유사] SVM 서포트 벡터 머신

**다음 중 서포트 벡터 머신(Support Vector Machine)에 대한 설명으로 부적절한 것은?**

① 서포트 벡터 머신은 데이터가 사상된 공간에서 데이터를 분리하는 그 중 가장 큰 폭을 가진 경계를 찾는 알고리즘이다.
② 기계 학습의 분야 중 하나로 패턴 인식, 자료 분석을 위한 비지도학습 모델이며, 주로 군집화와 연관 규칙을 위해 사용한다.
③ 최대 마진(Margin)을 가지는 비확률적 선형 판별에 기초한 이진 분류기다.
④ SVM은 변수 간의 다중공선성은 고려하지 않으며 모든 속성을 활용하는 기법이다.

**해설** 기계 학습의 분야 중 하나로 패턴 인식, 자료 분석을 위한 지도학습 모델이며, 주로 분류와 회귀 분석을 위해 사용한다.

**핵심 키워드 검색**
서포트 벡터 머신(Support Vector Machine), 지도학습 모델, 분류, 회귀분석

---

## 30 [2021. 3회 기출문제 유사] SVM 서포트 벡터 머신

**다음 중 서포트 벡터 머신(Support Vector Machine)의 구성 요소가 아닌 것은?**

① 결정 경계(Decision Boundary)
② 편향(Bias)
③ 초평면(Hyperplane)
④ 마진(Margin)

**해설** 서포트 벡터 머신의 구성 요소에는 결정 경계, 초평면, 마진, 서포트 벡터, 슬랙 변수가 있다.

**핵심 키워드 검색**
서포트 벡터 머신 구성 요소, 결정 경계, 초평면, 마진, 서포트 벡터, 슬랙 변수

---

## 31

**다음 중 연관성 분석(Association Analysis)의 측정 도구가 아닌 것은?**

① 지지도(Support)
② 신뢰도(Confidence)
③ 향상도(Lift)
④ 정밀도(Precision)

**해설** 정밀도는 혼동 행렬(Confusion Matrix)에서 분류 성능을 확인하기 위한 측정 도구이다.

**핵심 키워드 검색**
연관성 분석, 정밀도, 혼동 행렬

---

**정답** 26 ② 27 ④ 28 ④ 29 ③ 30 ② 31 ④

## 32

**다음 중 연관성 분석(Association Analysis)의 특징이 아닌 것은?**

① 연관 분석은 장바구니 분석이라고도 한다.
② 유통업에서 고객들이 함께 구매할 상품을 추천해 줄 수 있다.
③ 호텔 숙박업에서 투숙 후 다음 방문 때 필요한 서비스를 먼저 제안해 줄 수 있다.
④ 금융사에서 개인의 자산으로 투자 성향을 알아볼 수 있다.

**해설** 연관성 분석은 금융사의 개인 정보를 통해 투자 성향을 분석할 수는 없다.

🔍 **핵심 키워드 검색**
연관성 분석 특징

## 33

**다음 중 계층적 군집(Hierarchical Clustering)에 대한 설명으로 부적절한 것은?**

① KNN 알고리즘과 동일한 거리 기반 모델이다.
② 큰 군집부터 순차적으로 군집을 형성하는 방법이다.
③ 거리가 가까운 관측치들은 비슷한 특징을 가질 것이라는 전체 하에 클러스터링을 수행하는 기법이다.
④ 매 단계에서 지역적 최적해(local minimum)를 찾아가는 방법을 사용하기에 결과가 전역적 최적해(global minimum)이라고 볼 수 없다.

**해설** 작은 군집부터 순차적으로 군집을 형성하는 방법이다.

🔍 **핵심 키워드 검색**
계층적 군집, KNN 알고리즘

## 34

**다음 중 군집의 개체들이 결합되는 순서를 나타내는 트리 형태의 구조를 나타내는 것은?**

① 덴드로그램　　　　　　　　② 산점도
③ 카토그램　　　　　　　　　④ 히스토그램

**해설** 덴드로그램은 군집의 개체들이 결합되는 순서를 나타내는 트리 형태의 구조이다.

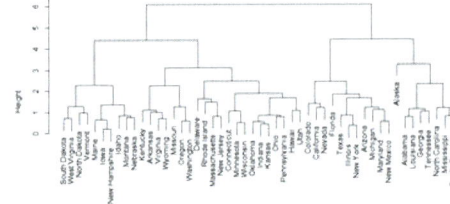

🔍 **핵심 키워드 검색**

덴드로그램, 카토그램, 히스토그램

## 35

다음 중 군집 간의 거리 측정 방법이 아닌 것은?

① 중심 연결법
② 평균 연결법
③ 최고 연결법
④ 최단 연결법

**해설** 군집 간의 거리 측정 방법에는 최단 연결법, 최장 연결법, 중심 연결법, 평균 연결법, 와드 연결법이 있다.

🔍 **핵심 키워드 검색**

군집간 거리 측정 방법, 최단 연결법, 최장 연결법, 중심 연결법, 평균 연결법, 와드 연결법

## 36

다음 중 군집 분석(Cluster Analysis) 시 연속형 변수의 거리 측정 방법이 아닌 것은?

① 맨하튼 거리
② 유클리드 거리
③ 자카드 계수
④ 마할라노비스 거리

**해설** 자카드 계수는 명목형 변수에 대한 거리 측정 방법이다.

🔍 **핵심 키워드 검색**

군집 분석, 자카드 계수, 명목형 변수

## 37

다음 중 두 점의 차에 대한 절댓값을 합한 거리 측정 방법은?

① 유클리드 거리
② 맨하튼 거리
③ 민코프스키 거리
④ 마할라노비스 거리

**해설** 맨하튼 거리는 두 점의 차에 대한 절댓값을 합한 거리이다.

🔍 **핵심 키워드 검색**

맨하튼 거리, 마할라노비스 거리, 유클리드 거리, 민코프스키 거리

**정답** 32 ④  33 ②  34 ①  35 ③  36 ③  37 ②

## 38

다음 중 순서형 자료의 거리 측정 방법으로 가장 적절한 것은?

① 순위 상관 계수(Rank Correlation Coefficient)
② 단순 일치 계수(Simple Matching Coefficient)
③ 자카드(Jaccard) 계수
④ 표준화(Standardized) 거리

**해설** 순서형 자료의 경우 순위 상관 계수(Rank Correlation Coefficient)를 이용하여 거리를 측정한다.

**핵심 키워드 검색**
순서형 자료 거리 측정 방법, 순위 상관 계수

## 39

다음 중 k-means 군집 기법에 대한 절차를 바르게 나열한 것은?

① 할당 → k개 객체 선택 → 중심 갱신 → 반복
② 반복 → k개 객체 선택 → 할당 → 중심 갱신
③ k개 객체 선택 → 할당 → 중심 갱신 → 반복
④ 반복 → 중심 갱신 → 할당 → k개 객체 선택

**해설** k-means 군집 기법의 절차는 'k개 객체 선택 → 할당 → 중심 갱신 → 반복' 순이다.

**핵심 키워드 검색**
K-means 군집 기법

## 40

다음 중 k-means 군집 기법에 대한 설명으로 부적절한 것은?

① 분석자가 설정한 K개의 군집 중심점을 랜덤하게 선정하는 알고리즘이다.
② k-means 군집 기법에서 군집의 수(k)는 하이퍼 파라미터로서 미리 정해주어야 한다.
③ 기존의 중심과 새로 계산한 군집 중심이 달라질 때까지 반복한다.
④ k-means 군집 기법은 관측치를 가장 가까운 군집 중심에 할당한 후 군집 중심을 새로 계산한다.

**해설** k-means 군집 기법에서 기존의 중심과 새로 계산한 군집 중심이 같아질 때까지 반복한다.

**핵심 키워드 검색**
K-means 군집 기법

## 41

다음 중 고차원의 데이터를 이해하기 쉬운 저차원의 뉴런으로 정렬하여 지도의 형태로 형상화한 비지도 신경망은 무엇인가?

① 자기 조직화 지도(Self-Organizing Maps)
② K-means
③ 혼합 모델(mixture model)
④ 차원 축소(dimension reduction)

**해설** 고차원의 데이터를 이해하기 쉬운 저차원의 뉴런으로 정렬하여 지도의 형태로 형상화한 비지도 신경망은 자기 조직화 지도(Self-Organizing Maps)이다.

**핵심 키워드 검색**
비지도 신경망, 자기 조직화 지도

## 42

다음 중 SOM(Self-Organizing Maps) 학습 알고리즘의 단계를 바르게 나열한 것은?

① 가중치 행렬 초기화 → 근접한 경쟁층의 노드 선택 → 유사도 계산 → 강도 재조정 → 프로토타입 벡터 탐색 → 반복
② 유사도 계산 → 가중치 행렬 초기화 → 근접한 경쟁층의 노드 선택 → 프로토타입 벡터 탐색 → 강도 재조정 → 반복
③ 근접한 경쟁층의 노드 선택 → 가중치 행렬 초기화 → 프로토타입 벡터 탐색 → 유사도 계산 → 강도 재조정 → 반복
④ 가중치 행렬 초기화 → 근접한 경쟁층의 노드 선택 → 유사도 계산 → 프로토타입 벡터 탐색 → 강도 재조정 → 반복

**해설** SOM 학습 알고리즘의 단계는 '가중치 행렬 초기화 → 근접한 경쟁층의 노드 선택 → 유사도 계산 → 프로토타입 벡터 탐색 → 강도 재조정 → 반복' 순이다.

**핵심 키워드 검색**
SOM 학습 알고리즘, 가중치

**정답** 38 ① 39 ③ 40 ③ 41 ① 42 ④

## 43

다음 중 지도학습에 대한 주요 적용 분야/사례가 아닌 것은 무엇인가?

① 부정행위(보험사기, 어뷰징, 스팸) 탐지
② 이미지 인식
③ 인구증가 예측
④ 추천 시스템

**해설**
- 추천 시스템은 비지도학습에 포함된다.
- 지도학습의 적용/ 사례
  - 부정행위(보험사기, 어뷰징, 스팸) 탐지
  - 이미지 인식(고양이 사진 판별, 얼굴 인식)
  - 문자인식(손글씨 OCR, 차량번호판)
  - 음성/동영상 인식(저작권 침해 탐지, 자동 자막)
  - 인구증가 예측(회귀), 진단, 고객 유지

**핵심 키워드 검색**
추천 시스템, 지도학습, 비지도학습

## 44

[2021. 3회 기출문제 유사] 카이제곱 검정

다음 중 카이제곱 검정에 대한 설명으로 알맞지 않은 것은?

① 카이제곱 검정은 범주형 자료의 집단간의 동질성 여부를 통계적으로 검증한다.
② 카이제곱 검정은 두 변인 간의 상관성을 통계적으로 검증할 때 사용한다.
③ 카이제곱 검정에서 연구가설의 종속 변인은 범주형 자료여야 한다.
④ 검정 공식은 관찰치와 기대치의 차이에 대한 제곱을 관찰치로 나눈 수치이다.

**해설** 카이제곱 검정 공식은 관찰치와 기대치의 차이에 대한 제곱을 기대 도수로 나눈 수치이다.

**핵심 키워드 검색**
카이제곱 검정 공식

## 45

다음 중 카이제곱 검정의 자유도를 계산하는 식으로 알맞은 것은?

① 자유도 = ($x$범주의 수) × ($y$범주의 수)
② 자유도 = ($x$범주의 수 −1) × ($y$범주의 수 −1)
③ 자유도 = ($y$범주의 수 −1) × ($x$범주의 수 −1)
④ 자유도 = ($x$범주의 수) + ($y$범주의 수)

**해설** 카이제곱 검정에서의 자유도 = 자유도 = ($x$범주의 수 −1) × ($y$범주의 수 −1)이다.

**핵심 키워드 검색**
카이제곱 검정 자유도 계산

## 46

다음 중 개체들 사이의 유사성/비유사성을 측정하여 2차원 공간상에 점으로 표현하는 분석 방법으로, 개체들 간의 근접성(proximity)을 시각화하여 데이터 속에 잠재해 있는 패턴이나 구조를 찾아내어 통계 기법은?

① SOM(Self-Organizing Maps)
② 다차원 척도법(MultiDimensional Scaling)
③ 주성분 분석(Principal Component Analysis)
④ K-평균 군집

**해설**
- 다차원 척도법의 특징
  - 개체들 사이의 유사성/비유사성을 측정하여 2차원 또는 3차원 공간상에 점으로 표현하는 분석 방법이다.
  - 개체들 간의 근접성(proximity)을 시각화하여 데이터 속에 잠재해 있는 패턴이나 구조를 찾아내는 통계 기법이다.

**핵심 키워드 검색**
다차원 척도법

## 47

[2021. 3회 기출문제 유사] PCA 주성분 분석

다음 중 주성분 분석(Principal Component Analysis)에 대한 설명으로 부적절한 것은?

① 고차원의 데이터를 저차원의 데이터로 환원시키는 기법을 말한다.
② 첫번째 주성분이 가장 작은 분산을 가지고, 이후의 주성분들은 이전의 주성분들과 직교한다.
③ 서로 상관성이 있는 고차원 공간의 표본들을 선형 연관성이 없는 저차원 공간의 표본으로 변환하기 위해 직교 변환을 사용한다.
④ 차원 축소는 고유값(Eigen value)이 높은 순으로 정렬해서, 높은 고유값을 가진 고유벡터만으로 데이터를 복원한다.

**해설** 첫째 주성분이 가장 큰 분산을 가지고, 이후의 주성분들은 이전의 주성분들과 직교한다.

**핵심 키워드 검색**
주성분 분석, 차원 축소

**정답** 43 ④  44 ④  45 ②  46 ②  47 ②

## 48

[2021. 3회 기출문제 유사] 시계열 자료 변동 유형

다음 중 시계열 분석의 정상성(Stationary) 조건에 해당하지 않는 것은?

① 시간의 추이와 관계없이 평균이 불변한다.
② 시간의 추이와 관계없이 분산이 불변한다.
③ 시간의 추이와 관계없이 공분산이 불변한다.
④ 공분산은 시차가 아니라 시점에 의존해야 한다.

**해설**
- 정상성의 조건
  - 평균이 일정하다.
  - 분산이 시점에 의존하지 않는다.
  - 공분산은 단지 시차에만 의존하고 시점 자체에는 의존하지 않는다.

**핵심 키워드 검색**
시계열 분석, 정상성

## 49

[2021. 3회 기출문제 유사] 시계열 자료 변동 유형 / ARIMA 개념

다음 중 시계열 모형이 아닌 것은?

① 자기 회귀 모형(Auto-Regressive Model)
② 이동 평균 모형(Moving Average Model)
③ 위계적 선형 모형(Hierarchical Linear Model)
④ 자기 회귀 누적 이동 평균 모형(Auto Regressive Integrated Moving Average Model)

**해설** 시계열 모형에는 자기 회귀 모형(Auto-Regressive Model), 이동 평균 모형(Moving Average Model), 자기 회귀 누적 이동 평균 모형(Auto Regressive Integrated Moving Average Model)이 있다.

**핵심 키워드 검색**
시계열 모형, 자기 회귀 모형, 이동 평균 모형, 자기 회귀 누적 이동 평균 모형

## 50

다음 중 시계열 분석의 특징으로 옳지 않은 것은?

① 항공 승객 수에 대한 추세를 분석한다면 x축에는 시간, y축에는 관측값을 나타내어 분석할 수 있다.
② 시계열 분석은 정상성(Stationary)을 만족해야 한다.
③ 연도별, 분기별, 월별 등의 자료를 분석하여 미래를 예측하기 위한 분석기법이다.
④ 시계열 데이터는 규칙적인 특징을 갖는다.

**해설** 시계열 데이터는 규칙적, 불규칙한 특징을 갖는다.

**핵심 키워드 검색**
시계열 데이터, 시계열 분석의 특징

## 51

[2021. 3회 기출문제 유사] 시계열 자료 변동 유형

시계열 모형 중 시간이 지날수록 관측치의 평균값이 지속적으로 증가하거나 감소하는 시계열 모형은 무엇인가?

① 자기 회귀 모형
② 자기 회귀 누적 이동 평균 모형
③ 시계열 분해
④ 이동 평균 모형

**해설** • 시계열 모형

| 모 형 | 설 명 |
|---|---|
| 자기 회귀 모형 | 현시점의 자료가 과거 관측 값의 선형 조합으로 이루어져 있는 모형 |
| 이동 평균 모형 | 시간이 지날수록 관측치의 평균값이 지속적으로 증가 또는 감소하는 시계열 모형 |
| 자기 회귀 누적 이동 평균 모형 | 분기/반기/연간 단위로 다음 지표를 예측하거나 주간/월간 단위로 지표를 리뷰하여 트렌드를 분석하는 기법 |
| 시계열 분해 | 시계열에 영향을 주는 일반적인 요인을 추세(trend), 계절성(seasonality), 주기(cycle) 분해하여 분석하는 방법 |

**핵심 키워드 검색**
시계열 모형

## 52

[2021. 3회 기출문제 유사] 시계열 자료 변동 유형

시계열 모형 중 시계열을 분해하여 분석하고자 하는 경우 세가지 시계열 패턴으로 적합하지 않은 것은 무엇인가?

① 추세(trend)
② 계절성(seasonality)
③ 주기(cycle)
④ 분기(quarter)

**해설** 시계열 분해는 시계열에 영향을 주는 일반적인 요인을 추세(trend), 계절성(seasonality), 주기(cycle) 분해하여 분석하는 방법이다.

**핵심 키워드 검색**
시계열 분해, 추세, 계절성, 주기

## 53

다음 중 시계열 분해의 구성 요소가 아닌 것은?

① 잔차 요인
② 계절 요인
③ 순환 요인
④ 불규칙 요인

**해설** 시계열 분해의 구성 요소에는 추세 요인, 계절 요인, 순환 요인, 불규칙 요인이 있다.

**핵심 키워드 검색**
시계열 분해 구성 요소

**정답** 48 ④  49 ③  50 ④  51 ④  52 ④  53 ①

## 54

시계열 자료에서 추세(trend)를 뽑아내기 위해서 이용하는 모형은 무엇인가?

① 자기 회귀 모형
② 자기 회귀 누적 이동 평균 모형
③ 시계열 분해
④ 중심 이동 평균 모형

**해설** 시계열 자료에서 추세(trend)를 뽑아내기 위해서 이용하는 모형은 중심 이동 평균을 이용한다.

**핵심 키워드 검색**
중심 이동 평균 모형, 추세

## 55

다음 중 자기 회귀 모형을 적합시키기 위해 무엇을 통해 정상성을 확보하는가?

① 로그 변환과 추세
② 로그 변환과 차분
③ 가중치와 추세
④ 가중치와 차분

**해설** 로그 변환과 차분을 통해 정상성을 확보한 후에 자기 회귀 모형을 적합시킨다.

**핵심 키워드 검색**
자기 회귀 모형 적합, 로그 변환과 차분, 정상성

## 56

시계열 모형 중 분기/반기/연간 단위로 다음 지표를 예측하거나 주간/월간 단위로 지표를 평가하여 트렌드를 분석하는 기법은?

① 자기 회귀 모형
② 이동 평균 모형
③ 자기 회귀 누적 이동 평균 모형
④ 시계열 분해

**해설** 자기 회귀 누적 이동 평균(ARIMA) 모형은 분기/반기/연간 단위로 다음 지표를 예측하거나 주간/월간 단위로 지표를 평가하여 트렌드를 분석하는 기법이다.

**핵심 키워드 검색**
시계열 모형, 자기 회귀 누적 이동 평균 모형

## 57

[2021. 3회 기출문제 유사] 시계열 자료 변동 유형

**다음 중 시계열의 구성 요소 중 우연적으로 발생하는 예측 불가능한 변동 요인은?**

① 추세 요인
② 순환 요인
③ 계절 요인
④ 불규칙 요인

**해설** • 시계열 구성 요소

| 구성 요소 | 내용 |
|---|---|
| 추세 요인 | 시계열 자료가 갖는 장기적인 변화 추세 |
| 계절 요인 | 계절을 주기로 발생하는 변동 요인 |
| 순환 요인 | 시간의 흐름에 따라 상하로 반복되는 변동 요인 |
| 불규칙 요인 | 우연적으로 발생하는 예측 불가능한 변동 요인 |

🔍 **핵심 키워드 검색**

시계열 구성 요소

## 58

**다음 중 조건부 확률에 대한 설명으로 바르지 못한 것은 무엇인가?**

① 독립된 두 사건이 함께 발생할 확률이다.
② 어떤 사건 A가 일어 났을때 다른 사건 B가 발생할 확률이다.
③ 사건 A가 조건으로 일어났을 때 사건 B의 조건부 확률은 $P(B|A) = \dfrac{P(A \cap B)}{P(B)}$, $P(A) = 0$이다.
④ 음성인식이나 기계번역 분야는 조건부확률에 의해 더욱 성과를 낼 수 있었다.

**해설** • 조건부 확률
　- 어떤 사건이 일어난다는 조건에서 다른 사건이 일어날 확률이다.
　- 두 개의 사건 A와 B에 대하여 사건 A가 일어난다는 선행 조건 아래에 사건 B가 일어날 확률이다.
　- 사건 A가 조건으로 일어났을 때 사건 B의 조건부 확률은 $P(B|A) = \dfrac{P(A \cap B)}{P(B)}$, $P(A) = 0$이다.

🔍 **핵심 키워드 검색**

조건부 확률

**정답** 54 ④　55 ②　56 ③　57 ④　58 ③

## 59

다음 중 아래에서 설명하는 법칙은 무엇인가?

> 동일한 확률 분포를 가진 독립 확률 변수 n개의 평균의 분포는 n이 커질수록 정규 분포에 가까워진다.

① 전 확률의 정리  ② 대수의 법칙
③ 중심 극한 정리  ④ 베이즈 정리

**해설**
- 동일한 확률 분포를 가진 독립 확률 변수 $n$개의 평균의 분포는 $n$이 커질수록 정규 분포에 가까워지는 것은 중심 극한 정리이다.
- 전 확률의 정리는 나중에 주어지는 사건 $A$의 확률을 구할 때, 그 사건의 원인을 여러 가지로 나누어서, 각 원인에 대한 조건부 확률 $P(A|B_i)$과 그 원인이 되는 확률 $P(B_i)$의 곱에 의한 가중합($\Sigma$)으로 구할 수 있다는 법칙이다.

**핵심 키워드 검색**
중심 극한 정리

## 60

다음 중 표본 분산을 표본 수로 나눈 값의 제곱근을 무엇이라 하는가?

① 표준 오차  ② 표본 오차
③ 표준 편차  ④ 오차의 한계

**해설** 표본 분산을 표본 수로 나눈 값의 제곱근을 '표준 오차'라 한다.

**핵심 키워드 검색**
표준 오차, 표준 편차

## 61

다음 중 인공 신경망 내부에서 입력 받은 데이터를 근거로 다음 계층으로 출력할 값을 결정하는 기능을 수행하며 신경망 구성할 때 각각의 레이어를 정의할 때 세부적인 함수를 선택하는 용어를 무엇이라 하는가?

① 활성화 함수  ② 은닉층
③ 비용 함수  ④ 뉴런

**해설** 인공 신경망 내부에서 입력 받은 데이터를 근거로 다음 계층으로 출력할 값을 결정하는 기능을 수행하며 신경망을 구성할 때 각각의 레이어를 정의할 때 세부적인 함수를 선택하는 함수는 '활성화 함수'이다.

**핵심 키워드 검색**
인공 신경망, 활성화 함수, 은닉층

## 62

[2021. 3회 기출문제 유사] 심층 신경망 활용

**다음 중 시각적 이미지를 분석하는 데 사용되는 심층 신경망으로 가장 알맞은 것은?**

① CNN(Convolution Neural Network)  ② DNN(Deep Neural Network)
③ RNN(Recurrent Neural Network)  ④ MLP(Multi Layer Perceptron)

**해설** CNN은 시각적 이미지를 분석하는 데 사용되는 심층 신경망으로 '합성곱 신경망'이라고도 한다.

🔍 **핵심 키워드 검색**

심층 신경망, CNN, DNN, RNN

## 63

**다음 중 RNN(Recurrent Neural Network)의 특징으로 바른 것은?**

① 기존 영상처리의 필터 기능과 신경망을 결합하여 성능을 발휘하도록 만든 구조이다.
② 필터 기능을 이용하여 입력 이미지로부터 특징을 추출한 뒤 신경망에서 분류작업을 수행한다.
③ 이 알고리즘에서는 합성곱 연산과, 서브 샘플링 연산이 반복된다.
④ 연속적 시계열 데이터 분석에 적합하다.

**해설** 나머지 세 개는 CNN에 대한 설명이고 연속적 시계열 데이터 분석에 적합한 것은 RNN에 대한 내용이다.

🔍 **핵심 키워드 검색**

RNN

## 64

**다음 중 분류해야 하는 정답지(클래스)의 총 개수를 k라고 할 때, k차원의 벡터를 입력 받아 각 클래스에 대한 확률을 추정 피처 맵을 완전 연결 계층의 입력 값으로 사용하는 함수는 무엇인가?**

① Softmax 함수  ② Relu 함수
③ Sigmoid 함수  ④ Logit 함수

**해설** 분류해야 하는 정답지(클래스)의 총 개수를 k라고 할 때, k차원의 벡터를 입력 받아 각 클래스에 대한 확률을 추정 피처맵을 완전 연결 계층의 입력 값으로 사용하는 함수는 'Softmax 함수'이다.

🔍 **핵심 키워드 검색**

Softmax 함수, Relu 함수, Sigmoid 함수

**정답** 59 ③  60 ①  61 ①  62 ①  63 ④  64 ①

## 65

다음 중 인공 신경망을 학습 하다보면 입력층에 가까운 층들에서 가중치들이 업데이트가 제대로 되지 않으면 결국 최적의 모델을 찾을 수 없게 되는 현상을 무엇이라고 하는가?

① 기울기 폭주
② 기울기 소실
③ 과소적합
④ 과대적합

**해설** 인공 신경망을 학습 하다보면 입력층에 가까운 층들에서 가중치들이 업데이트가 제대로 되지 않으면 결국 최적의 모델을 찾을 수 없게 되는 현상을 '기울기 소실'이라고 한다.

**핵심 키워드 검색**
인공 신경망, 기울기 폭주

## 66

다음 중 정형 데이터 분석기법은 무엇인가?

① 사회 연결망 분석
② 감성 분석
③ 앙상블
④ 웹 마이닝

**해설** 비정형 데이터 분석기법에는 사회 연결망 분석, 감성 분석, 오피니언 마이닝, 텍스트 마이닝, 웹 마이닝이 있다. 정형 데이터 기법에는 연관 관계 분석, 의사결정나무, 앙상블, 인공 신경망, 사례기반 추론이 있다.

**핵심 키워드 검색**
정형 데이터 분석기법, 앙상블

## 67

다음 중 텍스트 마이닝 절차를 바르게 나열한 것은?

① 텍스트 데이터 수집 → 텍스트 특징 추출 → 패턴 분석 → 정보 생성
② 텍스트 데이터 수집 → 패턴 분석 → 텍스트 특징 추출 → 정보 생성
③ 정보 생성 → 패턴 분석 → 텍스트 데이터 수집 → 텍스트 특징 추출
④ 텍스트 특징 추출 → 텍스트 데이터 수집 → 정보 생성 → 패턴 분석

**해설** 텍스트 마이닝 절차는 '텍스트 데이터 수집 → 텍스트 특징 추출 → 패턴 분석 → 정보 생성' 순이다.

**핵심 키워드 검색**
텍스트 마이닝 절차

## 68
[2021. 3회 기출문제 유사] 인공 지능 개념

다음 중 인간의 언어 현상을 컴퓨터와 같은 기계를 이용해서 묘사할 수 있도록 연구하고 이를 구현하는 인공 지능의 주요 분야 중 하나는?

① 자연어 처리(Natural Language Processing)
② 객체 검출(Object Detection)
③ 합성곱 신경망(Convolutional Neural Networks)
④ 감성 분석(Sentiment Analysis)

**해설** 자연어 처리(NLP)는 인간의 언어 현상을 컴퓨터와 같은 기계를 이용해서 묘사할 수 있도록 연구하고 이를 구현하는 인공지능의 주요 분야 중 하나다.

**핵심 키워드 검색**
자연어 처리, 인공 지능

## 69
다음 중 오피니언 마이닝의 활용 예시로 적절하지 못한 것은 무엇인가?

① 기업의 소비자 상품평을 통한 고객 만족도
② 신문기사, 잡지에 대한 여론 파악
③ 인터넷 쇼핑몰의 상품 추천
④ 편의점 신제품에 대한 SNS 선호도 분석

**해설** 오피니언 마이닝은 소비자들이 온라인에 올린 상품평, 후기, 선호도 등의 의견 분석이라 할 수 있다. 인터넷 쇼핑몰의 상품 추천은 사례 기반 추론으로 정형데이터 분석에 가깝다.

**핵심 키워드 검색**
오피니언 마이닝

## 70
다음 중 웹 마이닝(Web Mining)의 종류중 검색 엔진이나 웹 스파이더에 의해 수집된 데이터를 조사하는 방법은 무엇인가?

① 콘텐츠 마이닝
② 구조 마이닝
③ 활용 마이닝
④ 추출 마이닝

**해설** 웹 마이닝의 종류에는 콘텐츠 마이닝(검색 엔진이나 웹 스파이더에 의해 수집된 데이터를 조사), 구조 마이닝(특정 웹 사이트의 구조와 관련하여 데이터를 조사), 활용 마이닝(사용했던 형태의 데이터 및 특정 사용자 브라우저와 관련된 데이터를 조사) 등이 있다. 웹 마이닝을 통해 실시간 웹 데이터를 분석함으로써 의미있는 개인화 서비스가 가능하며 시아르엠(CRM), 에스시엠(SCM) 등에 적용이 가능한 기술이다. [자료출처 : 사이언스몰]

**핵심 키워드 검색**
웹 마이닝, 콘텐츠 마이닝

**정답** 65 ① 66 ③ 67 ① 68 ① 69 ① 70 ①

## 71

다음 중 웹사이트와 소셜미디어에서 특정 주제에 대한 여론이나 정보를 수집, 분석해 평판을 도출하는 기술은?

① 인공 신경망
② 의사결정나무
③ 오피니언 마이닝
④ 웹 마이닝

**해설** 오피니언 마이닝은 웹사이트와 소셜미디어에서 특정 주제에 대한 여론이나 정보를 수집, 분석해 평판을 도출하는 기술이다.

🔍 **핵심 키워드 검색**
오피니언 마이닝

## 72

다음 중 사회 연결망 데이터를 활용하여 사회 연결망과 사회 구조 등을 사회과학적으로 분석하는 방식은?

① 사회 연결망 분석(Social Network Analysis)
② 감성 분석(Sentiment Analysis)
③ 웹 마이닝(Web mining)
④ 의사결정나무(Decision Tree)

**해설** 사회 연결망 분석은 사회 연결망 데이터를 활용하여 사회 연결망과 사회 구조 등을 사회과학적으로 분석하는 방식이다.

🔍 **핵심 키워드 검색**
사회 연결망 분석

## 73

다음 중 그래프 이론에서 그래프 혹은 사회 연결망에서 꼭짓점(vertex) 혹은 노드(node)의 상대적 중요성을 나타내는 척도를 무엇이라 하는가?

① 중심성(Centrality)
② 일관성(Consistency)
③ 상대성(relativity)
④ 표준화(standardization)

**해설** 그래프 이론에서 중심성(中心性, centrality)이란 그래프 혹은 사회 연결망에서 꼭짓점(vertex) 혹은 노드(node)의 상대적 중요성을 나타내는 척도이다. 이 중심성은 지수로 계산되는데, 이 중심성 지수는 그 계산 방법에 따라 크게 연결 중심성(degree centrality), 근접 중심성(closeness centrality), 매개 중심성(betweenness centrality), 고유벡터 중심성(eigenvector centrality)이 주로 쓰인다. [위키백과 참조]

🔍 **핵심 키워드 검색**
그래프 이론, 사회 연결망, 중심성

## 74

[2021. 3회 기출문제 유사] 사회 연결망 분석

다음 중 사회 연결망 분석의 측정 지표 중 네트워크 내에서 서로 연결된 노드의 개수와 전체 네트워크에서 연결되어 있지 않은 노드들을 제거하고 남은 노드의 개수를 나타내는 지표를 무엇이라 하는가?

① 연결 정도(Degree)
② 밀도(Density)
③ 포괄성(Inclusiveness)
④ 매개 중심성(Betweenness Centrality)

**해설** 사회 연결망 분석에서 포괄성은 네트워크 내에서 서로 연결된 노드의 개수, 전체 네트워크에서 연결되어 있지 않은 노드들을 제거하고 남은 노드의 개수를 의미한다.

**핵심 키워드 검색**
사회 연결망 분석, 포괄성, 노드

## 75

다음 중 로지스틱 회귀, 의사결정나무, 신경망과 같은 지도학습기법 기본 모형보다 더 좋은 성능을 내고자 고안된 기법은 무엇인가?

① 분류
② 앙상블
③ SVM
④ 베이지안 기법

**해설** 앙상블의 특징에는 보다 높은 신뢰성, 정확도 상승, 원인 분석의 어려움이라는 특징이 있다.

**핵심 키워드 검색**
베이지안 기법, 앙상블

## 76

[2021. 3회 기출문제 유사] 앙상블 / 평균

다음 중 앙상블(Ensemble)의 종류에서 모델을 다양하게 만들기 위해 데이터를 재구성한 후 동일 데이터를 반복 복원 추출을 통해 다양한 데이터 셋을 만들고, 이 다양한 데이터 셋을 각각 학습시켜서 평균을 통해 결과를 도출하는 방법은 무엇인가?

① 배깅
② 부스팅
③ 랜덤 포레스트
④ 스태킹

**해설** 앙상블(Ensemble)의 종류에서 모델을 다양하게 만들기 위해 데이터를 재구성한 후 동일 데이터를 반복 복원 추출을 통해 다양한 데이터 셋을 만들고, 이 다양한 데이터 셋을 각각 학습시켜서 평균을 통해 결과를 도출하는 방법은 배깅이다.

**핵심 키워드 검색**
앙상블, 배깅

**정답** 71 ③  72 ①  73 ①  74 ③  75 ④  76 ①

## 77

[2021. 3회 기출문제 유사] 앙상블

다음 중 앙상블 기법에 해당하지 않는 것은?

① 배깅
② 부스팅
③ 랜덤 포레스트
④ 비모수 통계

**해설** Ensemble의 대표적인 종류로는 Bagging / Random Forest / Boosting / Stacking이 존재한다.

**핵심 키워드 검색**

앙상블, Bagging, Random Forest, Boosting, Stacking

## 78

[2021. 3회 기출문제 유사] 앙상블

다음 중 앙상블 기법에 대한 설명으로 옳지 않은 것은 무엇인가?

① 배깅은 데이터에서 샘플을 여러 번 추출하여 각 모델을 학습시켜 결과물을 집계하는 방법이다.
② 부트스트랩은 주어진 자료에서 동일한 크기의 표본을 랜덤 복원 추출로 뽑은 자료를 의미한다.
③ 부스팅은 맞추기 어려운 데이터에 랜덤 추출을 두어 학습을 하는 것이다.
④ 배깅은 병렬로 학습하는 반면, 부스팅은 순차적으로 학습하는 특징이 있다.

**해설** 부스팅은 맞추기 어려운 데이터에 가중치를 두어 학습을 하는 것이다.

**핵심 키워드 검색**

앙상블 기법, 배깅, 부스팅, 부트스트랩

## 79

다음 중 앙상블 기법에서 나머지는 Tree기반의 단일 모델로 패키지 함수로 제공되지만 이것은 개별 모델이 예측한 데이터를 다시 Training Set으로 사용해서 학습하는 것을 무엇이라 하는가?

① Bagging
② Random Forest
③ Boosting
④ Stacking

**해설** Stacking은 개별 모델이 예측한 데이터를 다시 Training Set으로 사용해서 학습하는 것을 말한다.

**핵심 키워드 검색**

앙상블 기법, Stacking

## 80

[2021. 3회 기출문제 유사] 교차 검증 유형 및 특징

**다음 중 K-fold 교차 검증(K-fold Cross Validation)에 대한 설명으로 바르지 못한 것은?**

① K-fold 교차 검증(K-fold Cross Validation)이란 모델의 예측 성능을 평가하는 기법이다.

② Train 데이터(훈련용 데이터)와 Test 데이터를 나누는 기법이다.

③ 하나의 데이터 셋을 K개로 분할하여 K-1개는 Train 데이터용으로 1개는 Test 데이터용으로 나누는 방법이다.

④ K개의 Train, Test 셋이 구성되며 각각을 K-1번 실행하여 해당 모델을 평가하게 된다.

**해설**
- K-fold 교차검증(K-fold Cross Validation)이란 모델의 예측성능을 평가하는 기법이다.
- Train 데이터(훈련용 데이터)와 Test 데이터를 나누는 기법이다.
- 하나의 데이터 셋을 K개로 분할하여 K-1개는 Train 데이터용으로 1개는 Test 데이터용으로 나누는 방법이다.
- K개의 Train, Test 셋이 구성되며 각각을 K번 실행하여 해당 모델을 평가하게 된다.

**핵심 키워드 검색**
k-fold 교차검증

## 81

**다음 중 CNN 알고리즘에서 필터를 이용하여 이미지의 특징을 추출하는 연산은 무엇인가?**

① 소프트맥스 함수(Softmax Function)

② 활성화 함수(Activation Function)

③ K-fold 교차 검증(K-fold Cross Validation)

④ 합성곱(Convolution) 연산

**해설** 합성곱 연산을 통하여 사용자가 입력한 이미지에서 특징을 추출한다.

**핵심 키워드 검색**
CNN, 합성곱 연산

**정답** 77 ④  78 ③  79 ④  80 ④  81 ④

## 82

**다음 중 부스팅(Boosting) 기법 절차를 바르게 나열한 것은?**

① 동일 가중치 모델 생성 → 오분류 데이터에 가중치 부여 → 과정 반복으로 모델의 정확도 향상 → 최종 모델 도출

② 오분류 데이터에 가중치 부여 → 동일 가중치 모델 생성 → 과정 반복으로 모델의 정확도 향상 → 최종 모델 도출

③ 동일 가중치 모델 생성 → 과정 반복으로 모델의 정확도 향상 → 오분류 데이터에 가중치 부여 → 최종 모델 도출

④ 과정 반복으로 모델의 정확도 향상 → 동일 가중치 모델 생성 → 오분류 데이터에 가중치 부여 → 최종 모델 도출

**해설** 부스팅 기법 절차는 '동일 가중치 모델 생성 → 오분류 데이터에 가중치 부여 → 과정 반복으로 모델의 정확도 향상 → 최종 모델 도출' 순이다.

**핵심 키워드 검색**
부스팅 기법 절차

## 83

[2021. 3회 기출문제 유사] 과적합 방지

**다음 중 랜덤 포레스트(Random Forest)에 대한 특징으로 바르지 않은 것은?**

① 임의성 : 서로 조금씩 다른 특성의 트리들로 구성
② 비상관화 : 각 트리들의 예측이 서로 연관됨
③ 견고성 : 오류가 전파되지 않아 노이즈에 강함
④ 일반화 : 임의화를 통한 과적합 문제 극복이다.

**해설**
- 랜덤 포레스트 특징 4가지 [자료출처 : IT위키]
  - 임의성 : 서로 조금씩 다른 특성의 트리들로 구성
  - 비상관화 : 각 트리들의 예측이 서로 연관되지 않음
  - 견고성 : 오류가 전파되지 않아 노이즈에 강함
  - 일반화 : 임의화를 통한 과적합 문제 극복

**핵심 키워드 검색**
랜덤 포레스트 특징

## 84

[2021. 3회 기출문제 유사] 이상치 판별

**다음 중 평균이나 분산 같은 모집단의 분포에 대한 모수성을 가정하지 않고 분석하는 통계적 방법으로 이상치에 대한 영향이 큰 통계 방법은 무엇인가?**

① 비모수 통계
② 모수 통계
③ 베이지안 기법
④ 다변량 분석

**해설**
- 모수 : 모집단을 대표하는 값(모집단의 특성을 나타내는 수치)
- 통계량 : 표본을 나타내는 수치
- 비모수 통계는 평균이나 분산 같은 모집단의 분포에 대한 모수성을 가정하지 않고 분석하는 통계적 방법이다.

🔍 **핵심 키워드 검색**

비모수 통계, 모수

## 85
[2021. 3회 기출문제 유사] 비모수 검정

다음 중 비모수 통계 검정 방법이 아닌 것은?

① 부호 검정(Sing Test)
② 윌콕슨 부호 순위 검정(Wilcoxon singed Rank Test)
③ 카이자승 검정(chi-squared test)
④ 상관 관계 분석(correlation)

**해설**
1) 모수 통계 분석 방법 : 빈 도분석, T-test ,분산 분석(ANOVA), 상관 관계 분석(correlation), 회귀 분석(regression), 판별 분석(discriminant analysis), 요인 분석(factor analysis), 군집 분석(cluster analysis) 등
2) 비모수 통계 분석 방법 : 카이자승 검정, 부호 검정, wilcoxon 검정 등

🔍 **핵심 키워드 검색**

모수 통계 분석 방법, 비모수 통계 분석 방법

## 86

다음 중 두 개의 관련 표본, 일치 된 표본 또는 단일 표본에 대한 반복 측정을 비교하여 모집단 평균 순위가 다른지 여부를 평가하는 데 사용되는 비모수 통계 가설 검정차이의 크기는 무시하고 차이의 부호만을 이용한, 중위수의 위치에 대한 검정 방법은 무엇인가?

① 런 검정(Run Test)
② 부호 검정(Sing Test)
③ 윌콕슨 부호 순위 검정(Wilcoxon singed Rank Test)
④ 카이자승 검정(chi-squared test)

**해설** Wilcoxon 부호있는 순위 검정은 두 개의 관련 표본, 일치된 표본 또는 단일 표본에 대한 반복 측정을 비교하여 모집단 평균 순위가 다른지 여부를 평가하는 데 사용되는 비모수 통계 가설 검정이다.

🔍 **핵심 키워드 검색**

윌콕슨 부호 순위 검정

**정답** 82 ① 83 ② 84 ① 85 ④ 86 ③

## 87

다음 중 일련의 연속적인 관측값들이 임의적으로 나타난 것인지를 검정하는 방법으로써 관측값들이 얻어진 순서에 근거하는 비모수적 검정법은?

① 런 검정(Run Test)
② 부호 검정(Sing Test)
③ T-test 검정
④ 카이자승 검정(chi-squared test)

**해설** 런 검정(Run Test)은 일련의 연속적인 관측값들이 임의적으로 나타난 것인지를 검정하는 방법으로써 관측값들이 얻어진 순서에 근거하는 비모수적 검정법이다.

🔍 **핵심 키워드 검색**
비모수적 검정 방법, 런 검정

## 88

[2021. 3회 기출문제 유사] 카이제곱 검정/분산 분석

다음 중 가설을 설정하는 검증하는 과정에서 집단 간 비교 검증에 포함되지 않는 것은?

① 카이제곱 검정(교차 분석)
② T-검정(차이 검증)
③ Anova(분산 분석)
④ 상관 분석

**해설**
- 집단간 비교 검증 방법
  - 카이제곱 검정(교차 분석), T-검정(차이 검증), Anova(분산 분석), Mann-Whitney U검사

🔍 **핵심 키워드 검색**
집단간 비교 검증 방법

## 89

다음 중 탐색적 분석에 사용하는 군집 모형으로 군집의 개수를 미리 정하지 않고 유사한 개체를 순차적 계층적으로 묶어 나가는 과정을 반복하여 원하는 개수의 군집을 형성하는 알고리즘으로 맞는 것은?

① k-평균 군집 모형
② 자기 조직화 지도
③ 혼합 분포 군집 모형
④ 계층적 군집 모형

**해설** 계층적 군집은 탐색적 분석에 사용하는 군집 모형으로 군집의 개수를 미리 정하지 않고 유사한 개체를 순차적 계층적으로 묶어 나가는 과정을 반복하여 원하는 개수의 군집을 형성하는 알고리즘이다.

🔍 **핵심 키워드 검색**
계층적 군집 모형

## 90

군집 간의 거리를 측정하는 방법 중 군집 내의 오차 제곱합(Error Sum of Square)을 이용하여 군집화를 수행하는 방법은 무엇인가?

① 최단 연결법  ② 평균 연결법
③ 중심 연결법  ④ 와드 연결법

**해설** 와드 연결법은 다른 연결법과는 다르게 군집 내의 오차 제곱합을 기반으로 군집을 갱신한다.

**핵심 키워드 검색**
군집간 거리 측정 방법, 와드 연결법

## 91

[2021. 3회 기출문제 유사] 연관 규칙

다음 중 연관 규칙의 결과 중 이 값이 1보다 큰 규칙은 결과를 예측하는 데 우수하다고 판단할 수 있다는 결론을 측정하기에 좋은 지표는 무엇인가?

① 향상도  ② 지지도
③ 신뢰도  ④ 민감도

**해설** 연관 규칙의 결과 중 향상도가 1보다 큰 규칙은 결과를 예측하는 데 우수하다고 판단할 수 있다는 결론을 측정하기에 좋은 지표로 측정한다.

**핵심 키워드 검색**
연관 규칙 결과, 향상도, 지지도, 신뢰도, 민감도

## 92

향상도에 대한 설명으로 가장 알맞은 것은?

① 향상도가 1보다 큰 규칙은 결과를 예측하는 데 우수하다고 판단할 수 있다.
② 상품 B에 대한 상품 A의 조건부 확률로 나타낸다.
③ 상품 A와 B의 구매가 서로 관련이 없는 경우 향상도는 0이다.
④ 전체 거래 중에서 품목 A, B가 동시에 구매될 비율이다.

**해설**
• 향상도는 품목 B를 구매한 고객 대비 품목 A를 구매한 후 품목 B를 구매하는 고객에 대한 확률을 의미한다.
• 향상도가 1보다 큰 규칙은 결과를 예측하는 데 우수하다고 판단할 수 있다.

**핵심 키워드 검색**
향상도

---

**정답** 87 ①  88 ④  89 ④  90 ④  91 ①  92 ①

## 93
[2021. 3회 기출문제 유사] 연관 규칙 측정 지표

연관 규칙의 측정 지표 중 아래에서 설명하는 지표는 무엇인가?

> 두 품목 간에 연관성이 없는 서로 독립적인 관계인지 판단할 수 있다.
> 1보다 크다면 두 상품은 양의 상관 관계를 가지는 것을 의미

① 지지도  ② 신뢰도
③ 향상도  ④ 민감도

**해설** 향상도를 통해 두 품목 간에 연관성이 없는 서로 독립적인 관계인지 판단할 수 있으며 1보다 크다면 결과 예측이 우수하며 두 상품은 양의 상관 관계를 가지는 것을 의미한다.

🔍 **핵심 키워드 검색**
연관 규칙 측정 지표, 향상도

## 94
[2021. 3회 기출문제 유사] 시계열 자료 변동 유형

다음 중 시계열의 구성 요소 중 계절 요인이 아닌 것은?

① 해마다 반복  ② 선형적 추세
③ 한 달 중 각 주에 의한 변화  ④ 사분기 자료에서 각 분기에 의한 변화

**해설** 선형적 추세는 추세 요인에 해당한다.

🔍 **핵심 키워드 검색**
시계열 구성 요소

## 95
[2021. 3회 기출문제 유사] 비모수 검정

다음 중 세 집단 이상의 분포를 비교하는 검정 방법으로 모수적 방법에서의 one-way ANOVA와 같은 목적으로 쓰이는 비모수 통계 검정 방법은?

① 부호 검정  ② 런 검정
③ 크루스칼 윌리스 검정  ④ 윌콕슨 순위 합 검정

**해설** 크루스칼 윌리스 검정은 중 세 집단 이상의 분포를 비교하는 검정 방법으로 모수적 방법에서의 one-way ANOVA와 같은 목적으로 쓰인다.

🔍 **핵심 키워드 검색**
ANOVA, 크루스칼 윌리스 검정

## 96
[2021. 3회 기출문제 유사] 비모수 검정

다음 중 비모수 통계 검정 사용의 조건이 아닌 것은 무엇인가?

① 자료의 표본(sample) 수가 적을 때
② 자료들이 서로 독립적일 때
③ 변인의 척도가 명명척도나 서열척도일 때
④ 표본의 모집단이 정규분포를 이룰 때

- 모수적 통계의 전제 조건
  - 표본의 모집단이 정규 분포를 이루어야 한다.
  - 집단 내의 분산은 같아야 한다.
  - 변인은 등간 척도나 비율 척도로 측정되어야 한다.
- 비모수 통계 검정 사용의 조건
  - 자료의 표본(sample) 수가 적을 때
  - 자료들이 서로 독립적일 때
  - 변인의 척도가 명명 척도나 서열 척도일 때

🔍 핵심 키워드 검색
모수적 통계 조건, 비모수 통계 검정 조건

## 97
다음 중 목표 변수가 범주형일 때, Pearson의 카이제곱 통계량 또는 우도비 카이제곱 통계량(likelihood ratio Chi-square statistic)을 분리 기준으로 사용하는 알고리즘은 무엇인가?

① 자기 조직화 지도
② C5.0 알고리즘
③ EM 알고리즘
④ CHAID 알고리즘

- CHAID(Chi-squared Automatic Interaction Detection : Kass(1980))는 카이제곱 검정(범주형 목표 변수) 또는 F-검정(연속형 목표 변수)을 이용하여 다지분리(multiway split)를 수행하는 알고리즘이다.
- CHAID 알고리즘은 목표 변수가 범주형일 때, Pearson의 카이제곱 통계량 또는 우도비 카이제곱 통계량(likelihood ratio Chi-square statistic)을 분리기준으로 사용한다. 여기서 목표 변수가 순서형 또는 사전그룹화된 연속형인 경우에는 우도비 카이제곱 통계량이 사용된다.
- EM 알고리즘은 관측되지 않은 잠재 변수에 의존하는 확률 모델에서 최대 가능도나 최대 사후 확률을 갖는 모수의 추정 값을 찾는 반복적인 알고리즘이다.

자료 출처 : 64 「통계분석연구」제4권 제1호(99.봄)

🔍 핵심 키워드 검색
CHAID, 피어슨 카이제곱 통계량, 우도비 카이제곱 통계량

정답  93 ③  94 ②  95 ③  96 ④  97 ④

## 98

[2021. 3회 기출문제 유사] 상관 계수

피어슨 상관 계수를 이용하여 두 변수의 관계를 분석한 결과에서, 두 변수가 서로에게 영향을 받지 않을 경우 도출되는 값은?

① 0　　　　　② 1　　　　　③ -1　　　　　④ ∞

**해설**
- 상관 계수에 따른 두 변수의 관계

| 0 | 선형 상관 관계 없음 |
|---|---|
| 1 | 양의 선형 관계 |
| -1 | 음의 선형 관계 |

**핵심 키워드 검색**

피어슨 상관 계수

## 99

[2021. 3회 기출문제 유사] 딥러닝

다음 중 딥러닝 모델 종류에서 생성적 적대 신경망은 비지도학습에 사용되는 인공지능 알고리즘으로 서로 경쟁하는 두 개의 신경 네트워크 시스템에 의해 구현되는 신경망은 무엇인가?

① CNN　　　　　　　　　　② RNN
③ GAN　　　　　　　　　　④ DQN

**해설**
- 딥러닝 모델 종류에서 생성적 적대 신경망은 비지도학습에 사용되는 인공지능 알고리즘으로 서로 경쟁하는 두 개의 신경 네트워크 시스템에 의해 구현되는 신경망은 'GAN'이다.
- RNN(순환 신경망) : 순환 신경망은 인공 신경망의 한 종류로, 유닛간의 연결이 순환적 구조를 갖는 특징을 갖고 있다. 이러한 구조는 시변적 동적 특징을 모델링할 수 있도록 신경망 내부에 상태를 저장할 수 있게 해주므로, 순방향 신경망과 달리 내부의 메모리를 이용해 시퀀스 형태의 입력을 처리할 수 있다.
- Convolutional neural network(CNN 또는 ConvNet)은 수동으로 특징을 추출할 필요 없이 데이터로부터 직접 학습하는 딥러닝을 위한 신경망 아키텍처이다. CNN은 영상에서 객체, 얼굴, 장면 인식을 위한 패턴을 찾을 때 특히 유용하다.

**핵심 키워드 검색**

딥러닝 모델, RNN, CNN, GAN

## 100

다음 중 감성 분석(Sentiment Analysis)에 대한 설명이 아닌 것은?

① 텍스트에 들어있는 의견이나 감성, 평가, 태도 등의 주관적인 정보를 컴퓨터를 통해 분석하는 과정이다.
② 군집 분석에 의해서 그룹핑된 cluster를 대상으로 해당 그룹에 대한 특성을 분석하는 방법으로 장바구니 분석이라고도 한다.
③ 제품에 대한 소비자 의견을 듣고자 할 때
④ 문장에서 단어와 문맥을 분석하여 긍정적/부정적인 단어의 발생 빈도를 파악할 수 있다.

**해설** 연관 분석은 군집 분석에 의해서 그룹핑된 cluster를 대상으로 해당 그룹에 대한 특성을 분석하는 방법으로 장바구니 분석이라고 한다.

**핵심 키워드 검색**
연관 분석, 군집 분석

## 101
다음 중 텍스트 마이닝의 기능이 아닌 것은?

① 정보 해석(Translate)
② 문서 요약(Summarization)
③ 문서 분류(Classification)
④ 문서 군집화(Clustering)

**해설** 텍스트 마이닝의 기능에는 정보 추출(Extraction), 문서 요약(Summarization), 문서 분류(Classification), 문서 군집화(Clustering)가 있다.

**핵심 키워드 검색**
텍스트 마이닝의 기능

## 102
다음 중 아래 의사결정나무에서 끝마디(Leaf node) 'C'의 지니 인덱스(Gini index)는 얼마인가?

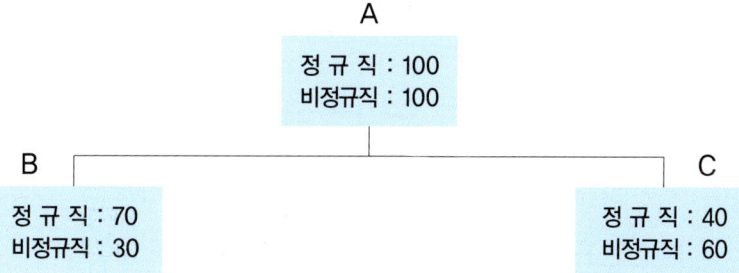

① $\dfrac{3}{5}$
② $\dfrac{13}{25}$
③ $\dfrac{12}{25}$
④ $\dfrac{2}{5}$

**해설** 끝마디에서 정규직의 확률: $\dfrac{2}{5}$, 비정규직의 확률: $\dfrac{3}{5}$ 이므로 $Gin(T) = 1 - \sum_{i=1}^{k} P_i^2 = 1 - \left\{ \left(\dfrac{2}{5}\right)^2 + \left(\dfrac{3}{5}\right)^2 \right\} = \dfrac{12}{25}$ 이다.

**핵심 키워드 검색**
의사결정나무, 끝마디, 지니인덱스

**정답** 98 ① 99 ③ 100 ② 101 ① 102 ③

## 103

[2022. 4회 기출 예상문제] 카이제곱 검정

다음 중 아래와 같은 빈도 테이블에서 카이제곱 통계량은 무엇인가?

|  | 집단 1 | 집단 2 | Total |
|---|---|---|---|
| 집단 A | 25 | 15 | 40 |
| 집단 B | 15 | 45 | 60 |
| Total | 40 | 60 | 100 |

① 14.26  ② 14.06  ③ 14.37  ④ 14.58

**해설**

|  | 집단 1 | 집단 2 | Total |
|---|---|---|---|
| 집단 A | 25(16) | 15(24) | 40 |
| 집단 B | 15(24) | 45(36) | 60 |
| Total | 40 | 60 | 100 |

- 집단 A의 기대도수는 40×40/100=16, 40×60/100=24
- 집단 B의 기대도수는 60×40/100=24, 60×60/100=36
- 카이제곱 통계량 구하기

$$\chi^2 = \sum_{i=1}^{k} \frac{(E_{ij} - O_{ij})^2}{E_{ij}} = \frac{(25-16)^2}{16} + \frac{(15-24)^2}{24} + \frac{(15-24)^2}{24} + \frac{(45-36)^2}{36} = 14.0625$$

**핵심 키워드 검색**

카이제곱 통계량

## 104

다음은 시험에 참가한 50명의 학생 중 안경을 쓴 학생 수와 안경을 쓰지 않은 학생 수를 나타낸 표이다. 전체에서 1명을 뽑았을 때 그 학생이 여성일 경우 이 학생이 안경을 쓰는 학생일 확률은 얼마인가?

| 구 분 | 남성 | 여성 |
|---|---|---|
| 안경을 쓰는 학생 | 27 | 9 |
| 안경을 쓰지 않는 학생 | 8 | 6 |

① $\frac{1}{3}$  ② $\frac{3}{5}$  ③ $\frac{2}{3}$  ④ $\frac{8}{9}$

**해설**

- 조건부 확률 구하기

$$P(안경을 쓰는 학생 | 여성) = \frac{P(안경을 쓰는 학생 \cap 여성)}{P(여성)} = \frac{n(안경을 쓰는 학생 \cap 여성)}{n(여성)} = \frac{9}{9+6} = \frac{3}{5}$$

**핵심 키워드 검색**

조건부 확률

## 105

[2021. 3회 기출문제 유사] 연관 규칙 측정 지표/신뢰도 계산

다음은 쇼핑몰의 거래 내역이다. 연관 규칙 '맥주 → 기저귀'에 대한 신뢰도(Confidence)는 얼마인가?

| 항목 | 맥 주 | 기저귀 | {맥주, 기저귀} | {기저귀, 빵} | 전체 거래 수 |
|---|---|---|---|---|---|
| 거래 수 | 10 | 20 | 50 | 40 | 100 |

① 0.30　　② 0.33　　③ 0.80　　④ 0.83

**해설** 신뢰도는 항목 A를 포함한 거래 중에서 항목 A와 항목 B가 같이 포함될 확률로 연관성 정도를 파악할 수 있는 측도로 $\frac{P(A \cap B)}{P(A)} = \frac{50/100}{60/100} = 0.83$으로 계산할 수 있다.

**핵심 키워드 검색**

연관 규칙, 신뢰도

## 106

[2021. 3회 기출문제 유사] 연관규칙 측정/지지도/신뢰도 계산

다음 중 연관 규칙 분석에서 품목 A의 거래 수가 8, 품목 B의 거래 수가 4, A, B가 동시에 포함된 거래 수가 16, 전체 거래 수가 20일 때 품목 A, B의 지지도(Support)는?

① 0.2　　② 0.4　　③ 0.5　　④ 0.8

**해설** 품목 A, B의 지지도를 구하면 $\frac{품목\ A,\ B가\ 동시에\ 포함된\ 거래\ 수}{전체\ 거래\ 수} = \frac{5}{4} = 0.8$

**핵심 키워드 검색**

연관 규칙, 지지도

## 107

아래는 A쇼핑몰의 거래 내역이다. 연관 규칙 '슬리퍼 → 반바지'에 대한 지지도(Support)는 얼마인가?

| 항목 | 슬리퍼 | 반바지 | {슬리퍼, 반바지} | {반바지, 모자} | 전체 거래 수 |
|---|---|---|---|---|---|
| 판매 수량 | 10 | 20 | 40 | 20 | 100 |

① 0.2　　② 0.3　　③ 0.4　　④ 0.5

**해설** 슬리퍼, 반바지의 지지도를 구하면 $\frac{반바지,\ 슬리퍼가\ 동시에\ 포함된\ 거래\ 수}{전체\ 거래\ 수} = \frac{5}{10} = 0.4$

**핵심 키워드 검색**

연관 규칙, 지지도

**정답** 103 ②　104 ②　105 ④　106 ④　107 ③

## 108

아래 데이터 세트에서 A, B 간의 유사도를 맨하튼(Manhattan) 거리로 도출하였을 때의 값은?

| 구 분 | A | B |
|---|---|---|
| 키 | 160 | 180 |
| 몸무게 | 50 | 70 |

① 20　　　② 35　　　③ 40　　　④ 45

**해설**　맨하튼 거리로 표현한 A, B 간의 유사도는 $d(x, y) = \sum_{i=1}^{p} |x_i - y_i| = |180 - 160| + |70 - 50| = 40$이다.

> **핵심 키워드 검색**
> 맨하튼 거리, 유사도

## 109

임의로 뽑은 100명의 학생에 대한 아래 결과 중 남/여 비율이 같은지 확인하기 위해 적합도 검정을 실시할 경우 카이제곱 통계량은 얼마인가?

|  | 남 | 여 | 계 |
|---|---|---|---|
| 학생 수 | 60 | 40 | 100 |

① 1　　　② 2　　　③ 3　　　④ 4

**해설**

|  | 남 | 여 | 계 |
|---|---|---|---|
| 학생 수 | 60(50) | 40(50) | 100 |

- 남/여 학생의 기대 도수는 동등해야 하므로 각각 50이다.
- 카이제곱 통계량 구하기

$$\chi^2 = \sum_{i=1}^{k} \frac{(관측값 - 기댓값)^2}{기댓값} = \frac{(60-50)^2}{50} + \frac{(40-50)^2}{50} = \frac{100}{50} + \frac{100}{50} = 4$$

> **핵심 키워드 검색**
> 카이제곱 통계량

## 110

다음 중 음주 여부에 따른 대장암의 발생 여부에 대해 아래와 같은 결과가 나왔을 경우 음주로 인한 폐암 발생의 승산비(Odds Ratio)는 얼마인가?

|  | 대장암 발생 | 대장암 없음 |
|---|---|---|
| 음주 | 10 | 700 |
| 비음주 | 8 | 900 |

① $\dfrac{96}{56}$　　② $\dfrac{56}{96}$　　③ $\dfrac{70}{72}$　　④ $\dfrac{72}{70}$

해설 승산비(Odds Ratio) = $\frac{ad}{bc}$ 이므로 $\frac{10\times900}{8\times700} = \frac{90}{56}$ 이다.

🔍 **핵심 키워드 검색**

승산비

## 111

다음은 단순 회귀 분석의 결과이다. 결과에 대한 설명 중 부적절한 것은?

```
Call:
lm(formula = mpg ~ hp, data = mtcars)

Residuals:
    Min      1Q  Median      3Q     Max
-5.7121 -2.1122 -0.8854  1.5819  8.2360

Coefficients:
             Estimate Std. Error t value Pr(>|t|)
(Intercept) 30.09886    1.63392  18.421  < 2e-16 ***
hp          -0.06823    0.01012  -6.742 1.79e-07 ***
---
Signif. codes:  0 '***' 0.001 '**' 0.01 '*' 0.05 '.' 0.1 ' ' 1

Residual standard error: 3.863 on 30 degrees of freedom
Multiple R-squared:  0.6024,    Adjusted R-squared:  0.5892
F-statistic: 45.46 on 1 and 30 DF,  p-value: 1.788e-07
```

① 종속변수는 mpg이다.
② hp는 유의 수준 5%에서 mpg에 통계적으로 유의미한 영향을 준다.
③ hp는 mpg에 양(+)의 영향을 미친다.
④ 수정된 결정계수의 값은 0.5892이다.

해설 mpg에 대한 hp의 회귀 계수는 -0.06823으로 부(-)의 영향을 미친다.

🔍 **핵심 키워드 검색**

회귀 분석, 회귀 계수

정답 108 ③　109 ④　110 ①　111 ③

## 112

다음 중 총 변동 중에서 회귀 모형에 의하여 설명되는 변동이 차지하는 비율을 무엇이라 하는가?

① 결정계수
② P-value
③ 회귀 계수
④ 자유도

**해설** 결정계수($R^2$)는 총 변동 중에서 회귀 모형에 의하여 설명되는 변동이 차지하는 비율이다.

**핵심 키워드 검색**

결정계수

## 113

다음 중 아래 회귀 분석의 결과에 대한 설명 중 가장 부적절한 것은?

```
Call:
lm(formula = mpg ~ wt, data = mtcars)

Residuals:
    Min      1Q  Median      3Q     Max
-4.5432 -2.3647 -0.1252  1.4096  6.8727

Coefficients:
            Estimate Std. Error t value Pr(>|t|)
(Intercept)  37.2851     1.8776  19.858  < 2e-16 ***
wt           -5.3445     0.5591  -9.559 1.29e-10 ***
---
Signif. codes:  0 '***' 0.001 '**' 0.01 '*' 0.05 '.' 0.1 ' ' 1

Residual standard error: 3.046 on 30 degrees of freedom
Multiple R-squared:  0.7528,    Adjusted R-squared:  0.7446
F-statistic: 91.38 on 1 and 30 DF,  p-value: 1.294e-10
```

① 단순 선형 회귀 분석을 사용하였다.
② 독립변수는 wt이다.
③ 회귀 모형은 유의수준 5%에서 통계적으로 유의하다.
④ 수정된 결정계수 값은 0.7528이다.

**해설** 위 모형에서 수정된 결정계수 값은 0.7446이다.

**핵심 키워드 검색**

회귀 분석결과, 수정된 결정계수

## 114

다음은 Boston의 범죄율에 대한 데이터를 바탕으로 회귀 분석을 진행한 결과이다. 결과에 대한 설명으로 가장 적절한 것은?

```
Call:
lm(formula = crim ~ zn + indus, data = Boston)

Residuals:
    Min      1Q  Median      3Q     Max
-12.132  -2.594  -0.728   0.686  81.802

Coefficients:
             Estimate Std. Error t value Pr(>|t|)
(Intercept) -2.33371    0.87203  -2.676  0.00769 **
zn           0.00855    0.01776   0.481  0.63048
indus        0.52529    0.06039   8.699  < 2e-16 ***
---
Signif. codes:  0 '***' 0.001 '**' 0.01 '*' 0.05 '.' 0.1 ' ' 1

Residual standard error: 7.872 on 503 degrees of freedom
Multiple R-squared:  0.1657,    Adjusted R-squared:  0.1624
F-statistic: 49.95 on 2 and 503 DF,  p-value: < 2.2e-16
```

① 분석에서 사용된 독립변수의 수는 3개이다.

② zn는 유의 수준 1%에서 crim에 통계적으로 유의미한 영향을 준다.

③ indus는 cirm에 양(+)의 영향을 준다.

④ 위 모형은 회귀 모형의 가정을 모두 만족한다.

**해설** 분석에서 사용된 독립변수의 수는 2개이다. zn는 crim에 통계적으로 유의미한 영향을 주지 않는다. 위 결과를 통해서 회귀 모형의 가정을 만족하는지 알 수 없다.

**핵심 키워드 검색**

회귀 모형 가정

정답  112 ①  113 ④  114 ③

# 115

아래는 mpg(연비)에 대한 회귀 분석을 진행하기 위해 변수 선택을 진행한 결과 중 일부이다. 결과에 대한 설명으로 부적절한 것은?

```
> model<-lm(mpg~.,data=mtcars)
> step(model,direction="backward")
Start:  AIC=70.9
mpg ~ cyl + disp + hp + drat + wt + qsec + vs + am + gear + carb

       Df Sum of Sq    RSS    AIC
- cyl   1    0.0799 147.57 68.915
- vs    1    0.1601 147.66 68.932
- carb  1    0.4067 147.90 68.986
- gear  1    1.3531 148.85 69.190
- drat  1    1.6270 149.12 69.249
- disp  1    3.9167 151.41 69.736
- hp    1    6.8399 154.33 70.348
- qsec  1    8.8641 156.36 70.765
<none>              147.49 70.898
- am    1   10.5467 158.04 71.108
- wt    1   27.0144 174.51 74.280
```

① 총 10개의 독립변수에 대하여 변수 선택하고 있다.
② 변수 하나부터 변수 개수를 추가해가며 변수를 선택한다.
③ 후진 제거법을 통한 변수 선택을 하고 있다.
④ 한 번 제거된 변수는 다시 모형에 포함될 수 없다.

**해설** R에서 step(model, direction="backward")는 후진 제거법을 통한 변수 선택 방법이다.

**핵심 키워드 검색**

변수 선택, 후진 제거법

## 116

아래는 스위스의 47개 지역의 출산율에 대한 데이터를 바탕으로 진행한 회귀 분석결과이다. 결과에 대한 설명을 부적절한 것은?

```
> model<-lm(Fertility~.,data=swiss)
> summary(model)

Call:
lm(formula = Fertility ~ ., data = swiss)

Residuals:
     Min      1Q  Median      3Q     Max
-15.2743 -5.2617  0.5032  4.1198 15.3213

Coefficients:
                 Estimate Std. Error t value Pr(>|t|)
(Intercept)      66.91518   10.70604   6.250 1.91e-07 ***
Agriculture      -0.17211    0.07030  -2.448 0.01873 *
Examination      -0.25801    0.25388  -1.016 0.31546
Education        -0.87094    0.18303  -4.758 2.43e-05 ***
Catholic          0.10412    0.03526   2.953 0.00519 **
Infant.Mortality  1.07705    0.38172   2.822 0.00734 **
---
Signif. codes:  0 '***' 0.001 '**' 0.01 '*' 0.05 '.' 0.1 ' ' 1

Residual standard error: 7.165 on 41 degrees of freedom
Multiple R-squared:  0.7067,    Adjusted R-squared:  0.671
F-statistic: 19.76 on 5 and 41 DF,  p-value: 5.594e-10
```

① 회귀 모형에 사용된 독립변수의 수는 6개이다.
② 위 모형은 유의 수준 5%에서 통계적으로 유의하다.
③ 위 회귀 모형은 출산율 변동의 70.67%를 설명한다.
④ Education은 유의 수준 5%에서 출산율에 유의미한 영향을 준다.

**해설** 회귀 모형에 사용된 독립변수의 수는 5개이다.

**핵심 키워드 검색**

회귀 모형, 독립변수

**정답** 115 ② 116 ①

## 117

다음은 gre, gpa, rank에 따른 UCLA 대학원 입학 여부를 나타낸 회귀 분석결과이다. 분석결과에 대한 설명으로 부적절한 것은?

```
> model <- glm(admit ~ gre + gpa + rank, data = mydata, family = "binomial")
> summary(model)

call:
glm(formula = admit ~ gre + gpa + rank, family = "binomial",
    data = mydata)

Deviance Residuals:
    Min       1Q   Median       3Q      Max
-1.5802  -0.8848  -0.6382   1.1575   2.1732

Coefficients:
             Estimate Std. Error z value Pr(>|z|)
(Intercept) -3.449548   1.132846  -3.045  0.00233 **
gre          0.002294   0.001092   2.101  0.03564 *
gpa          0.777014   0.327484   2.373  0.01766 *
rank        -0.560031   0.127137  -4.405 1.06e-05 ***
---
Signif. codes:  0 '***' 0.001 '**' 0.01 '*' 0.05 '.' 0.1 ' ' 1

(Dispersion parameter for binomial family taken to be 1)

    Null deviance: 499.98  on 399  degrees of freedom
Residual deviance: 459.44  on 396  degrees of freedom
AIC: 467.44

Number of Fisher Scoring iterations: 4
```

① 로지스틱 회귀 모형의 적합 결과이다.
② 유의 수준 5%에서 gre는 입학 여부에 유의미한 영향을 주지 않는다.
③ 유의 수준 5%에서 gpa는 입학 여부에 유의미한 영향을 준다.
④ gre가 높을수록 입학할 가능성이 높아진다.

**해설** 위 모형에서 gre의 회귀 계수에 대한 p-value는 0.035로 0.05보다 작으므로 유의 수준 5%에서 통계적으로 유의하다.

**핵심 키워드 검색**
회귀 계수

## 118

[2021. 3회 기출문제 유사] 혼동 행렬

아래는 분류 모형의 결과를 혼동 행렬(Confusion Matrix)로 나타낸 표이다. 다음 중 모형의 정밀도(Precision)는?

| 예측값/ 실제값 | True | False | Total |
|---|---|---|---|
| True | 10 | 30 | 40 |
| False | 20 | 40 | 60 |
| Total | 30 | 70 | 100 |

① 0.10  ② 0.20  ③ 0.25  ④ 0.5

정밀도는 참으로 분류한 범주 중 실제 참인 비율이므로 10/40=0.25이다.

**핵심 키워드 검색**

혼동 행렬, 정밀도

## 119

아래 회귀 분석에서 추정된 모형을 통해 mpg를 추정하고자 한다. 다음 중 wt=1일 경우 모형을 통해 추정된 mpg의 값은?

```
Call:
lm(formula = mpg ~ wt, data = mtcars)

Residuals:
    Min      1Q  Median      3Q     Max
-4.5432 -2.3647 -0.1252  1.4096  6.8727

Coefficients:
            Estimate Std. Error t value Pr(>|t|)
(Intercept)  37.2851     1.8776  19.858  < 2e-16 ***
wt           -5.3445     0.5591  -9.559 1.29e-10 ***
---
Signif. codes:  0 '***' 0.001 '**' 0.01 '*' 0.05 '.' 0.1 ' ' 1

Residual standard error: 3.046 on 30 degrees of freedom
Multiple R-squared:  0.7528,    Adjusted R-squared:  0.7446
F-statistic: 91.38 on 1 and 30 DF,  p-value: 1.294e-10
```

① 10.2990
② 19.8580
③ 31.9406
④ 37.2851

 회귀 분석을 통해 추정된 모형은 mpg=37.2851−5.3445wt이다. 따라서 wt=1일 경우 mpg의 값은 37.2851−5.3445=31.9406이다.

**핵심 키워드 검색**

회귀 분석, 추정된 모형

## 120

다음 중 회귀 모형의 계수를 추정할 때 실제 데이터와 추정된 데이터의 오차의 제곱합이 최소가 되는 모형을 구하는 방법은?

① 최대 우도 추정법
② 최소 제곱법
③ 회귀 제곱법
④ 오차 제곱법

**해설** 최소 제곱법은 회귀 모형의 계수를 추정할 때 실제 데이터와 추정된 데이터의 오차의 제곱합이 최소가 되는 모형를 구하는 방법이다.

🔍 **핵심 키워드 검색**
최소 제곱법, 회귀 모형의 계수 추정

## 121

다음 중 반응 변수가 수치형 변수인 경우 적용되는 회귀 분석 모형이 아닌 것은?

① 단순 회귀 모형
② 다항 회귀 모형
③ 곡선 회귀 모형
④ 로지스틱 회귀 모형

**해설** 로지스틱 회귀 모형은 반응 변수가 범주형인 경우에 적용되는 회귀 모형으로 설명 변수가 주어질 때 반응 변수가 각 범주에 속할 사후 확률이 얼마인지를 추정하여 임계치에 따라 분류하는 모형이다.

🔍 **핵심 키워드 검색**
회귀 분석 모형

## 122

다음 중 회귀 모형 그래프의 모양이 S자 그래프로 나타나는 경우는?

① 선형 회귀 모형에서 설명 변수가 한 개인 경우 해당 회귀 계수의 부호가 0보다 작을 경우
② 선형 회귀 모형에서 설명 변수가 한 개인 경우 해당 회귀 계수의 부호가 0보다 클 경우
③ 로지스틱 회귀 모형에서 설명 변수가 한 개인 경우 해당 회귀 계수의 부호가 0보다 클 경우
④ 로지스틱 회귀 모형에서 설명 변수가 한 개인 경우 해당 회귀 계수의 부호가 0보다 작을 경우

**해설** 로지스틱 회귀 모형에서 설명 변수가 한 개인 경우 회귀 계수의 부호가 0보다 클 때는 S자 그래프가 그려진다.

🔍 **핵심 키워드 검색**
로지스틱 회귀 모형

## 123

다음 중 의사결정나무(Decision Tree)에서 가지가 더 이상 분할하지 않고 현재의 마디가 끝마디가 되도록 하는 규칙은?

① 랜덤 포레스트
② 가지치기
③ 정지 규칙
④ 배깅

**해설** 의사결정나무(Decision Tree)에서 가지가 더 이상 분할하지 않고 현재의 마디가 끝마디가 되도록 하는 규칙은 정지 규칙이다.

**핵심 키워드 검색**
의사결정나무, 정지 규칙

## 124

다음은 mpg 데이터에 대한 회귀분석을 실시한 결과이다. 아래 결과에서 F-통계량을 통해 검정하고 하는 귀무가설로 알맞은 것은?

```
Call:
lm(formula = mpg ~ wt + disp, data = mtcars)

Residuals:
    Min     1Q  Median     3Q    Max
-3.4087 -2.3243 -0.7683  1.7721  6.3484

Coefficients:
             Estimate Std. Error t value Pr(>|t|)
(Intercept) 34.96055    2.16454  16.151  4.91e-16 ***
wt          -3.35082    1.16413  -2.878  0.00743 **
disp        -0.01773    0.00919  -1.929  0.06362 .
---
Signif. codes:  0 '***' 0.001 '**' 0.01 '*' 0.05 '.' 0.1 ' ' 1

Residual standard error: 2.917 on 29 degrees of freedom
Multiple R-squared:  0.7809,    Adjusted R-squared:  0.7658
F-statistic: 51.69 on 2 and 29 DF,  p-value: 2.744e-10
```

① $H_0$ : wt의 회귀 계수는 0이 아니다.
② $H_0$ : wt의 회귀 계수는 0이다.
③ $H_0$ : wt와 disp의 회귀 계수는 0이다.
④ $H_0$ : wt와 disp의 회귀 계수는 0이 아니다.

**해설** 회귀 분석결과의 F-통계량은 분석에 사용된 독립변수들의 회귀 계수가 모두 0이라는 귀무가설에 대한 가설 검정의 검정 통계량이다.

**핵심 키워드 검색**
회귀 분석결과, F-통계량, 귀무가설, 검정 통계량

**정답** 120 ② 121 ④ 122 ③ 123 ③ 124 ③

## 125
다음 중 퍼셉트론으로 선형 분리가 불가능한 연산은 무엇인가?
① AND
② XOR
③ NOT
④ OR

**해설**
- XOR의 경우 퍼셉트론으로는 선형 분리가 불가능하다.
- 다층 퍼셉트론을 이용하여 XOR 문제를 해결할 수 있다.

🔍 **핵심 키워드 검색**
퍼셉트론, XOR

## 126
[2021. 3회 기출문제 유사] 뉴런 활성화 함수 유형
다음 중 신경망 모형에서 기울기 소실의 원인이 되는 활성화 함수는?
① 시그모이드 함수
② ReLU 함수
③ 계단 함수
④ tanh 함수

**해설**
기울기 소실의 원인이 되는 함수는 시그모이드 함수였으며, 편미분을 반복할수록 경사가 0으로 수렴하여 기울기 소실의 문제가 발생하였다.

🔍 **핵심 키워드 검색**
신경망 모형, 기울기 소실 원인, 편미분, 시그모이드 함수

## 127
다음 중 회귀 분석 시 여러 개의 변수에 대한 최적의 변수 조합을 찾아내는 변수 선택법의 종류가 아닌 것은?
① 전진 선택법(Forward Selection)
② 후진 소거법(Backward Elimination)
③ 단계적 선택법(Stepwise Selection)
④ 후진 선택법(Backward Selection)

**해설**
변수 선택법은 전진 선택법(Forward Selection), 후진 소거법(Backward Elimination), 단계적 선택법(Stepwise Selection) 이 있다.

🔍 **핵심 키워드 검색**
변수 선택법, 전진 선택법, 후진 소거법, 단계적 선택법

## 128

난이도 : 중 [2021. 출문제 유사]

**다음 중 모델 성능 평가 검증에서 홀드아웃 교차 검증에 대한 설명으로 바르지 않은 것은 무엇인가?**

① 데이터 셋을 모델 훈련에 사용할 훈련 세트와 일반화 성능을 추정할 때 사용할 테스트 세트로 나눈다.
② 예측 성능을 높이기 위해 하이퍼 파라미터를 튜닝하고 비교해야 한다.
③ 모델 선택에 같은 테스트 세트를 반복해서 재사용하면 이는 훈련 세트의 일부가 되는 셈이고 모델이 과적합되는데 원인이 된다.
④ 데이터 셋을 훈련 세트, 검증 세트로 나누는 것이 적합하다.

**해설** 데이터 셋을 훈련 세트, 검증 세트, 테스트 세트로 나누는 것이 적합하다.

**핵심 키워드 검색**

- **K-겹 교차 검증(k-fold cross-validation)**
  중복을 허락하지 않고 훈련 데이터셋을 k개의 폴드로 랜덤하게 나눈 뒤, k-1개의 폴드로 모델을 훈련하고 나머지 하나의 폴드로 성능을 평가하는 검증.
  훈련 세트가 적다면 폴드 갯수를 늘리는 것이 좋다.
  k 값이 증가하면 훈련 데이터가 더 여러 번 반복해서 사용된다.
  k 값이 증가하면 모델 성능을 평균하여 일반화 성능을 추정할 때 더 낮은 편향을 만든다.

## 129

**동호회의 경우 개인정보보호법으로 개인정보 수집시 암호화를 하여야 하는 개인정보가 아닌 것은?**

① 고유식별정보
② 이름 및 연락처
③ 비밀번호
④ 바이오정보

**해설** 개인정보보호법으로 개인정보 수집시 암호화를 하여야 하는 개인정보는 고유식별정보, 주민등록번호, 비밀번호, 바이오정보가 있다.

**핵심 키워드 검색**

개인정보보호법, 암호화

**정답** 125 ② 126 ① 127 ④ 128 ④ 129 ②

국가공인자격 빅데이터 분석기사 필기 1000

시험에 반드시 나오는 핵심 키워드 정리

# 04 PART

## 빅데이터 결과 해석

난이도

### CHAPTER 01 분석 모형 평가 및 개선

- 평가지표, 분석 모형 진단, 교차 검증, 모수 유의성 검정, ROC, 잔차, 적합도 검정, 콜모고로프 스미르노프
- L1과 L2 모멘텀, 초매개변수, 결정계수, 과대적합 방지, 매개변수 최적화, 분석 모형 융합, 최종모형 선정

### CHAPTER 02 분석기법 해석 및 활용

- 분석 모형 해석, 비즈니스 기여도 평가, 해석 지표, ROL, 시각화, KNN, 그래프, 히스토그램, 트리맵, 산점도 히트맵, 체르노프 페이스, 공간 시각화, 시공간 시각화, 관계 시각화, 비교 시각화, 인포그래픽,
- 분석 모형 전개, 모니터링, 리모델링, 분석결과 활용 시나리오 개발, 분석 모형 모니터링, 분석 모형 리모델링

# CHAPTER 01 분석모형 평가 및 개선

| 57문항

## 01
**다음 중 분석 모형 평가에 대한 설명으로 부적절한 것은?**

① 같은 모집단 내의 다른 데이터에 적용하는 경우에도 안정적인 결과를 제공해야 한다.
② 데이터를 확장하여 적용할 수 있어야 한다.
③ 많은 입력 변수를 필요로 할수록 효율성이 높다고 할 수 있다.
④ 구축된 모형의 정확성을 평가 시 실제 문제에 적용했을 때 정확하지 못한 결과를 양산한다면 해당 모형은 의미를 가질 수 없다.

**해설** 적은 입력 변수를 필요로 할수록 효율성이 높다고 할 수 있다.

🔍 **핵심 키워드 검색**
분석 모형 평가

## 02
[2021. 3회 기출문제 유사] 연속형 모델 성능 평가지표 / MAPE / MSE / MAE

**다음 중 회귀 모형의 평가지표에서 모델의 예측값과 실제값의 차이를 모두 더한다는 개념으로 절대값을 취하기 때문에 가장 직관적으로 알 수 있는 지표는 무엇인가?**

① SSE   ② SST   ③ SSR   ④ MAE

**해설**
- 회귀 모형의 기본 평가지표에는 MAE, MSE, RMSE, R Sqaure 등이 있다.
- 모델의 예측값과 실제값의 차이를 모두 더한다는 개념으로 절대값을 취하기 때문에 가장 직관적으로 알 수 있는 지표는 MAE이다.

🔍 **핵심 키워드 검색**
회귀 모형 평가지표, MAE, MSE, RMSE, R Sqaure

## 03
**다음 중 수정된 결정계수에 관한 설명으로 가장 바르지 못한 것은 무엇인가?**

① 모형에 적절하지 않은 독립변수를 추가하는 것에 페널티를 부과한 결정계수이다.
② 수정된 결정계수는 모형에 유용한 변수들을 추가할수록 수정된 결정계수 값은 증가한다.
③ 독립변수의 수가 다른 회귀 모형을 비교하기 위해 사용한다
④ 수정된 결정계수는 결정계수보다 항상 크다.

**해설** 수정된 결정계수는 결정계수보다 항상 작거나 같다.

> 🔍 **핵심 키워드 검색**
> 결정계수, 수정된 결정계수

## 04
[2021. 3회 기출문제 유사] 연속형 모델 성능 평가지표 / MAPE / MSE / MAE

**다음 중 분류 모형의 평가지표에 대한 설명으로 바르지 못한 것은 무엇인가?**

① 혼동 행렬(Confusion Matrix)을 이용한 평가지표와 ROC 곡선의 AUC를 많이 사용하여 분류 모형의 결과를 평가한다.
② 카파(Kappa) 통계량은 −1부터 +1까지의 값을 가지며 0의 값을 가지면 관측된 클래스와 예측된 클래스 사이의 합의점이 전혀 없음을 말한다.
③ ROC란 실제값과 모델이 예측한 예측값을 한 눈에 알아볼 수 있게 배열한 행렬이다.
④ 회귀 모형이 실제값을 얼마나 잘 나타내는지에 대한 비율을 결정계수를 통해서 설명 할 수 있다.

**해설**
- 혼동 행렬은 실제값과 모델이 예측한 예측값을 한 눈에 알아볼 수 있게 배열한 행렬이다.
- ROC 곡선(수신자 조작 특성 곡선)은 모든 분류 임계값에서 분류 모델의 성능을 보여주는 그래프이다.

> 🔍 **핵심 키워드 검색**
> 분류모형 평가지표, ROC, 혼동 행렬, AUC

## 05
[2021. 3회 기출문제 유사] 혼동 행렬

**다음 중 분류 모형의 결과로부터 도출된 혼동 행렬(Confusion Matrix)에서 사용할 수 없는 평가지표는?**

① 민감도(Sensitivity)  ② 정확도(Accuracy)
③ 지지도(Support)    ④ 정밀도(Precision)

**해설** 지지도는 연관성 규칙의 평가지표이다.

> 🔍 **핵심 키워드 검색**
> 혼동 행렬 평가지표, 민감도, 지지도, 연관성 규칙 평가지표

**정답** 01 ③  02 ④  03 ④  04 ③  05 ③

## 06

[2021. 3회 기출문제 유사] ROC 곡선

**다음 중 ROC 곡선에 대한 설명으로 바르지 못한 것은 무엇인가?**

① 가로축을 혼동 행렬의 거짓 긍정률(FP Rate)로 두고 세로축(y)을 민감도(TP Rate)로 두어 시각화한 그래프이다.
② ROC 곡선은 그래프가 오른쪽 아래에 가깝게 그려질수록 분류 성능이 우수하다.
③ 거짓 긍정률(FP Rate)과 민감도(TP Rate)는 서로 반비례(Trade-Off) 관계에 있다.
④ AUC의 값은 항상 0.5~1의 값을 가지며 1에 가까울수록 좋은 모형이다.

**해설** ROC 곡선은 그래프가 왼쪽 꼭대기에 가깝게 그려질수록 분류 성능이 우수하다.

🔍 **핵심 키워드 검색**
ROC curve : 모든 분류 임계값에서 분류 모델의 성능을 보여주는 그래프

## 07

**데이터 분석 모형의 오류 중 학습 오류(Training Error)에 대한 설명으로 바른 것은?**

① 분석 모형을 만들 때 주어진 데이터 집합의 특성을 지나치게 반영하여 발생하는 오류이다.
② 주어진 데이터 집합은 모집단 일부분임에도 불구하고 그것이 가지고 있는 주변적인 특성, 단순 잡음 등을 모두 묘사하기 때문에 발생한다.
③ 주어진 데이터 집합에 부차적인 특성과 잡음이 있다는 점을 고려하여 그것의 특성을 덜 반영하도록 분석 모형을 만들어 생기는 오류이다.
④ 일반화 오류가 발생하면 과적합(Over-fitting)되었다고 한다.

**해설** 주어진 데이터 집합에 부차적인 특성과 잡음이 있다는 점을 고려하여 그것의 특성을 덜 반영하도록 분석 모형을 만들어 생기는 오류는 학습 오류에 해당한다. 주어진 데이터 집합이 모집단 일부분임에도 불구하고 그것이 가지고 있는 주변적인 특성, 단순 잡음 등을 모두 묘사하기 때문에 발생하는 것은 일반화 오류(Generalization error)에 대한 설명이다.

🔍 **핵심 키워드 검색**
데이터 분석 모형 오류, 학습 오류, 일반화 오류, 과적합

## 08

**다음 중 데이터 시각화 절차를 바르게 나열한 것은?**

① 구조화 → 시각화 → 시각 표현
② 시각화 → 구조화 → 시각 표현
③ 시각 표현 → 구조화 → 시각화
④ 구조화 → 시각 표현 → 시각화

**해설** 데이터 시각화 절차는 '구조화 → 시각화 → 시각 표현' 순이다.

🔍 **핵심 키워드 검색**
데이터 시각화 절차

## 09

[2021. 3회 기출문제 유사] 교차 검증 유형 및 특징

**분석 모형 검증 방법 중 다중 교차 검증에 해당하지 않는 것은?**

① Random Sub-Sampling
② K-Fold Cross Validation
③ Decision Tree
④ Bootstrap

**해설** 다중 교차 검증방법에는 Random Sub-Sampling, K-Fold Cross Validation, Leave-One-Out cross Validation, Bootstrap 이 있다.

**핵심 키워드 검색**

분석 모형 검증 방법, 다중 교차 검증, Random Sub-Sampling, K-Fold Cross Validation, Leave-One-Out cross Validation, Bootstrap

## 10

**다음 중 데이터 시각화 기능 중 숨겨진 관계나 패턴을 찾는 과정은 무엇인가?**

① 설명
② 탐색
③ 표현
④ 설득

**해설** 데이터 시각화 기능
- 설명 : 분석 결과를 설명,
- 탐색 : 숨겨진 관계/패턴 찾음, 표현: 이야기 전달/표현/공감

**핵심 키워드 검색**

데이터 시각화, 표현, 설명, 탐색

## 11

[2021. 3회 기출문제 유사] 민감도 / 특이도

**분류 모형을 평가하는 기준 중 특이도(Specificity)에 대한 계산식은?**

① $\dfrac{TP+TN}{TP+TN+FP+FN}$
② $\dfrac{TN}{TN+FP}$
③ $\dfrac{FP+FN}{TP+TN+FP+FN}$
④ $\dfrac{TP}{TN+FP}$

**해설** 특이도는 실제로 '부정'인 범주 중에서 '부정'으로 올바르게 예측(TN)한 비율이며 계산식은 $\dfrac{TN}{TN+FP}$ 이다.

**핵심 키워드 검색**

분류 모형 평가 기준, 특이도 계산식

**정답** 06 ② 07 ③ 08 ① 09 ③ 10 ② 11 ②

## 12

회귀 모형의 가정 중 잔차의 독립성을 진단하는 방법으로 적절한 것은?

① 더빈-왓슨(Durbin-Watson) 검정

② 샤피로-윌크 검정(Shapiro-Wilk Test)

③ 콜모고로프-스미르노프 적합성 검정(Kolmogorov-Smirnov Goodness of Fit Test)

④ Q-Q Plot

**해설**
- 잔차의 독립성을 진단하기 위해서는 더빈-왓슨(Durbin-Watson) 검정을 실시한다.
- 더빈-왓슨(Durbin-Watson) 검정의 귀무가설은 "자기 상관 관계가 없다"이다.

**핵심 키워드 검색**

회귀 모형, 잔차, 독립성 진단, 더빈 왓슨 검정, 샤피로 윌크 검정, 콜모고로프-스미르노프 적합성 검정

## 13

회귀 모형의 평가지표 중 전체 제곱합계를 무엇이라 하는가?

① SSE
② SST
③ MAE
④ SSR

**해설**  SST는 전체 제곱합(Total Sum of Squares)을 의미한다.

**핵심 키워드 검색**

회귀 모형 평가지표, 전체 제곱합, SST

## 14

[2021. 3회 기출문제 유사] 혼동 행렬

다음 중 혼동 행렬(Confusion Matrix)에서 재현율(Recall)은 얼마인가?

| 예측값/ 실제값 | True | False | Total |
| --- | --- | --- | --- |
| True | 30 | 70 | 100 |
| False | 60 | 40 | 100 |
| Total | 90 | 110 | 200 |

① 3/10   ② 7/10   ③ 2/3   ④ 1/3

**해설**  재현율은 $\frac{TP}{TP+FN} = \frac{30}{30+70} = \frac{3}{10}$ 으로 계산한다.

**핵심 키워드 검색**

혼동 행렬, 재현율

## 15
분류 모형의 평가지표 중 정밀도(Precision)에 대한 계산식은?

① $\dfrac{TP+TN}{TP+TN+FP+FN}$ ② $\dfrac{TN}{TN+FP}$ ③ $\dfrac{FP+FN}{TP+TN+FP+FN}$ ④ $\dfrac{TP}{TP+FP}$

**해설** 정밀도는 '참'으로 예측한 범주 중에서 '참'으로 올바르게 예측(TN)한 비율이며 계산식은 $\dfrac{TP}{TP+FP}$ 이다.

**핵심 키워드 검색**
분류 모형의 평가지표, 정밀도

## 16
다음 중 분석 모형의 평가 기준에 해당하지 않는 것은?

① 일반화의 가능성  ② 효율성
③ 데이터의 품질  ④ 예측과 분류의 정확성

**해설** 분석 모형의 평가 기준에는 일반화의 가능성, 효율성, 예측과 분류의 정확성이 있다.

**핵심 키워드 검색**
분석 모형 평가 기준

## 17
[2021. 3회 기출문제 유사] MAPE 개념

회귀 모형의 평가지표 평균 백분율 오차를 의미하는 것은?

① RMSE  ② MAE
③ MAPE  ④ MPE

**해설** MPE는 평균 백분율(Mean Percentage Error)이며 예측값들이 평균적으로 미달하는지 초과하는지에 대한 백분율을 의미한다.

**핵심 키워드 검색**
회귀 모형 평가지표, 평균 백분율 오차

**정답** 12 ①  13 ②  14 ①  15 ②  16 ③  17 ④

## 18 [2021. 기출문제 유사]

아래의 혼동 행렬(Confusion Matrix)에서 거짓 긍정률(False Negative Rate)을 의미하는 것은?

| 예측값/ 실제값 | True | False |
|---|---|---|
| True | A | B |
| False | C | D |

① (A+D)/(A+B+C+D)  
② A/(A+B)  
③ B/(A+B)  
④ C/(C+D)

**해설** 거짓 긍정률은 실제로 '부정'인 범주 중에서 '긍정'으로 잘못 예측(FP)한 비율이며 계산식은 FP/(TN+FP) = C/(C+D) 이다.

**핵심 키워드 검색**
혼동 행렬, 거짓 긍정률

## 19 [2021. 기출문제 유사]

혼동 행렬(Confusion Matrix)을 사용하여 계산할 수 있는 분류 모형의 평가지표 중 재현율과 동일하며 참 긍정률이라고도 불리는 지표는?

① 특이도(Specificity)  
② 민감도(Sensitivity)  
③ F1 지표  
④ 정밀도(Precision)

**해설** 혼동 행렬(Confusion Matrix)을 사용하여 계산할 수 있는 평가지표 중 모형의 완전성(Completeness)을 설명하는 재현율과 동일한 지표는 민감도이다.

**핵심 키워드 검색**
혼동 행렬, 민감도

## 20

다음 중 혼동 행렬(Confusion Matrix)에서 F1 Score는 얼마인가?

| 예측값/ 실제값 | True | False | Total |
|---|---|---|---|
| True | 60 | 40 | 100 |
| False | 20 | 80 | 100 |
| Total | 80 | 120 | 200 |

① 3/4  
② 3/5  
③ 1/3  
④ 2/3

- F1 값은 정밀도와 재현율의 조화 평균이다.
- 정밀도=TP/(TP+FP)= 60/(60+20)=3/4
- 재현율=TP/(TP+FN)=60/(60+40)=3/5

$$F1 = 2 \times \frac{Precision \times Recall}{Precision + Recall} = 2 \times \frac{\frac{3}{4} \times \frac{3}{5}}{\frac{3}{4} \times \frac{3}{5}} = \frac{2}{3}$$

**핵심 키워드 검색**

혼동 행렬, F1 score

# 21

회귀 모형의 평가지표 중 아래에서 설명하는 지표로 가장 적절한 것은?

> 다중 회귀 분석에서 최적 모형의 판정 기준 중 하나이다.
> 수치가 작을수록 좋으며, 적합된 모형의 추측 능력을 수량화하여 최적의 모형을 선택하는 방법

① Mallow's $C_p$  ② 결정계수
③ 수정된 결정계수  ④ RMSE

멜로우즈 Cp(Mallow's $C_p$)는 수치가 작을수록 좋으며, 적합된 모형의 추측 능력을 수량화하여 최적의 모형을 선택하는 방법이다.

**핵심 키워드 검색**

회귀모형 평가지표, Mallow's $C_p$

# 22

다음 중 K-Fold Cross Validation 절차를 바르게 나열한 것은?

① 훈련 데이터 분할 → 개별 모델 학습 → 학습/평가 데이터 구성 → 모델 성능 확인
② 학습/평가 데이터 구성 → 모델 성능 확인 훈련 → 데이터 분할 → 개별 모델 학습
③ 훈련 데이터 분할 → 학습/평가 데이터 구성 → 개별 모델 학습 → 모델 성능 확인
④ 개별 모델 학습 → 훈련 데이터 분할 → 학습/평가 데이터 구성 → 모델 성능 확인

K-Fold Cross Validation 절차는 '훈련 데이터 분할 → 학습/평가 데이터 구성 → 개별 모델 학습 → 모델 성능 확인' 순이다.

**핵심 키워드 검색**

K-Fold Cross Validation 절차

**정답** 18 ④  19 ②  20 ④  21 ①  22 ③

## 23

다음 중 주어진 자료에서 단순 랜덤 복원 추출 방법을 활용하여 표본에서 표본 데이터를 반복적으로 추출하는 방법은?

① 랜덤 서브샘플링
② K-Fold Cross Validation
③ 부트스트랩
④ Leave-One-Out Cross Validation (LOOCV)

**해설** 부트스트랩은 주어진 자료에서 단순 랜덤 복원 추출 방법을 활용하여 표본에서 표본 데이터를 반복적으로 추출하는 방법이다.

**핵심 키워드 검색**
부트스트랩, 단순 랜덤 복원 추출 방법

## 24

다음 중 홀드 아웃 교차 검증에 대한 설명으로 바르지 못한 것은 무엇인가?

① hold-out은 데이터셋을 훈련 셋과 테스트셋으로 분리한다.
② 훈련셋과 테스트셋으로만 나눠서 모델의 성능을 평가하다 보면, 테스트셋이 모델의 파라미터 설정에 큰 영향을 미쳐 오버피팅될 가능성이 있다.
③ 훈련셋을 이용해서 모델을 훈련시키고, 검증셋으로 모델의 최적 파라미터들을 찾아가고, 그 다음에 테스트셋을 이용해서 모델의 성능을 평가하는 것을 권장한다.
④ 일반적으로 학습 데이터 50%, 평가 데이터 50%로 구분하는 것이 높은 성능을 보인다.

**해설** 일반적으로 학습 데이터 70%, 평가 데이터 30%로 구분한다.

**핵심 키워드 검색**
홀드 아웃 교차 검증

## 25

다음 중 아래 빈칸에 들어갈 말로 적절한 것은?

(A)은(는) 분석의 대상, 즉 관심의 대상이 되는 전체 그룹이라 하며, (B)은(는) (A)을(를) 설명하는 어떤 값이다.

① (A) : 모집단, (B) : 모수
② (A) : 표본, (B) : 모수
③ (A) : 파라미터, (B) : 하이퍼파라미터
④ (A) : 모집단, (B) : 지수

**해설** 모집단(Population)은 분석의 대상, 즉 관심의 대상이 되는 전체 그룹이며, 모수(Parameter)는 모집단을 설명하는 어떤 값이다.

**핵심 키워드 검색**
모집단, 모수

## 26

다음 중 통계적 추측의 하나로서, 모집단 실제의 값이 얼마가 된다는 주장과 관련해, 표본의 정보를 사용해서 가설의 합당성 여부를 판정하는 과정은?

① 머신 러닝  ② 가설 검정
③ 기술 통계  ④ 시각화

**해설** 가설 검정은 통계적 추측의 하나로서, 모집단 실제의 값이 얼마가 된다는 주장과 관련해, 표본의 정보를 사용해서 가설의 합당성 여부를 판정하는 과정이다.

**핵심 키워드 검색**
가설 검정

## 27

[2021. 3회 기출문제 유사] 선형 회귀 분석의 가정/유의성 검정

다음 중 모집단의 평균에 대한 유의성 검정에 사용되는 방법으로 짝지어진 것은?

① F-검정, 카이제곱 검정  ② Z-검정, T-검정
③ T-검정, F-검정  ④ T-검정, 카이제곱 검정

**해설** 모집단의 평균에 대한 유의성 검정에 사용되는 방법은 Z-검정, T-검정이 있다.

**핵심 키워드 검색**
모집단 평균, Z 검정, T 검정

## 28

다음 중 T-분포의 특징에 대한 설명으로 바르지 못한 것은 무엇인가?

① T-분포는 정규 분포의 평균을 측정할 때 많이 사용하는 분포이다.
② 모집단이 정규 분포라는 정도만 알고, 모분산을 모를 때 표본분산으로 대체하여 모평균을 구할 때 사용한다.
③ 1을 중심으로 좌우 대칭이나, 표준 정규 분포보다 평평하고 기다란 꼬리를 갖는다.
④ 자유도가 증가할수록 표준 정규 분포에 가까워진다.

**해설** 0을 중심으로 좌우 대칭이나, 표준 정규 분포보다 평평하고 기다란 꼬리를 갖는다.

**핵심 키워드 검색**
T분포 특징

**정답** 23 ③  24 ④  25 ①  26 ②  27 ②  28 ③

## 29

[2021. 3회 기출문제 유사] 확률 변수 함수의 기댓값

다음 중 동일한 확률 분포를 가진 독립 확률 변수 n개의 분포는 n이 적당히 크다면 정규 분포에 가까워진다는 이론은 무엇인가?

① 중심 극한 정리
② 대수의 법칙
③ 차원의 저주
④ 과적합

**해설** 중심 극한 정리는 동일한 확률 분포를 가진 독립 확률 변수 n개의 분포는 n이 적당히 크다면 정규 분포에 가까워진다는 정리이다.

**핵심 키워드 검색**
중심 극한 정리

## 30

[2021. 3회 기출문제 유사] 카이제곱 검정

다음 중 카이제곱 검정에 대한 내용으로 바른 것은 무엇인가?

① 관찰된 빈도가 기대되는 빈도와 유의미하게 다른 지를 검정하기 위해 사용되며 카이제곱 분포에 기초한 통계적 검정 방법이다.
② 단일 표본의 모집단이 정규 분포를 따르며 분산을 모르고 있는 경우에 적용한다.
③ N개의 데이터를 랜덤하게 섞어 균등하게 K개의 그룹을 나눈다.
④ 각 집단 간의 평균 차이에 의해 생긴 집단간 분산을 비교한다.

**해설** 각 집단 간의 평균 차이에 의해 생긴 집단간 분산을 비교하는 것은 분산 분석에 대한 설명이다. K-Fold CV는 N개의 데이터를 랜덤하게 섞어 균등하게 K개의 그룹을 나눈다. 단일 표본의 모집단이 정규 분포를 따르며 분산을 알고 있는 경우에 적용한다.

**핵심 키워드 검색**
카이제곱 검정, K-Fold CV

## 31

다음 중 데이터를 난수로 균등하게 K개의 부분 집합으로 나누고, 그 중 1개 그룹을 평가 데이터로, 나머지(K-1)개 집합을 학습 데이터로 선정하여 분석 모형을 평가하는 기법은?

① 홀드 아웃 교차 검증
② 랜덤 서브 샘플링
③ K-Fold Cross Validation
④ LOOCV (Leave-One-Out Cross Validation)

**해설** K-Fold Cross Validation은 데이터 집합을 무작위로 동일 크기를 갖는 K개의 부분 집합으로 나누고, 그 중 1개 집합을 평가 데이터로, 나머지(K-1)개 집합을 학습 데이터로 선정하여 분석 모형을 평가하는 기법이다.

**핵심 키워드 검색**
K-Fold Cross Validation, LOOCV

## 32

**다음 중 N개의 데이터 샘플에서 한 개의 샘플을 평가 데이터로 하고, 1개를 뺀 나머지 N-1개를 학습 데이터로 모델링하여 검증하는 방식은 무엇인가?**

① LOOCV(Leave-One-Out Cross Validation)
② K-Fold Cross Validation
③ 홀드 아웃 교차 검증
④ 랜덤 서브 샘플링

**해설** N개의 데이터 샘플에서 한 개의 샘플을 Test Set으로 하고, 1개를 뺀 나머지 N-1개를 Training Set으로 모델링하여 검증하는 방식은 LOOCV(Leave-One-Out Cross Validation)이다.

**핵심 키워드 검색**

LOOCV(Leave-One-Out Cross Validation)

## 33

**다음 중 카이제곱 분포에 대한 설명으로 바르지 못한 것은 무엇인가?**

① 정규분포를 따르는 모집단에서 크기가 n인 표본을 무작위로 반복 추출한다.
② 자유도가 커질수록 정규 분포에 가까워진다.
③ 자유도가 작아질수록 왼쪽으로 치우치는 비대칭적 모양이다.
④ 자료가 빈도로 주어졌을 때, 특히 거리척도 자료 분석에 이용된다.

**해설**
• 카이제곱 분포는 모분산에 대한 추정과 검정에 사용되며 모집단의 평균을 추정하려고 정규분포 대신에 사용되는 확률분포는 T-분포이다.
• 카이제곱 분포는 자유도가 작아질수록 왼쪽으로 치우치는 비대칭적 모양이다.

**핵심 키워드 검색**

카이제곱 분포

**정답** 29 ① 30 ① 31 ③ 32 ① 33 ④

## 34

우리나라에서 알려진 대중교통 이용률이 30%일 경우, 40명의 표본을 통해서 우리나라의 대중교통 이용률이 30%인지 검증하는 예제이다. 아래 결과에 대한 설명으로 바르지 못한 것은 무엇인가?

```
> chisq.test(c(27,13), p=c(0.7,0.3))

        Chi-squared test for given probabilities

data:  c(27, 13)
X-squared = 0.11905, df = 1, p-value = 0.7301
```

① 적합도 검정에 대한 결과이다.
② 카이제곱 분포를 이용하여 검정한다.
③ 귀무가설은 "우리나라의 대중교통 이용률은 30%이다"이다.
④ 유의 수준 5%에서 귀무가설을 기각한다.

**해설**  적합도 검정 결과 p-value가 0.7301로 0.05보다 크므로 유의 수준 5%에서 기각할 수 없다.

**핵심 키워드 검색**
카이제곱 검정

## 35

다음 중 정규성을 진단하는 방법으로 바르지 못한 것은 무엇인가?

① 샤피로–윌크 검정(Shapiro–Wilk Test)
② 카이제곱 검정
③ 콜모고로프–스미르노프 적합성 검정(Kolmogorov–Smirnov Goodness of Fit Test)
④ Q–Q Plot

**해설**  카이제곱 검정은 가정된 확률을 검정하기 위한 방법이다.

**핵심 키워드 검색**
정규성 진단 방법

## 36

[2021. 3회 기출문제 유사] 카이제곱 검정

다음 중 카이제곱 검정 방법에 포함되지 않는 것은 무엇인가?

① 두 변수는 서로 연관성이 있는지 독립성 검정
② 실제 표본이 내가 생각하는 분포와 같은지 적합성 검정
③ 표본 집단의 데이터의 일관성 검정
④ 두 집단 분포의 동일성 검정

**해설**
- 카이제곱 검정 방법
  - 독립성 검정 : 두 변수는 서로 연관성 유무
  - 적합성 검정 : 실제 표본이 내가 생각하는 분포와 같다/다르다 여부
  - 동일성 검정 : 두 집단의 분포가 동일한지 여부

**핵심 키워드 검색**
카이제곱 검정 방법

## 37
다음 그래프를 이용하여 정규성 가정을 시각적으로 검정하는 방법은 무엇인가?

① 샤피로-윌크 검정(Shapiro-Wilk Test)
② 카이제곱 검정
③ 콜모고로프-스미르노프 적합성 검정(Kolmogorov-Smirnov Goodness of Fit Test)
④ Q-Q Plot

**해설** Q-Q plot 그래프를 이용하여 정규성 가정을 시각적으로 검정하는 방법이다.

**핵심 키워드 검색**
Q-Q plot

## 38
[2021. 3회 기출문제 유사] 과적합 방지

다음 중 과적합 문제를 피하기 위한 방법으로 적절하지 않은 것은?

① 모델의 복잡도 감소  ② 데이터 증강
③ 가중치 허용  ④ 드롭아웃(Dropout)

**해설** 과적합을 피하기 위한 방법에는 데이터 증강, 모델의 복잡도 감소, 가중치 규제 적용, 드롭아웃이 있다.

**핵심 키워드 검색**
과적합 문제

**정답** 34 ④  35 ②  36 ③  37 ④  38 ③

## 39

다음 중 학습 과정에서 신경망 일부를 사용하지 않는 방법으로 학습 시에 인공 신경망이 특정 뉴런 또는 특정 조합에 너무 의존적으로 되는 것을 방지하는 방법은 무엇인가?

① 모델의 복잡도 감소
② 데이터 증강
③ 가중치 규제 적용
④ 드롭아웃(Dropout)

**해설** 학습 과정에서 신경망 일부를 사용하지 않는 방법으로 학습 시에 인공 신경망이 특정 뉴런 또는 특정 조합에 너무 의존적으로 되는 것을 방지하는 방법은 '드롭아웃(Dropout)'이다.

**핵심 키워드 검색**

드롭아웃

## 40

[2021. 3회 기출문제 유사] SVM 서포트 벡터 머신

다음 중 머신러닝 모델의 출력값과 사용자가 원하는 실젯값의 차이인 오차를 나타내는 용어는?

① 손실 함수(Loss Function)
② 가중치(Weight)
③ 편향(Bias)
④ 하이퍼 파라미터(Hyper Parameter)

**해설** 손실 함수는 머신러닝 모델의 출력값과 사용자가 원하는 실젯값의 차이인 오차를 말한다.

**핵심 키워드 검색**

- 가중치
  평균치를 산출할 때 각 개별체에 부여되는 중요도
- 손실 함수
  딥러닝은 컴퓨터가 가중치를 찾아가는 과정으로 목적 함수라고도 하며 신경망이 학습할 수 있도록 해주는 지표
- 하이퍼 파라미터
  데이터 분석을 통해 얻어지는 값이 아닌 모델링할 때 사용자가 직접 세팅해주는 값
  예) KNN에서 K의 개수, SVM에서 c(코스트) 값, 신경망에서 학습률
- 파라미터
  인공신경망의 가중치, 서포트 벡터머신(SVM)의 서포트 벡터, 선형 또는 로지스틱 회귀에서 결정계수

## 41

다음 중 손실 함수의 기울기를 구하여, 손실 함수가 작은 지점으로 도달하도록 하는 알고리즘은 무엇인가?

① 확률적 경사 하강법(Stochastic Gradient Descent)
② 배치 경사 하강법(Batch Gradient Descent)
③ 학습률 스케줄(Learning rate schedule)
④ 미니 배치 경사 하강법(mini Batch Gradient Descent)

**해설** 손실 함수의 기울기를 구하여, 손실 함수가 작은 지점으로 도달하도록 하는 알고리즘은 확률적 경사 하강법(Stochastic Gradient Descent)

🔍 **핵심 키워드 검색**

손실함수 기울기, 확률적 경사 하강법

## 42
[2021. 3회 기출문제 유사] 신경망 모형

**다음 중 신경망 모형에서 사용되는 모멘텀(Momentum)에 대한 설명으로 바르지 못한 것은 무엇인가?**

① 모멘텀은 '운동량'을 뜻한다.
② 확률적 경사 하강법(SGD)에 학습 속도라는 개념을 적용한다.
③ 기울기가 줄어들더라도 누적된 기울기 값으로 인해 빠르게 최적점으로 수렴하게 된다.
④ 확률적 경사 하강법과 비교하였을 때 '지그재그'의 정도가 덜하다.

**해설** 경사 하강법의 단점을 개선해 주는 기법으로는 모멘텀, AdaGrad, Adam이 있다. 기울기가 줄어들더라도 누적된 기울기 값으로 인해 느리게 최적점으로 수렴하게 된다.

🔍 **핵심 키워드 검색**

신경망 모형, 모멘텀, AdaGrad, Adam

## 43
[2021. 3회 기출문제 유사] 경사 하강법

**다음 중 신경망 알고리즘의 학습 과정에서 사용되는 AdaGrad(Adaptive Gradient Algorithm)에 대한 설명으로 바르지 않은 것은?**

① 손실 함수의 기울기가 큰 첫 부분에서는 크게 학습하다가, 최적점에 가까워질수록 학습률을 줄여 조금씩 적게 학습하는 방식이다.
② 학습을 진행하면서 학습률을 점차 줄여나가는 학습률 감소 기법을 적용한 최적화 알고리즘이다.
③ 매개변수 전체의 학습률 값을 일괄적으로 낮추는 것이 아니라 각각의 매개변수에 맞는 학습률 값을 만들어주는 방식이다.
④ 확률적 경사 하강법(SGD)과 다르게 지역 극소점에 갇혀 전역 극소점을 찾지 못하는 문제가 발생하지 않는다.

**해설** AdaGrad를 사용하더라도 지역 극소점에 갇혀 전역 극소점을 찾지 못하는 문제는 발생할 수 있다.

🔍 **핵심 키워드 검색**

AdaGrad

**정답** 39 ④  40 ①  41 ④  42 ③  43 ④

## 44

다음 중 다수의 모형을 사용하는 앙상블 기법에 해당하지 않는 것은?

① 다수결(Voting)
② 배깅(Bagging)
③ 드롭아웃(Dropout)
④ 랜덤 포레스트(Random Forest)

**해설** 드롭아웃은 신경망의 과적합 문제를 피하기 위한 방법이다.

🔍 **핵심 키워드 검색**
앙상블 기법

## 45

다음 중 앙상블 기법에 대한 설명으로 바르지 못한 것은 무엇인가?

① 배깅(Bagging)은 학습 데이터의 중복을 허용하며 학습 데이터 세트를 나누는 기법으로 복원 추출 방법이다.
② 다수결(Voting)은 여러 모형에서 출력된 결과를 종합하여 다수결로 나온 모형을 최종 모형으로 설정하는 방법이다.
③ 다수결(Voting)은 직접 투표(Hard Voting)와 간접 투표(Soft Voting)으로 구분된다.
④ 랜덤 포레스트(Random Forests)는 회귀 모형을 개별 모형으로 사용하는 모형 결합 방법이다.

**해설** 랜덤 포레스트(Random Forests)는 의사결정나무를 개별 모형으로 사용하는 모형 결합 방법이다.

🔍 **핵심 키워드 검색**
앙상블 기법, 랜덤 포레스트

## 46

다음 중 최종 분석 모형 선정의 절차를 바르게 나열한 것은?

① 최종 모형 평가 기준 선정 → 최종 모형 분석 결과 검토 → 알고리즘별 결과 비교
② 최종 모형 평가 기준 선정 → 알고리즘별 결과 비교 → 최종 모형 분석 결과 검토
③ 알고리즘별 결과 비교 → 최종 모형 분석 결과 검토 → 최종 모형 평가 기준 선정
④ 최종 모형 분석 결과 검토 → 최종 모형 평가 기준 선정 → 알고리즘별 결과 비교

**해설** 최종 분석 모형 선정 절차는 최종 모형 평가 기준 선정 → 최종 모형 분석 결과 검토 → 알고리즘별 결과 비교 순이다.

🔍 **핵심 키워드 검색**
최종 분석 모형 선정 절차

## 47

앙상블 기법 중 약한 모형을 순차적으로 적용해 나가는 과정에서 잘 분류된 샘플의 가중치는 낮추고 잘못 분류된 샘플의 가중치는 상대적으로 높여주면서 샘플 분포를 변화시키는 기법은?

① 다수결(Voting)
② 에이다 부스트(AdaBoost)
③ 배깅(Bagging)
④ 랜덤 포레스트(Random Forests)

**해설** 에이다 부스트는 약한 모형을 순차적으로 적용해 나가는 과정에서 잘 분류된 샘플의 가중치는 낮추고 잘못 분류된 샘플의 가중치는 상대적으로 높여주면서 샘플 분포를 변화시키는 기법이다.

**핵심 키워드 검색**

에이다 부스트

## 48

다음 중 모델 학습에 사용되는 AdaGrad(Adaptive Gardient Algorithm)기법의 특징이 아닌 것은?

① AdaGrad기법의 최적점 탐색 경로를 보면, 최적점을 향해 매우 효율적으로 움직인다.
② 처음에는 작은 폭으로 움직이지만, 그 작은 움직임에 비례하여 갱신 정도도 작은 폭으로 커진다.
③ 갱신 강도가 빠르게 약해지고, 지그재그 움직임이 눈에 띄게 줄어들어 빠르게 최적점으로 수렴한다.
④ 각각의 매개 변수에 맞는 학습률 값을 만들어주는 방식이다.

**해설** 처음에는 큰 폭으로 움직이지만, 그 큰 움직임에 비례하여 갱신 정도도 큰 폭으로 작아진다.

**핵심 키워드 검색**

모델 학습, AdaGrad

## 49

다음 중 모델 생성에서 모델이 학습을 통해 얻어지는 값이 아니라 사용자가 직접 설정해주는 값은?

① 파라미터(Parameter)
② 하이퍼 파라미터(Hyper Parameter)
③ 노이즈(Noize)
④ 은닉층(Hidden Layer)

**해설** 하이퍼 파라미터는 모델 생성에서 모델이 학습을 통해 얻어지는 값이 아니라 사용자가 직접 설정해주는 값이다.

**핵심 키워드 검색**

모델 생성, 하이퍼 파라미터

**정답** 44 ③  45 ④  46 ①  47 ②  48 ②  49 ②

## 50
분석 모형 시각화 절차 중 정보 구조화 단계에 해당하지 않는 것은?

① 데이터 수집 및 탐색
② 데이터 분류하기
③ 데이터 재배열
④ 데이터 분석

**해설** 분석 모형 시각화에는 데이터 수집 및 탐색, 데이터 분류하기, 데이터 배열하기, 데이터 재배열이 있다.

🔍 **핵심 키워드 검색**
분석모형 시각화 절차, 정보 구조화 단계

## 51
다음 중 T-검정에서 만족하여야 하는 가정이 아닌 것은?

① 정규성
② 등분산성
③ 독립성
④ 저항성

**해설** T-검정은 표본이 정규성, 등분산성, 독립성을 만족할 경우 적용한다.

🔍 **핵심 키워드 검색**
T-검정

## 52
다음 중 회귀 분석에서 데이터의 성질 중 잔차항이 정규 분포를 이루어야 한다는 성질은 무엇인가?

① 선형성
② 독립성
③ 등분산성
④ 정상성

**해설**
- 선형성 : 독립변수에 따라 종속변수도 일정 크기로 변화하는 선형적 관계
- 독립성 : 잔차와 독립변수의 값이 서로 관련이 없다.
- 등분산성 : 독립변수의 모든 값에 대해 오차들의 분산이 일정하다.
- 비상관성 : 관측치들의 잔차들끼리 상관이 없어야 한다.
- 정상성 : 잔차항이 정규 분포를 이뤄야 한다.

🔍 **핵심 키워드 검색**
회귀 분석, 정상성, 선형성, 비상관성, 등분산성, 독립성

## 53 [2021. 3회 기출문제 유사] 앙상블 유형

다음 중 각 약한 모형을 순차적으로 적용해 나가는 과정에서 잘못 분류된 샘플의 에러를 최적화하는 앙상블(Ensemble) 기법은?

① 에이다 부스트
② 그레디언트 부스트
③ 랜덤 포레스트
④ 배깅

**해설** 그레디언트 부스트(Gradient Bost)는 각 약한 모형을 순차적으로 적용해 나가는 과정에서 잘못 분류된 샘플의 에러를 최적화하는 기법이다.

🔍 **핵심 키워드 검색**
앙상블 기법, 최적화, 그레디언트 부스트

## 54 [2021. 3회 기출문제 유사] 과대적합 방지

분석 모델이 훈련 데이터는 정답률이 높고 테스트 결과는 정답률이 낮다면 과대 적합이 발생한다. 이를 해결하기 위한 방법이 아닌 것은?

① 더 많고 다양한 훈련 데이터를 수집한다.
② 규제를 통한 복잡도를 제한한다.
③ 파라미터 개수를 줄여서 모델을 간략화한다.
④ 데이터 차원을 늘린다.

**해설** 데이터 차원을 줄여야 과대적합(Overfitting)을 방지할 수 있다.

🔍 **핵심 키워드 검색**
분석 모델, 과대적합

## 55

다음 중 분석 모형 시각화 단계 중 정보 시각화 단계에 해당하지 않은 것은?

① 시간 시각화
② 데이터 재배열
③ 공간 시각화
④ 비교 시각화

**해설** 분석 모형 시각화 단계 중 정보 시각화 단계에서는 시간 시각화, 분포 시각화, 관계 시각화, 비교 시각화, 여러 변수 비교, 공간 시각화가 있다.

🔍 **핵심 키워드 검색**
정보 시각화 단계

**정답** 50 ④  51 ④  52 ④  53 ②  54 ④  55 ②

## 56

[2021. 3회 기출문제 유사] 혼동 행렬

혼동 행렬(Confusion Matrix)을 통한 모델의 평가지표 중 실제 분류 범주를 잘못 분류한 비율은?

① 민감도  
② 특이도  
③ 정밀도  
④ 오차 비율

**해설** 오차 비율은 실제 분류 범주를 잘못 분류한 비율로 $\frac{FP+FN}{TP+TN+FP+FN}$ 이다.

🔍 **핵심 키워드 검색**

혼동 행렬, 오차 비율

## 57

[2021. 3회 기출문제 유사] ROC

다음중 ROC curve에 대한 설명으로 바르지 않은 것은 무엇인가?

① x축을 특이도 y축을 민감도로 하는 그래프이다.  
② ROC curve는 X,Y가 둘다 [0,1]의 범위이고, (0,0)에서 (1,1)을 잇는 곡선이다.  
③ 항상 0.5~1의 값을 가지며 1에 가까울수록 나쁜 모형이다.  
④ ROC 커브는 그 면적이 1에 가까울수록 (즉 왼쪽위 꼭지점에 다가갈수록) 좋은 성능이다.

**해설** 항상 0.5~1의 값을 가지며 1에 가까울수록 좋은 모형이다.

🔍 **핵심 키워드 검색**

ROC-curve

**정답** 56 ④  57 ③

PART 04 | 빅데이터 결과 해석

# 분석결과 해석 및 활용

| 51문항

## 01
다음 중 데이터 시각화의 특징이 아닌 것은?

① 데이터를 요약
② 정보를 효율적으로 전달
③ 미적 형태로 정보 표현
④ 정보를 검증

**해설**
- 데이터 시각화는 다음과 같은 특징이 있다.
  - 데이터를 요약, 정보를 효율적으로 전달, 미적 형태로 정보 표현

🔍 **핵심 키워드 검색**

데이터 시각화

## 02
다음 중 데이터 시각화에 대한 설명으로 바르지 못한 것은?

① 빅데이터의 시각화 측면에서는 시각화의 방법론적 요소가 없더라도 모든 데이터를 살펴볼 수 있으므로 그 중요성이 줄어들고 있다.
② 전통적인 시각화 기술은 주로 시스템 로그나 실험 분석 결과 등에 대한 통계정보를 그래프로 보여주는 방식이다.
③ 데이터에 대한 이해를 돕기 위해 그림, 도형 등 그래픽 요소들을 이용해 데이터를 묘사하고 표현하는 과정이다.
④ 데이터 시각화 유형으로는 시간, 분포, 관계, 비교, 공간 시각화가 있다.

**해설** 빅데이터의 시각화는 데이터를 요약하고, 한 눈에 살펴볼 수 있도록 돕는 시각화 방법론적 요소의 중요성이 커지고 있다.

🔍 **핵심 키워드 검색**

데이터 시각화, 시각화 방법론적 요소

## 03

아래에서 설명하는 데이터 시각화 유형은?

> 집단 간의 상관 관계를 확인하여 다른 수치의 변화를 예측한다.
> 산점도, 버블차트, 히스토그램을 사용하여 시각화한다.

① 분포 시각화  ② 시간 시각화
③ 관계 시각화  ④ 공간 시각화

해설 관계 시각화는 집단 간의 상관 관계를 확인하여 다른 수치의 변화 예측하기 위해 산점도, 버블차트, 히스토그램을 사용한다.

🔍 핵심 키워드 검색

시각화 유형, 관계 시각화

## 04

[2021. 3회 기출문제 유사] 데이터 시각화 종류/관계 시각화

다음 중 비교 시각화 기법에 해당하는 것은?

① 히트맵  ② 체르노프 페이스
③ 버블 차트  ④ 다차원 척도법

해설

| 유형 | 기법 |
|---|---|
| 시간 시각화 | 막대 그래프, 누적 막대 그래프, 선 그래프 |
| 분포 시각화 | 파이 차트, 도넛 차트, 트리맵, 누적 연속 그래프, 히스토그램 |
| 관계 시각화 | 산점도, 버블 차트, 히스토그램 |
| 비교 시각화 | 히트맵, 평행 좌표계, 체르노프 페이스, 방사형 차트, 다차원 척도법 |
| 공간 시각화 | 등차선도, 도트맵 기법, 카토그램, 지도맵핑 |

🔍 핵심 키워드 검색

시각화 기법, 비교 시각화, 시간 시각화, 분포 시각화, 관계 시각화, 공간 시각화

## 05

다음 중 빅데이터 시각화 도구에 해당하지 않는 것은?

① 태블로(Tableau)  ② 인포그램(Infogram)
③ 스쿱(Sqoop)  ④ 데이터 래퍼(Data Wrapper)

해설
- 빅데이터 시각화 도구에는 태블로, 인포그램, 차트 블록, 데이터 래퍼가 있다.
- 스쿱은 정형 데이터 수집 도구이다.

🔍 핵심 키워드 검색

빅데이터 시각화 도구, 태블로, 인포그램, 차트 블록, 데이터 래퍼

정답 01 ④  02 ①  03 ③  04 ③  05 ③

## 06

**데이터 시각화 절차 중 구조화 단계에 해당하지 않는 것은?**

① 시각화 목표 설정
② 데이터 표현 규칙과 패턴 탐색 및 도출
③ 데이터 규칙 요건 정의
④ 사용자 시나리오 및 시각화 스토리 작성

**해설** 구조화 단계에서는 시각화 목표 설정, 데이터 표현 규칙과 패턴 탐색 및 도출, 시각화 요건 정의, 사용자 시나리오 및 시각화 스토리 작성이 있다.

🔍 **핵심 키워드 검색**

데이터 시각화, 구조화 단계

## 07

[2021. 기출문제 유사]

**데이터 시각화 유형 중에서 다른 시각화 기법과 용도가 다른 것은 무엇인가?**

① 산점도(Scatter Plot)
② 버블 차트(Bubble Chart)
③ 히스토그램(Histogram)
④ 트리맵(Tree map)

**해설**
- 관계 시각화 기법으로는 산점도, 버블 차트, 히스토그램 등이 있다.
- 트리맵은 분포 시각화에 속한다.

🔍 **핵심 키워드 검색**

- 산점도
  직교 좌표계(도표)를 이용해 좌표상의 점(點)들을 표시함으로써 두 개 변수 간의 관계를 나타내는 그래프
- 버블 차트
  2차원의 데이터를 말하며 한 데이터는 동그란 버블의 크기로 시각화되는 수치 데이터이고, 다른 데이터는 버블 차트가 나타내고자 하는 대상이 됨.
- 히스토그램
  도수 분포표의 하나. 가로축에 계급을, 세로축에 도수를 취하고, 도수 분포의 상태를 직사각형의 기둥 모양으로 나타낸 그래프
- 트리맵
  많은 계층 구조(트리 구조) 데이터를 표시되며 시각화의 공간은 양적 변수에 의해 크기와 순서가 정해지는 사각형으로 분할됨.

## 08

**다음 중 데이터 시각화 절차 중 시각표현 단계에 해당하지 않는 것은?**

① 그래프 보정
② 인터랙션 기능 적용
③ 그래프 품질 향상
④ 시각화 목표 설정

**해설**
- 시각표현 단계에서는 그래프 보정, 전달 요소 강조, 그래프 품질 향상, 인터랙션 기능 적용, 시각화 결과물 검증이 있다.
- 시각화 목표 설정은 구조화 단계에 속한다.

🔍 **핵심 키워드 검색**

데이터 시각화 절차, 시각표현 단계

## 09

다음 중 비즈니스 기여도 평가지표에 해당하지 않는 것은 무엇인가?

① 투자 대비 효과(ROI)
② 총 소유 비용(TCO)
③ 주가 수익 비율(PER)
④ 내부 수익률(IRR)

**해설** 비즈니스 기여도 평가지표에는 총 소유 비용(TCO), 투자 대비 효과(ROI), 순 현재가치(NPV), 내부 수익율(IRR), 투자 회수 기각(PP)가 있다.

🔍 **핵심 키워드 검색**
비즈니스 기여도 평가지표

## 10

다음 중 비즈니스 기여도 평가 시 검증 항목이 아닌 것은?

① 효과 검증
② 비용 검증
③ 성능 검증
④ 최적화 검증

**해설** 비즈니스 기여도 평가 시 검증 항목에는 효과검증, 성능 검증, 중복 검증, 최적화 검증이 있다.

🔍 **핵심 키워드 검색**
비즈니스 기여도 평가, 검증 항목

## 11

다음 중 시각화 분석을 위한 데이터 유형으로 바르지 못한 것은?

① 범주, 비율
② 추세, 패턴
③ 정보, 표현
④ 관계, 연결

**해설** 시각화 분석을 위한 데이터 유형에는 (범주, 비율), (추세, 패턴), (관계, 연결)이 있다.

🔍 **핵심 키워드 검색**
시각화 분석 데이터 유형

**정답** 06 ③  07 ④  08 ④  09 ③  10 ② 11 ③

## 12

시간 시각화에 대한 설명으로 바르지 못한 것은?

① 시계열 데이터에서 주요 관심 요소는 경향성(Trend)이다.
② 시간 시각화는 시간에 따른 데이터 변화를 표현한 시각화 방법이다.
③ 지도 위에 위치를 표시하기 위해 위도와 경도를 사용한다.
④ 추세선과 산점도의 경우 시간의 흐름에 대한 추세를 알아볼 수 있다.

**해설** 지도 위에 위치를 표시하기 위해 위도와 경도를 사용하는 것은 공간 시각화에 대한 설명이다.

**핵심 키워드 검색**
시간 시각화

## 13

다음 중 막대 그래프를 나타내기 위한 함수로 바른 것은?

① geom_bar( )
② ggmap( )
③ geom_point( )
④ heatmap( )

**해설** 막대 그래프는 R 언어의 geom_bar( ) 함수를 이용하여 작성한다.

**핵심 키워드 검색**
막대그래프, geom_bar( )

## 14

다음 중 두 지점 사이를 선분으로 연결하기보다는 변화가 생길 때까지 x축과 평행하게 일정한 선을 유지하며 다음 값으로 변화는 지점에서 급격하게 뛰어오르는 계단형으로 그리는 그래프는?

① 막대 그래프
② 영역 차트
③ 계단식 그래프
④ 등치선도

**해설** 계단식 그래프는 두 지점 사이를 선분으로 연결하기보다는 변화가 생길 때까지 x축과 평행하게 일정한 선을 유지하며 다음 값으로 변화는 지점에서 급격하게 뛰어오르는 계단형으로 그리는 그래프이다.

**핵심 키워드 검색**
계단식 그래프

## 15

다음 중 공간 시각화 기법에 해당하는 것은?

① 지도맵핑　　　　　　　② 히트맵
③ 체르노프 페이스　　　　④ 평행 좌표계

**해설**
- 공간 시각화 기법에는 지도맵핑이 있다.
- 히트맵, 체르노프 얼굴, 평행 좌표계는 비교 시각화에 속한다.

🔍 **핵심 키워드 검색**

공간 시각화 기법, 지도맵핑

## 16

R에서 지리 정보를 시각화하기 위한 패키지 중 동적 시각화를 위한 패키지는?

① Maps　　　　　　　② mapproj
③ ggmap　　　　　　　④ mapplots

**해설** 지리 정보를 시각화하기 위한 패키지 중 정적 시각화를 위한 패키지에는 maps, mapproj, maptools, mapplots가 있으며, 동적 시각화를 위한 패키지에는 RgoogleMaps, ggmap이 있다.

🔍 **핵심 키워드 검색**

지리 정보, 동적 시각화, 패키지, RgoogleMaps, ggmap

## 17

공간 시각화 기법 중 의석 수나 선거인단 수, 인구 등의 특정한 데이터 값의 변화에 따라 지도의 면적이 왜곡되는 그림은?

① 버블 차트　　　　　　② 등치선도
③ 도트맵　　　　　　　　④ 카토그램

**해설** 카토그램은 의석 수나 선거인단 수, 인구 등의 특정한 데이터 값의 변화에 따라 지도의 면적이 왜곡되는 그림을 나타내는 기법이다.

🔍 **핵심 키워드 검색**

공간 시각화 기법, 카토그램

**정답** 12 ③　13 ①　14 ③　15 ①　16 ③　17 ④

## 18

[2021. 3회 기출문제 유사] 데이터 시각화 종류/관계 시각화

다음 중 관계 시각화에 대한 설명으로 바르지 못한 것은?

① 시간에 따른 데이터의 변화를 표현한 시각화 방법이다.
② 상관 관계 비교유형을 표현하는 시각화 기법이다.
③ 관계 시각화의 유형으로 산점도, 버블 차트 등이 있다.
④ 관계 시각화를 위해 geom_point( ) 함수를 사용할 수 있다.

**해설**
- 관계 시각화는 변수 사이의 연관성, 분포와 패턴을 찾는 시각화 방법이다.
- 시간에 따른 데이터의 변화를 표현한 시각화 방법은 시간 시각화에 대한 설명이다.

**핵심 키워드 검색**
관계 시각화

## 19

[2021. 3회 기출문제 유사] 데이터 시각화 종류/관계 시각화

관계 시각화 기법 중 산점도에서 데이터 값을 나타내는 점 또는 마크에 여러 가지 의미를 부여하여 확장된 차트는?

① 산점도
② 버블 차트
③ 히스토그램
④ 산점도 행렬

**해설**
버블 차트는 산점도에서 데이터 값을 나타내는 점 또는 마크에 여러 가지 의미를 부여하여 확장된 차트이다.

**핵심 키워드 검색**
관계 시각화 기법, 버블 차트

## 20

다음 중 색상으로 표현할 수 있는 다양한 정보를 일정한 이미지 위에 열분포 형태로 보여주는 차트는 무엇인가?

① 히트맵
② 체르노프 페이스
③ 히스토그램
④ 평행 좌표

**해설**
- 비교 시각화 기법에는 히트맵, 체르노프 페이스, 스타 차트, 평행 차트가 있다.
- 히트맵은 색상으로 표현할 수 있는 다양한 정보를 일정한 이미지 위에 열분포 형태를 말한다.

**핵심 키워드 검색**
비교 시각화, 히트맵, 체르노프 페이스, 스타 차트, 평행 차트

## 21

다음 중 다차원 통계 데이터를 사람의 얼굴 이미지를 이용하여 시각적으로 표현하는 방법은?

① 체르노프 얼굴
② 히트맵
③ 버블 차트
④ 산점도

**해설** 체르노프 얼굴은 다차원 통계 데이터를 사람의 얼굴 이미지를 이용하여 시각적으로 표현하는 방법이다.

**핵심 키워드 검색**
다차원 통계 데이터, 체르노프 얼굴

## 22

다음 중 공간 시각화에 사용되는 R 패키지가 아닌 것은?

① ggmap( )
② heatmap( )
③ mapprj( )
④ maps( )

**해설** heatmap( )은 비교 시각화를 위해 히트맵을 생성하는 함수이다.

**핵심 키워드 검색**
공간 시각화 R 패키지

## 23

다음 중 인포그래픽(Infographincs)에 대한 설명으로 바르지 않은 것은?

① 정보를 빠르고 분명하게 표현하기 위해 정보, 자료, 지식을 그래픽 시각적으로 표현한 것
② 정보를 구체적, 표면적, 실용적으로 전달한다.
③ 인포그래픽은 기호, 지도, 기술 문서 등에서 사용된다.
④ 다이어그램, 흐름도, 로고, 달력, 일러스트레이션, 텔레비전 프로그램 편성표 등은 인포그래픽에 포함되지 않는다.

**해설** 다이어그램, 흐름도, 로고, 달력, 일러스트레이션, 텔레비전 프로그램 편성표 등이 인포그래픽에 포함된다.

**핵심 키워드 검색**
인포그래픽

**정답** 18 ① 19 ② 20 ① 21 ① 22 ② 23 ④

## 24
다음 중 아래에서 설명하는 인포그래픽(Infographincs)의 유형은?

> 하나의 사건이나 주제에 대해 이야기를 들려주는 방식
> 유명 인사, 기업 관련 정보와 뉴스 등에 활용

① 도표형  
② 지도형  
③ 스토리텔링형  
④ 타임라인형  

**해설** 하나의 사건이나 주제 대해 이야기를 들려주는 방식은 스토리텔링형이다.

**핵심 키워드 검색**
인포그래픽, 스토리텔링형

## 25
다음 중 인포그래픽(Infographincs)의 활용 방법이 아닌 것은?

① 그래픽과 데이터 균형  
② 공공(public) 데이터 활용  
③ 유료 툴 사용  
④ 저작권 설정  

**해설** 인포그래픽의 활용 방법에는 그래픽과 데이터 균형, 공공데이터 활용, 템플릿과 아이콘 배치, 무료 툴 활용, 저작권 설정, 인포그래픽스 홍보가 있다.

**핵심 키워드 검색**
인포그래픽 활용 방법

## 26
다음 중 빅데이터 모형 개발 및 운영 프로세스를 바르게 나열한 것은?

① 분석 목적 정의 → 가설 검토 → 데이터 수집 및 전처리 → 모델링 → 정확도 및 성능 평가 → 배치  
② 분석 목적 정의 → 모델링 → 가설 검토 → 데이터 수집 및 전처리 → 정확도 및 성능 평가 → 배치  
③ 분석 목적 정의 → 가설 검토 → 모델링 → 데이터 수집 및 전처리 → 정확도 및 성능 평가 → 배치  
④ 분석 목적 정의 → 데이터 수집 및 전처리 → 가설 검토 → 모델링 → 정확도 및 성능 평가 → 배치  

**해설** 빅데이터 모형 개발 및 운영 프로세스는 '분석 목적 정의 → 가설 검토 → 데이터 수집 및 전처리 → 모델링 → 정확도 및 성능 평가 → 배치' 순이다.

**핵심 키워드 검색**
빅데이터 모형 개발 및 운영 프로세스

## 27

빅데이터 모형 개발 및 운영 프로세스에서 모델링 및 분석에 해당하지 않는 것은?

① 앞선 단계에서 검토되었던 사안을 구체적인 통계적 질문으로 변환하는 단계
② 분석 목적에 부합하는 빅데이터 분석 유형 및 적합한 모형 선택
③ 준비된 데이터를 이용하여 분석 모형 도출
④ 분석 모형을 운영 시스템과 통합

**해설** 분석 모형을 운영 시스템과 통합하는 것은 운영 단계이다.

🔍 **핵심 키워드 검색**

모델링, 분석, 빅데이터 모형 개발

## 28

다음 중 사용자(분석자)가 특정 조건을 만족하거나 특정 함수에 의해 값을 만들어 의미를 부여한 변수는?

① 파생 변수
② 도구 변수
③ 통제 변수
④ 독립 변수

**해설** 파생 변수는 사용자(분석자)가 특정 조건을 만족하거나 특정 함수에 의해 값을 만들어 의미를 부여한 변수이다.

🔍 **핵심 키워드 검색**

파생 변수

## 29

다음 중 빅데이터 분석의 4단계에서 어떤 일이 일어났는가에 해당하는 분석은?

① 묘사 분석
② 진단 분석
③ 예측 분석
④ 처방 분석

**해설**
- 빅데이터 분석의 4단계는 묘사 분석, 진단 분석, 예측 분석, 처방 분석이 있다.
- 어떤 일이 일어났는가에 해당하는 분석은 묘사 분석에 해당한다.

🔍 **핵심 키워드 검색**

빅데이터 분석의 4단계

**정답** 24 ③  25 ③  26 ①  27 ④  28 ①  29 ①

## 30

다음 중 빅데이터 분석의 4단계에서 우리는 무엇을 해야할 것인가에 해당하는 분석은?

① 묘사 분석
② 진단 분석
③ 예측 분석
④ 처방 분석

**해설**
- 빅데이터 분석의 4단계는 묘사 분석, 진단 분석, 예측 분석, 처방 분석이 있다.
- 우리는 무엇을 해야할 것인가에 해당하는 분석은 처방 분석에 해당한다.

**핵심 키워드 검색**
빅데이터 분석 4단계, 처방분석, 묘사 분석, 진단 분석, 예측 분석

## 31

다음 중 공급자와 수요자 등 복수 그룹이 참여해 각 그룹이 얻고자 하는 가치를 공정한 거래를 통해 교환할 수 있도록 구축된 환경을 무엇이라 하는가?

① 플랫폼
② 거버넌스
③ 메타버스
④ 아마존

**해설**
공급자와 수요자 등 복수 그룹이 참여해 각 그룹이 얻고자 하는 가치를 공정한 거래를 통해 교환할 수 있도록 구축된 환경을 '플랫폼'이라 한다.

**핵심 키워드 검색**
플랫폼

## 32

[2021. 3회 기출문제 유사] 평균/중위값

다음 중 평균과 개별 관측치 사이 거리의 평균으로 편차의 산술 평균을 무엇이라 하는가?

① 중앙값 절대 편차(Median Absolute Deviation)
② 평균 절대 편차(Average Absolute Deviation)
③ 표준 오차(Standard error)
④ 표본 분산(Sample Variance)

**해설**
평균 절대 편차는 각 측정치에서 전체 평균을 뺀 절댓값으로 표시되는 편차의 산술 평균을 말한다.

**핵심 키워드 검색**
평균 절대 편차

## 33

다음 중 빅데이터 모형 운영 및 개선방안 수립 절차를 바르게 나열한 것은?

① 모형 개선 방향 결정 → 오차 계산 → 모형의 점검 여부 결정
② 오차 계산 → 모형의 점검 여부 결정 → 모형 개선 방향 결정
③ 오차 계산 → 모형 개선 방향 결정 → 모형의 점검 여부 결정
④ 모형의 점검 여부 결정 → 오차 계산 → 모형 개선 방향 결정

**해설** 빅데이터 모형 운영 및 개선방안 수립 절차는 '오차 계산 → 모형의 점검 여부 결정 → 모형 개선 방향 결정' 순이다.

🔍 **핵심 키워드 검색**

빅데이터 모형 운영 및 개선방안 수립 절차

## 34

다음 중 인공지능 플랫폼을 구축하기 위한 알고리즘 구성 요소가 아닌 것은?

① 정확성
② 유한성
③ 명확성
④ 일관성

**해설**
- 알고리즘 구성 요소는 정확성, 유한성, 명확성, 유효성이 필요하다.
- 알고리즘의 4대 요소
  - 알고리즘의 모든 동작들은 의미(semantic)가 있어야 한다.[정확성]
  - 알고리즘의 모든 동작들은 모호하지 않아야 한다.[유효성]
  - 알고리즘의 동작들은 수행되는 순서가 확실하게 정의되어야 한다.[명확성]
  - 알고리즘은 반드시 유한한 숫자의 동작들을 실행한 후 종료되어야 한다.[유한성]

🔍 **핵심 키워드 검색**

인공지능 플랫폼, 알고리즘 구성 요소

## 35

다음 중 귀무가설이 참일 때 귀무가설을 기각하는 오류를 의미하는 것은 무엇인가?

① 제1종 오류
② 제2종 오류
③ 가설 설정의 오류
④ 데이터 정리 오류

**해설** 제1종 오류는 귀무가설이 참일 때 귀무가설을 기각하는 오류를 의미한다.

🔍 **핵심 키워드 검색**

제 1종 오류, 제 2종 오류, 귀무가설 기각

**정답** 30 ④  31 ①  32 ②  33 ②  34 ④  35 ①

## 36

데이터 품질 오류를 판단하는 품질지표 예로 필수 속성은 반드시 데이터 값이 채워져 있어야 한다는 정보의 누락시 데이터 오류를 일으키는 지표는 무엇인가?

① 완전성
② 유효성
③ 유일성
④ 정합성

**해설** 데이터 품질 오류를 판단하는 품질지표 예로 필수 속성은 반드시 데이터 값이 채워져 있어야 한다는 정보의 누락시 데이터 오류를 일으키는 지표는 완전성을 말한다.

**핵심 키워드 검색**
데이터 품질 오류

## 37

데이터 품질 오류를 판단하는 품질지표 예로 동일 데이터 중복없이 하나로 관리되어야 한다는 지표는 무엇인가?

① 완전성
② 유효성
③ 유일성
④ 정합성

**해설** 동일 데이터 중복없이 하나로 관리되어야 한다는 지표는 유일성을 말한다.

**핵심 키워드 검색**
데이터 품질 지표, 유일성

## 38

분석 모형 평가기준에서 데이터를 확장하여 적용할 수 있는가를 판단하는 기준은 무엇인가?

① 일반화 가능성
② 효율성
③ 예측
④ 분류의 정확성

**해설**
- 분석 모형 평가기준 : 일반화 가능성/ 효율성/ 예측과 분류의 정확성
- 데이터를 확장하여 적용할 수 있는가를 판단하는 기준은 일반화 가능성이다.
- 효율성은 적은 입력변수가 필요할수록 효율이 좋다.

**핵심 키워드 검색**
분석 모형 평가기준

## 39

다음 중 빅데이터 비즈니스 주요 실패 원인으로 가장 바르지 못한 것은?

① 빅데이터 분석 목적, 빅데이터 서비스 목적의 불명확
② 빅데이터 분석 결과를 이용할 사용자 및 활용 방안의 불명확
③ 분석 대상 데이터 품질의 상승
④ 분석 모형에 대한 정의 없이 인프라 우선 도입

**해설**
- 빅데이터 비즈니스 주요 실패 원인
  - 빅데이터 분석 목적, 빅데이터 서비스 목적의 불명확
  - 빅데이터 분석 결과를 이용할 사용자 및 활용 방안의 불명확
  - 분석 대상 데이터 품질의 저하
  - 분석 모형에 대한 정의 없이 인프라 우선 도입

🔍 **핵심 키워드 검색**

빅데이터 비즈니스 실패 원인

## 40

다음 중 분류 모형 평가지표가 아닌 것은?

① 혼동 행렬
② ROC Curve
③ AUC
④ 결정계수

**해설**
- 분류 모형 평가 지표

| 회귀 모형(예측 모형) 평가지표 | 분류 모형 평가지표 |
|---|---|
| - 실제값/ 예측값/ 평균값<br>- 전체제곱합 SST<br>- 오차제곱합 SSE<br>- 회귀제곱합 SSR<br>- 결정계수 $R^2$ = SSR / SST<br>- Mallow's $C_p$ | - 혼동 행렬 Confusion Matrix<br>- 정확도/ 민감도/ 정밀도/ F1-score<br>- ROC Curve<br>- AUC (Area Under ROC)<br>- 이익 도표 Gain Chart |

🔍 **핵심 키워드 검색**

분류 모형 평가 지표

**정답** 36 ① 37 ③ 38 ① 39 ③ 40 ④

## 41

[2021. 3회 기출문제 유사] 분석모델 모니터링 척도

**다음 중 분석 모형 모니터링 솔루션에 대한 설명으로 바르지 못한 것은?**

① 분석 솔루션 자체 상태, 정상 작동 상태 유무, 데이터 처리 및 분석 소요 시간, 분석 모델에 따른 처리 성능 관점에서 모니터링을 수행한다.
② 데이터 분석 전문 솔루션으로 각종 분석 및 시각화 솔루션이 있다.
③ R은 GUI를 지원해 사용자가 직접 구체적인 작업을 하고, 분석 결과를 보고, 외부와의 연계를 단순화해 인터랙티브하게 진행할 수 있다.
④ JupyterNotebook에서 제공하는 샤이니(Shiny)를 이용해 모델링 결과를 사용자 작업 파일과 서버 상의 파일을 이용해 간단히 배포할 수 있다.

**해설** R Studio에서 제공하는 샤이니(Shiny)를 이용해 모델링 결과를 사용자 작업 파일과 서버상의 파일을 이용해 간단히 배포할 수 있다.

**핵심 키워드 검색**
분석 모형 모니터링 솔루션, GUI

## 42

**다음 중 목표 범주에 속한 개체들이 임의로 나눈 등급별로 얼마나 분포하고 있는지 나타내는 이익 값을 그래프를 분석하여 성능을 평가 지표로 보기 어려운 것은?**

① 이익 도표
② ROC Courve
③ 이익 곡선
④ 리프트

**해설** 이익 도표, 이익 곡선, 리프트 곡선은 모두 같은 지표를 뜻하는 말이며 목표 범주에 속한 개체들이 임의로 나눈 등급별로 얼마나 분포하고 있는지 나타내는 이익 값을 그래프를 분석하여 성능을 평가한다.

**핵심 키워드 검색**
이익 도표, 이익 곡선, 리프트 곡선

## 43

**다음 중 정보 시스템에서 작업 처리를 요청한 시간으로부터 이를 시스템이 처리하여 결과를 보낼 때까지 소요된 시간을 나타내는 것은?**

① 사용률(Utilization)
② 응답 시간(Response Time)
③ 가용성(Availability)
④ 정확성(Accuracy)

**해설** 응답 시간은 작업 처리를 요청한 시간으로부터 이를 시스템이 처리하여 결과를 보낼 때까지 소요된 시간을 나타낸다.

**핵심 키워드 검색**
응답시간

## 44

**다음 중 분석 모형 및 개발에 관한 절차로 바른 것은?**

① 분석목적 정의-가설검토-데이터 준비 및 처리-모델링 및 분석-정확도 및 성능 평가-운영
② 가설검토-분석목적 정의-데이터 준비 및 처리-모델링 및 분석-정확도 및 성능 평가-운영
③ 가설검토-데이터 준비 및 처리-모델링 및 분석-정확도 및 성능 평가-분석목적 정의-운영
④ 분석목적 정의-가설검토-모델링 및 분석-데이터 준비 및 처리-정확도 및 성능 평가-운영

**해설** 분석 모형 및 개발에 관한 절차는 '분석목적 정의 – 가설검토 – 데이터 준비 및 처리 – 모델링 및 분석 – 정확도 및 성능 평가 – 운영'이 있다.

**핵심 키워드 검색**
분석 모형 및 개발 절차

## 45

**다음 중 분석 모형 리모델링 절차를 바르게 나열한 것은?**

① 개선용 데이터 수집/처리 → 분석 모델 개선 → 분석 결과 평가 및 분석 모델 등록
② 분석 모델 개선 → 개선용 데이터 수집/처리 → 분석 결과 평가 및 분석 모델 등록
③ 개선용 데이터 수집/처리 → 분석 결과 평가 및 분석 모델 등록 → 분석 모델 개선
④ 분석 결과 평가 및 분석 모델 등록 → 개선용 데이터 수집/처리 → 분석 모델 개선

**해설** 분석 모형 리모델링 절차는 '개선용 데이터 수집/처리 → 분석 모델 개선 → 분석 결과 평가 및 분석 모델 등록' 순이다.

**핵심 키워드 검색**
분석 모형 리모델링 절차

## 46

[2021. 3회 기출문제 유사] 분석모델 모니터링 척도

**다음 중 성능 모니터링을 위한 측정 항목에서 서비스 장애 없이 정상적으로 자원을 지속하여 제공할 수 있는 능력은 무엇인가?**

① 응답 시간
② 사용률
③ 가용성
④ 정확성

**해설** 서비스 장애 없이 정상적으로 자원을 지속하여 제공할 수 있는 능력은 가용성에 해당한다.

**핵심 키워드 검색**
성능 모니터링, 가용성

**정답** 41 ④  42 ②  43 ②  44 ①  45 ①  46 ③

## 47
다음 중 분석 모형에 따른 리모델링 주기가 바르게 묶인 것은?

① 데이터 마이닝 – 주기별
② 시뮬레이션 – 주요 변경 시점
③ 최적화 – 반기
④ 리포트 작성 – 주간

**해설**
- 리모델링 주기

| 기 법 | 리모델링 주기 |
|---|---|
| 데이터 마이닝 | 분기별 |
| 시뮬레이션 | 주요 변경 시점 혹은 반기별 |
| 최적화 | 연간 |

※ 리포트 작성은 분석 주기별 모니터링에 해당하며 연간 성능 분석을 한다.

**핵심 키워드 검색**
분석 모형 리모델링 주기, 연간 성능 분석

## 48
다음 중 분석 모형의 가용성(Availability)이 영향을 미치는 요소가 아닌 것은?

① 하드웨어 장애
② 소프트웨어 버그
③ 네트워크 자원을 일정 시간 사용하는 정도
④ 장비 가용성

**해설** 가용성은 서비스의 장애 없이 정상적으로 지속해서 제공할 수 있는 능력으로 하드웨어 장애, 소프트웨어 버그, 운영자의 실수, 전기적 문제, 장비 가용성, 서비스 가용성에 영향을 준다.

**핵심 키워드 검색**
분석 모형의 가용성

## 49
다음 중 임계치(Threshold)에 대한 설명으로 바르지 못한 것은?

① 성능 모니터링 시, 장애상황 및 성능상태의 경계선
② 빅데이터 성능을 정상과 비정상 상태를 판단하는 경계이다.
③ 임계치 설정은 서비스 형태와 시스템 특성을 고려하여 설정한다.
④ 임계치 관리는 다양한 요소를 반영할 경우 장애 요인이 된다.

**해설** 임계치 관리는 다양한 요소를 반영하여 조정한다.

**핵심 키워드 검색**
임계치

## 50

[2021. 3회 기출문제 유사] 신경망 가중치 계산

다음 중 빅데이터 리모델링 시 고려사항으로 조건과 가중치 변화 계수값을 조정하는데 필요한 기법은 무엇인가?

① 핵심 성공 요인(Critical Success Factor)
② 핵심 성과 지표(Key Performance Indicator)
③ 신뢰도(Reliability)
④ 최적화(Optimization)

**해설** 빅데이터 리모델링 시 고려사항으로 조건과 가중치 변화 계수값을 조정하는데 필요한 기법은 최적화(Optimization)이다.

**핵심 키워드 검색**
빅데이터 리모델링, 가중치 변화 계수값, 최적화

## 51

다음 중 차트, 그래프, 지도를 포함한 다양한 그래픽 기능을 제공하는 시각화 도구로 클라우드 기반으로 데이터를 클라우드에 저장할 수 있도록 지원하는 빅데이터 시각화 도구는?

① 태블로(Tableau)
② 인포그램(Infogram)
③ 차트 블록(Chart Blocks)
④ 엑셀(Excel)

**해설** 태블로는 차트, 그래프, 지도를 포함한 다양한 그래픽 기능을 제공하는 시각화 도구로 클라우드 기반으로 데이터를 클라우드에 저장할 수 있도록 지원하는 빅데이터 시각화 도구이다.

**핵심 키워드 검색**
빅데이터 시각화 도구, 태블로

**정답** 47 ② 48 ③ 49 ④ 50 ④ 51 ①

국가공인자격 빅데이터 분석기사 필기 1000

시험에 반드시 나오는 핵심 키워드 정리

# 05 PART

# 실전 모의고사

### 실전 모의고사 제1회
- 빅데이터 분석 기획, 빅데이터 탐색, 빅데이터 모델링, 빅데이터 결과 해석

### 실전 모의고사 제2회
- 빅데이터 분석 기획, 빅데이터 탐색, 빅데이터 모델링, 빅데이터 결과 해석

### 실전 모의고사 제3회
- 빅데이터 분석 기획, 빅데이터 탐색, 빅데이터 모델링, 빅데이터 결과 해석

### 실전 모의고사 제4회
- 빅데이터 분석 기획, 빅데이터 탐색, 빅데이터 모델링, 빅데이터 결과 해석

### 실전 모의고사 제5회
- 빅데이터 분석 기획, 빅데이터 탐색, 빅데이터 모델링, 빅데이터 결과 해석

# 제1회 실전 모의고사

## 빅데이터 분석 기획  20문항

**01**
다음 중 빅데이터의 특징에 대한 설명이 바르지 못한 것은?

① 규모 – 정보량의 폭발적인 증가
② 다양성 – 정형/비정형/반정형으로 나눔
③ 속도 – 실시간성/가속화에 대한 데이터 분석 처리 속도
④ 가치 – 노이즈와 오류 제거로 품질 향상

**02**
DIKW 피라미드에 해당하지 않는 것은?

① 데이터　　　　　　　　② 통찰
③ 지혜　　　　　　　　　④ 지식

**03**
다음 중 빅데이터의 정의와 관련하여 가장 올바르게 표현된 것은?

① 빅데이터는 수십 TB 이상의 정형/비정형/반정형 데이터에서 가치를 찾아 분석하는 기술이다.
② 빅데이터는 특정한 종류의 대규모 데이터에 대한 생성, 수집, 분석, 표현을 그 특징으로 한다.
③ 개인화된 현대 사회 구성원마다 맞춤형 정보를 제공, 관리, 분석이 불가능해 과거에는 불가능했던 기술을 실현시키기 어렵다.
④ 빅데이터의 순기능은 바로 사생활 침해와 보안 측면에 자리하고 있다.

## 04
다음 중 반정형 데이터가 아닌 것은 무엇인가?

① RSS
② JSON
③ HTML
④ 오디오, 동영상 파일

## 05
분석 기획 시 분석의 대상이 무엇인지를 인지하고 있는 경우(Known)에 기존 분석 방식(Known)을 활용하여 개선을 통해 분석을 수행하는 유형으로 가장 적절한 것은?

① 솔루션 유형
② 최적화 유형
③ 통찰 유형
④ 발견 유형

## 06
다음 중 수치로 측정이 불가능한 자료인 질적 자료에 해당하지 않는 것은 무엇인가?

① 전화번호
② 성별
③ 혈액형
④ 주가 지수

## 07
다음 중 반정형 데이터에 대한 설명으로 올바른 것은?

① 대표적으로 웹 로그, 알람 데이터가 있다.
② 이미지, 오디오와 같이 값과 형식에 일관성이 없는 데이터이다.
③ 일정한 형식이나 틀이 있는 데이터이다.
④ 주로 RDB를 이용해 데이터를 저장한다.

## 08
다음 분석 작업중에서 데이터 분석가가 분석에 필요한 데이터들로부터 변수 후보를 탐색하고 최종적으로 도출하는 일정을 수립하는 단계는 무엇인가?

① 데이터 분석 과제 정의
② 데이터 준비 및 탐색
③ 데이터 분석 모델링 및 검증
④ 산출물 정리

## 09
다음 중 분석 방법론 적용 모델 중에서 일부분을 먼저 개발하여 제공한 후 그 결과를 통해 개선작업을 하는 모델은 무엇인가?

① 폭포수 모델
② 프로토타입 모델
③ 나선형 모델
④ 바이어스 모델

## 10
다음 중 명확한 입력 하에 데이터를 분석하며 분류, 예측, 최적화를 통해 분석을 실시하고 지식을 도출하는 기계 학습 기법을 무엇이라 하는가?

① 강화 학습
② 지도 학습
③ 프로토 타이핑 접근법
④ 비지도 학습

## 11
정규분포가 아닌 데이터를 정규분포로 변환하고 여러 파라미터를 넣어보고 가장 정규성을 높여주는 값을 사용하기 위한 확률 과정을 무엇이라 하는가?

① 로그 변환
② Box-cox 변환
③ 차분 변환
④ Overfitting

## 12
빅데이터를 분석하는 경우 각각의 변수가 특정한 위험을 제외한 다른 위험을 파악하는 목적에 미치는 영향 정도를 평가하는 기법으로 정량적 위험 분석에 활용할 수 있는 분석 방법은 무엇인가?

① 민감도 분석
② 의사결정나무
③ 시뮬레이션
④ 예비분 분석

## 13
데이터 마이닝 분석방법론에서 예측분석을 위한 CRISP-DM 분석 방법론의 분석 절차로 옳은 것은?

① 업무 이해 → 데이터 이해 → 데이터 준비 → 모델링 → 평가 → 전개
② 업무 이해 → 모델링 → 데이터 이해 → 데이터 준비 → 평가 → 전개
③ 업무 이해 → 전개 → 데이터 준비 → 데이터 이해 → 모델링 → 평가
④ 업무 이해 → 전개 → 데이터 이해 → 모델링 → 데이터 준비 → 평가

## 14
전사적 자원 관리라고도 하며 조직이 회계, 구매, 프로젝트 관리, 리스크 관리와 규정 등 고객의 주문 정보까지 포함하여 통합적으로 관리하는 시스템을 무엇이라 하는가?

① SCM(Supply Chain Management)
② SOC(Social Overhead Capital)
③ DRM(Digital Rights Management)
④ ERP(Enterprise Resource Planning)

## 15
다음 중 가설검정에 사용되는 통계량을 나타내는 용어는?

① 검정 통계량
② 추정량
③ 모수
④ 기술 통계량

## 16
다음 중 데이터 유형에서 반정형 데이터에 해당하지 않는 것은?

① 로그 데이터
② 센서 데이터
③ 모바일 데이터
④ 고객 관리 데이터

## 17
다음 중 구조 관점의 데이터 유형 중 스키마 구조 형태를 가지고 메타데이터를 포함하며, 값과 형식에서 일관성을 가지지 않는 데이터 유형은?

① 정형 데이터
② 반정형 데이터
③ 스트림 데이터
④ 비정형 데이터

## 18
다음 중 수집방법별 수집기술의 종류가 아닌 것은 무엇인가?

① HTTP 수집
② 로그/센서 수집
③ DBMS 수집
④ API 수집

## 19
다음 중 정형 데이터 수집 방식 및 기술로 가장 올바르지 않은 것은?

① DBToDB
② 척와(Chukwa)
③ API
④ ETL

## 20
다음 중 많은 양의 로그 데이터를 효율적으로 수집하고 스트리밍 데이터 흐름(Data Flow)을 비동기로 분산처리할 수 있는 스트리밍 기술은?

① ETL
② rsync
③ Sqoop
④ Flume

# 빅데이터 탐색

**20문항**

## 01
다음 중 데이터 정제에 대한 설명으로 옳지 않은 것은?

① ESD는 이상값을 측정하기 위한 기법이다.
② 데이터의 신뢰도를 높이는 방법으로, 결측값을 채우거나 이상값을 제거하는 방법이 있다.
③ 원천 데이터의 위치를 기준으로 분류한다면 외부 데이터보다 내부 데이터가 품질 저하 위협에 더 많이 노출 되어 있다.
④ 오류의 원인으로는 결측값, 노이즈, 이상값이 존재한다.

## 02
다음 중 데이터의 정제 절차를 바르게 나열한 것은?

① 데이터 오류 원인 분석 → 데이터 정제 방법 결정 → 데이터 정제 대상 선정
② 데이터 오류 원인 분석 → 데이터 정제 대상 선정 → 데이터 정제 방법 결정
③ 데이터 정제 대상 선정 → 데이터 오류 원인 분석 → 데이터 정제 방법 결정
④ 데이터 정제 대상 선정 → 데이터 정제 방법 결정 → 데이터 오류 원인 분석

## 03
다음 중 데이터 전처리 절차를 바르게 나타낸 것은?

① 데이터 분석 → 이상값 처리 → 결측값 처리 → 분석 변수 처리
② 데이터 분석 → 이상값 처리 → 분석 변수 처리 → 결측값 처리
③ 결측값 처리 → 이상값 처리 → 데이터 정제 → 분석 변수 처리
④ 데이터 정제 → 결측값 처리 → 이상값 처리 → 분석 변수 처리

## 04
다음 중 데이터 일관성 유지를 위한 정제 기법에 해당하지 않는 것은?

① 파싱(Parsing)
② 변환(Transform)
③ 보강(Enhancement)
④ 추출(Extraction)

## 05
다음 중 통계기법을 이용한 데이터 이상값 검출에 대한 설명으로 바르지 않은 것은?

① 딕슨 Q검정
② Grubbs test
③ 카이제곱 검정
④ 피어슨 검정

## 06
다음 중 데이터 결측값에 대한 설명으로 바른 것은?

① 필수적인 데이터가 입력되지 않고 누락된 값
② 실제로는 입력되지 않았지만 입력되었다고 잘못 판단된 값
③ 상한값과 하한값을 대체하는 값
④ 데이터의 범위에서 많이 벗어난 아주 작은 값이나 아주 큰 값

## 07
데이터 일관성 유지를 위한 정제 기법 중 주민 등록 번호를 생년월일, 성별로 분할하는 방법에 해당하는 것은?

① 변환(Transform)
② 파싱(Parsing)
③ 보강(Enhancement)
④ 추출(Extraction)

## 08
다음 중 탐색적 데이터 분석(Exploratory Data Analysis)의 4가지 특징에 해당하지 않는 것은?

① 저항성(Resistance)
② 잔차 해석(Residual)
③ 자료 재표현(Re-expression)
④ 재기성(Recurrence)

## 09
다음 중 EDA(Exploratory Data Analysis)의 4가지 특징에 관한 설명으로 가장 부적절한 것은?

① 저항성은 수집된 자료에 오류점, 이상값이 있을 때에도 영향을 적게 받는 성질을 의미한다.
② 탐색적 데이터 분석에서는 중위수보다 저항성이 큰 평균을 대푯값으로 선호한다.
③ 현시성이란 데이터 분석 결과를 쉽게 이해할 수 있도록 시각적으로 표현하고 전달하는 과정을 의미한다.
④ 자료의 재표현은 데이터 분석과 해석을 단순화시키기 위하여 기존 변수를 적당한 척도로 바꾸는 것이다.

## 10

다음 중 수치형 데이터의 탐색 시 사용되는 데이터의 특성으로 가장 부적절한 것은?

① 평균
② 최빈값
③ 표준 편차
④ 첨도

## 11

다음 중 공분산에 관한 설명으로 적절하지 않은 것은?

① 공분산은 2개의 변수 사이의 상관 정도를 나타내는 값이다.
② 공분산을 통해 상관 관계의 상승 혹은 하강하는 경향을 이해할 수 있다.
③ 공분산의 값의 크기는 측정 단위에 따라 달라진다.
④ 두 변수 사이의 연관성의 방향성과 강도를 수치적으로 객관화하여 표현하는 방법이다.

## 12

다음 중 다차원 데이터의 탐색 방법에 대한 설명으로 가장 부적절한 것은?

① 범주형 데이터 간에는 시각화는 막대형 그래프를 주로 이용한다.
② 범주형 데이터 간에는 공분산을 통하여 방향성을 파악한다.
③ 수치형 데이터 간에는 산점도와 기울기를 통하여 변수 간의 상관성을 분석한다.
④ 범주형-수치형 데이터의 경우 범주형 데이터의 항목들을 그룹으로 간주하고 각 그룹에 따라 수치형 변수의 기술 통계량 차이를 상호 비교 한다.

## 13

다음 중 상관 관계 분석에 관한 설명으로 부적절한 것은?

① 상관 관계는 산점도, 공분산, 상관 계수 등을 통해 표현 가능하다.
② 분석의 대상이 되는 변수의 개수가 2개 이상일 경우 다중 상관 분석이라고 한다.
③ 수치적 데이터의 경우 피어슨(Pearson) 상관 계수를 사용할 수 있다.
④ 명목형 데이터의 경우 카이제곱($x^2$) 검정을 통해 상관 관계를 분석할 수 있다.

## 14
다음 중 기초 통계량에 대한 설명 중 적절하지 않은 것은?

① 평균은 이상값에 의해 값이 심하게 변할 수 있다.
② 크기 순서로 모든 데이터값을 오름차순으로 정렬 하였을 때 나오는 값을 중위수 라고 한다.
③ 표준 편차는 편차의 제곱을 했기 때문에 원래의 수학적 단위와 차이가 발생하므로 제곱근을 취한 분산을 통해 평균에서 흩어진 정도를 나타낸다.
④ 범위는 데이터값 중에서 최댓값과 최솟값 사이의 차이다.

## 15
다음 중 우리가 수집한 데이터가 어떻게 퍼져 있는지를 나타내는 분산도(variation)에 해당하지 않는 것은 무엇인가?

① 범위
② 표준 편차(standard deviation)
③ 사분 위수(quantile)
④ 중앙값(median)

## 16
다음 중 분산에 관한 설명으로 거리가 먼 것은?

① 데이터가 평균으로부터 흩어진 정도를 나타내는 기초 통계량이다.
② 표본 분산은 편차의 제곱을 더한 후 (n−1)로 나눈다.
③ 분산은 표준 편차에 양의 제곱근을 취한 값이다.
④ 모분산의 경우 $\sigma^2$로 표기할 수 있다.

## 17
다음 중 평균(Mean)에 관한 설명으로 부적절한 것은?

① 전부 같은 가중치를 두고 있다.
② 평균에는 표본평균, 모평균, 가중평균이 있다.
③ 표본 평균은 $\frac{1}{n-1}\sum_{i=1}^{n} X_i$를 통해 구할 수 있다.
④ 표본은 조사하는 모집단의 일부분이다.

## 18

다음 중 회귀 분석에 관한 설명으로 부적절한 것은?

① 회귀 분석은 하나 이상의 독립 변수들이 종속변수에 미치는 영향을 추정할 수 있는 통계기법이다.
② 회귀 분석 모델은 독립 변수와 종속 변수의 개수 및 형태에 따라서 다양한 세부 모델들로 분류한다.
③ 회귀 분석의 가정에는 선형성, 등분산성, 일관성 등이 있다.
④ 객관적으로 도출된 회귀식이 통계적으로 유의한지를 평가하기 위해 상관 계수 행렬을 활용한다.

## 19

회귀 분석의 가정 중 잔차와 독립변수의 값이 관련돼 있지 않음을 의미하는 것은?

① 선형성
② 독립성
③ 비상관성
④ 정규성

## 20

회귀 분석의 가정 중 관측치들의 잔차들끼리 상관이 없음을 의미하는 것은?

① 선형성
② 독립성
③ 비상관성
④ 정규성

# 빅데이터 모델링

20문항

## 01
다음 중 어떠한 문제를 해결하기 위해 정해진 일련의 절차나 방법을 공식화한 형태로 표현한 것은?

① 모형(Model)
② 통계(Statistics)
③ 확률(Probability)
④ 알고리즘(Algorithm)

## 02
다음 중 기술 통계(Descriptive Statistics)에 대한 설명으로 올바른 것은?

① 데이터 분석의 목적으로 수집된 데이터를 확률·통계적으로 정리·요약하는 기초적인 통계이다.
② 수집된 데이터를 기반으로 모집단의 특성을 추론하고 예측하는 데 사용하는 통계적 기법이다.
③ 분석 마지막 단계에서 데이터 분포의 특징을 평가한다.
④ 하나 이상의 독립변수들이 종속변수에 미치는 영향을 추정할 수 있는 통계 기법이다.

## 03
다음 중 통계학에서 두 개 이상 다수의 집단을 서로 비교하고자 할 때 집단 내의 분산, 총평균 그리고 각 집단의 평균의 차이에 의해 생긴 집단 간 분산의 비교를 통해 가설검정을 수행하는 방법은?

① 회귀 분석
② 상관 분석
③ 분산 분석
④ 주성분 분석

## 04
다음 중 데이터 마이닝 기반 분석 모델이 아닌 것은?

① 예측(Prediction)
② 분류(Classification)
③ 상관 분석(Correlation Analysis)
④ 연관 규칙(Association Rule)

## 05
다음 중 아래에서 설명하는 것은?

> 대용량 데이터로부터 데이터 내에 존재하는 패턴, 관계 혹은 규칙 등을 탐색하고 통계적인 기법들을 활용하여 모델화하며 이를 통해 데이터 분석 및 더 나아가 유용한 정보, 지식 등을 추출하는 과정이다.

① 데이터 마이닝(Data Mining)　② 기계 학습(Machine Learning)
③ 신경망(Neural Net)　④ 통계(Statistics)

## 06
다음 중 한 시점의 변수가 그 이전 변수들의 영향, 과거 오차의 영향을 받는 경우 사용할 수 있는 기법은?

① 최적화 기법　② 신경망 기법
③ 회귀 분석 기법　④ 시계열 분석

## 07
다음 중 연관 규칙 모델(Association Rule Model)에 대한 설명으로 가장 부적절한 것은?

① 연관 규칙을 통해 데이터 상에서 동시에 발생하는 사건의 빈도를 나타낼 수 있다.
② 연관 분석은 장바구니 분석이라고도 불린다.
③ 연관 규칙 모델은 트랜잭션 데이터를 통해 비지도 방식으로 진행된다.
④ 연관 규칙 모델은 크게 계층적 방법과 비계층적 방법으로 구분한다.

## 08
다음 중 지도 학습에 해당하지 않는 기법은?

① 로지스틱 회귀(Logistic Regression)
② 의사결정나무(Decision Tree)
③ K-군집화(K-means)
④ 은닉 마르코프 모델(Hidden Markov model)

## 09
다음 중 데이터를 비선형 분류를 하기 위해 커널트릭을 사용하여 주어진 데이터를 고차원 특징 공간으로 사상하는 지도 학습 모델은?

① 랜덤 포레스트(Random Forest)
② 로지스틱 회귀(Logistic Regression)
③ 서포트 벡터 머신(Support Vector Machine)
④ 인공 신경망 분석(Artificial Neural Network)

## 10

다음 중 비지도 학습에 대한 특징으로 부적절한 것은?

① 비지도 학습은 입력값에 대한 목표치가 주어지지 않는다.
② 예측의 문제 보다는 주로 현상의 설명이나 특징 도출, 패턴 도출 등의 문제에 많이 활용된다.
③ 일반적으로 명확하고 목적이 있는 지도 학습 기법과 비교하면 유용한 정보나 패턴을 탐색적으로 발견하고자 하는 데이터 마이닝의 성격이 더 강하다.
④ 비지도 학습의 유형에는 나이브베이즈, KNN, 서포트벡터머신, 분류 등이 있다.

## 11

다음 중 아래 빈칸에 해당하는 말로 알맞은 것은?

> 분석 대상인 데이터에 비해 모델이 너무 간단하면 ( A )이(가) 발생하고, 모델을 너무 복잡하게 선택하면 ( B )이(가) 발생하므로 적절한 모델을 사용한다.

① (A) : 과소 적합, (B) : 과대 적합
② (A) : 과소 적합, (B) : 제1종의 오류
③ (A) : 과대 적합, (B) : 과소 적합
④ (A) : 제1종의 오류, (B) : 제2종의 오류

## 12

다음 중 회귀 분석의 가정이 아닌 것은?

① 일관성
② 독립성
③ 정상성
④ 등분산성

## 13

다음 중 다중 회귀 모형의 각 회귀 계수들이 유의미한지 확인하기 방법으로 가장 적절한 것은?

① 중앙값과 평균을 확인한다
② 해당 계수의 T-통계량과 p-값을 확인한다.
③ 잔차를 그래프로 그리고 회귀 진단을 한다.
④ 수정된 결정계수를 확인한다.

## 14

변수 선택 방법 중 가장 단순한 회귀모형인 영모형(null model)에서 출발하여 가장 중요한 변수들을 골라 차례대로 모형에 포함시켜 나가는 과정을 반복하여 회귀방정식을 적합시키는 방법은?

① 전진 선택법(Forward Selection)
② 후진 제거법(Backward Elimination)
③ 단계적 방법(Stepwise Method)
④ 주성분 분석(Principal Component Analysis)

## 15

다음 중 로지스틱 회귀 분석의 R함수에 해당하지 않는 것은?

① glm( )
② cdplot( )
③ step( )
④ lm( )

## 16

다음 중 변수들 간의 다중공선성(Multicollinearity)을 측정하는 방법으로 적절한 것은?

① 분산팽창 요인(VIF)
② Q-Q plot
③ $R^2$
④ 샤피로-윌크 검정(Shapiro-Wilk Test)

## 17

다음 중 의사결정나무(Decision Tree)에 대한 설명으로 옳지 않은 것은?

① 데이터가 가진 속성으로부터 분할 기준을 추출하고, 분할 기준에 따른 트리 구조의 모델을 이용하는 분류 예측 모델이다.
② 결정 트리를 구성하는 알고리즘에는 주로 하향식 기법이 사용된다.
③ 반응변수가 범주형인 경우 적용되는 회귀분석 모델의 한 종류이다.
④ 의사결정나무 기법의 해석이 용이한 이유는 트리모델이 시각적이고 명시적인 방법으로 의사 결정 과정과 결정된 의사를 보여주는데에 있다.

## 18
의사결정나무(Decision Tree)에서 자식 마디가 없으며 '잎 마디(Leaf Node)'로도 불리는 요소는?

① 부모 마디(Parent Node)  ② 자식 마디(Child Node)
③ 뿌리 마디(Root Node)  ④ 끝 마디(Terminal Node)

## 19
다음 중 의사결정나무(Decision Tree)의 분석 과정을 바르게 나열한 것은?

① 가지치기 → 의사결정 나무 성장 → 타당성 평가 → 해석 및 예측
② 의사결정 나무 성장 → 가지치기 → 타당성 평가 → 해석 및 예측
③ 가지치기 → 타당성 평가 → 의사결정 나무 성장 → 해석 및 예측
④ 의사결정 나무 성장 → 가지치기 → 해석 및 예측 → 타당성 평가

## 20
인공 신경망의 역사에 대한 설명으로 2세대에는 이 문제가 발생하였으나 3세대에서 이러한 문제를 해결하였다. 여기에서 문제는 무엇인가?

① 퍼셉트론  ② 순방향 신경망
③ 은닉층을 통해 XOR 문제  ④ 과적합 문제 및 기울기 소실

# 빅데이터 결과 해석    20문항

## 01
다음 중 분석 모형 평가에 대한 설명으로 부적절한 것은?

① 같은 모집단 내의 다른 데이터에 적용하는 경우에도 안정적인 결과를 제공해야 한다.
② 데이터를 확장하여 적용할 수 있어야 한다.
③ 많은 입력변수를 필요로 할수록 효율성이 높다고 할 수 있다.
④ 구축된 모형의 정확성을 평가 시 실제 문제에 적용했을 때 정확하지 못한 결과를 양산한다면 해당 모형은 의미를 가질 수 없다.

## 02
다음 중 분류 모형의 결과로부터 도출된 혼동 행렬(Confusion Matrix)에서 사용할 수 없는 평가 지표는?

① 민감도(Sensitivity)
② 정확도(Accuracy)
③ 지지도(Support)
④ 정밀도(Precision)

## 03
다음 중 데이터 시각화 절차를 바르게 나열한 것은?

① 구조화 → 시각화 → 시각 표현
② 시각화 → 구조화 → 시각 표현
③ 시각 표현 → 구조화 → 시각화
④ 구조화 → 시각 표현 → 시각화

## 04
분류 모형의 평가지표 중 정밀도(Precision)에 대한 계산식은?

① $\dfrac{TP+TN}{TP+TN+FP+FN}$
② $\dfrac{TN}{TN+FP}$
③ $\dfrac{FP+FN}{TP+TN+FP+FN}$
④ $\dfrac{TP}{TP+FP}$

## 05
혼동 행렬(Confusion Matrix)을 사용하여 계산할 수 있는 분류모형의 평가지표 중 재현율과 동일하며 참 긍정률이라고도 불리는 지표는?

① 특이도(Specificity)
② 민감도(Sensitivity)
③ F1 지표
④ 정밀도(Precision)

## 06

다음 중 주어진 자료에서 단순 랜덤 복원 추출 방법을 활용하여 표본에서 표본 데이터를 반복적으로 추출하는 방법은?

① 랜덤 서브샘플링
② K-Fold Cross Validation
③ 부트스트랩
④ Leave-One-Out Cross Validation (LOOCV)

## 07

다음 중 아래 빈칸에 들어갈 말로 적절한 것은?

(A)은(는) 분석의 대상, 즉 관심의 대상이 되는 전체 그룹이라 하며, (B)은(는) (A)을(를) 설명하는 어떤 값이다.

① (A) : 모집단, (B) : 모수
② (A) : 표본, (B) : 모수
③ (A) : 파라미터, (B) : 하이퍼 파라미터
④ (A) : 모집단, (B) : 지수

## 08

다음 중 T-분포의 특징에 대한 설명으로 바르지 못한 것은 무엇인가?

① T-분포는 정규 분포의 평균을 측정할 때 많이 사용하는 분포이다.
② 모집단이 정규 분포라는 정도만 알고, 모분산을 모를 때 표본분산으로 대체하여 모평균을 구할 때 사용한다.
③ 1을 중심으로 좌우 대칭이나, 표준 정규 분포보다 평평하고 기다란 꼬리를 갖는다.
④ 자유도가 증가할수록 표준 정규 분포에 가까워진다.

## 09

다음 중 N개의 데이터 샘플에서 한 개의 샘플을 평가 데이터로 하고, 1개를 뺀 나머지 N-1개를 학습 데이터로 모델링하여 검증하는 방식은 무엇인가?

① LOOCV(Leave-One-Out Cross Validation)
② K-Fold Cross Validation
③ 홀드 아웃 교차 검증
④ 랜덤 서브 샘플링

## 10
다음 중 정규성을 진단하는 방법으로 바르지 못한 것은 무엇인가?

① 샤피로-윌크 검정(Shapiro-Wilk Test)
② 카이제곱 검정
③ 콜모고로프-스미르노프 적합성 검정(Kolmogorov-Smirnov Goodness of Fit Test)
④ Q-Q Plot

## 11
다음 중 데이터 시각화의 특징이 아닌 것은?

① 데이터를 요약
② 정보를 효율적으로 전달
③ 미적 형태로 정보 표현
④ 정보를 검증

## 12
다음 중 빅데이터 시각화 도구에 해당하지 않는 것은?

① 태블로(Tableau)
② 인포그램(Infogram)
③ 스쿱(Sqoop)
④ 데이터 래퍼(Data Wrapper)

## 13
데이터 시각화 유형 중에서 다른 시각화 기법과 용도가 다른 것은 무엇인가?

① 산점도(Scatter Plot)
② 버블 차트(Bubble Chart)
③ 히스토그램(Histogram)
④ 트리맵(Tree map)

## 14
다음 중 시각화 분석을 위한 데이터 유형으로 바르지 못한 것은?

① 범주, 비율
② 추세, 패턴
③ 정보, 표현
④ 관계, 연결

## 15
데이터 시각화 유형 중에서 다른 시각화 기법과 다른 것은 무엇인가?

① 산점도(Scatter Plot)
② 버블 차트(Bubble Chart)
③ 히스토그램(Histogram)
④ 트리맵(Tree map)

## 16
공간 시각화 기법 중 의석 수나 선거인단 수, 인구 등의 특정한 데이터 값의 변화에 따라 지도의 면적이 왜곡되는 그림은?

① 버블 차트
② 등치선도
③ 도트맵
④ 카토그램

## 17
다음 중 아래에서 설명하는 인포그래픽(Infographincs)의 유형은?

> 하나의 사건이나 주제에 대해 이야기를 들려주는 방식
> 유명 인사, 기업 관련 정보와 뉴스 등에 활용

① 도표형
② 지도형
③ 스토리텔링형
④ 타임라인형

## 18
다음 중 사용자(분석자)가 특정 조건을 만족하거나 특정 함수에 의해 값을 만들어 의미를 부여한 변수는?

① 파생 변수
② 도구 변수
③ 통제 변수
④ 독립 변수

## 19
다음 중 공급자와 수요자 등 복수 그룹이 참여해 각 그룹이 얻고자 하는 가치를 공정한 거래를 통해 교환할 수 있도록 구축된 환경을 무엇이라 하는가?

① 플랫폼
② 거버넌스
③ 메타버스
④ 아마존

# 20

데이터 품질 오류를 판단하는 품질지표 예로 필수 속성은 반드시 데이터 값이 채워져 있어야 한다는 정보의 누락시 데이터 오류를 일으키는 지표는 무엇인가?

① 완전성
② 유효성
③ 유일성
④ 정합성

# 제2회 실전 모의고사

## 빅데이터 분석 기획    20문항

### 01
다음 중 데이터 웨어하우스의 4가지 특성이 아닌 것은 무엇인가?

① 주체 지향성
② 데이터 통합
③ 데이터의 시계열성
④ 데이터의 휘발성

### 02
다음 중 가트너가 제시한 데이터 사이언티스트의 역량으로 가장 올바르지 않은 것은?

① 데이터 관리
② 분석 모델링
③ 비즈니스 분석
④ 시스템 운영

### 03
다음 중 빅데이터 플랫폼 데이터 형식으로 적절하지 않은 것은?

① HTML
② R
③ XML
④ JSON

### 04
데이터에 포함된 개인 식별정보를 삭제 또는 알아볼 수 없는 형태로 변환하는 것을 말하는 것을 가장 큰 의미로 무엇이라 하는가?

① 일반화
② 익명화
③ 치환
④ 섭동

## 05

**다음 중 데이터 비식별화 처리 기법에 대한 설명이 잘못 짝지어진 것은?**

① 가명처리 – 개인 식별이 가능한 데이터에 대하여 직접 식별할 수 없는 다른 값으로 대체하는 기법
② 데이터 범주화 – 단일 식별 정보를 해당 그룹의 대푯값으로 변환(범주화)하거나 구간 값으로 변환(범위화)하여 고유 정보 추적 및 식별 방지 기법
③ 총계처리 – 개인 식별 정보에 대하여 전체 또는 부분적으로 대체값으로 변환하는 기법
④ 데이터 삭제 – 개인정보 식별이 가능한 특정 데이터 값 삭제 처리 기법

## 06

**컴퓨팅 분야에서 완전한 수명 주기를 거치며 데이터의 정확성과 일관성을 유지하고 보증하는 것을 가리키며 데이터베이스나 RDBMS 시스템의 중요한 기능에 속하는 용어는 무엇인가?**

① 무결성
② 정확성
③ 일관성
④ 통일성

## 07

**데이터의 양을 측정하는 단위의 크기에 따라 올바르게 나열한 것은?**

① TB < EB < PB < ZB < YB
② TB < PB < EB < YB < ZB
③ TB < EB < ZB < YB < PB
④ TB < PB < EB < ZB < YB

## 08

**데이터 마이닝 분석 방법론에서 예측 분석을 위한 CRISP-DM 분석 방법론의 분석 절차로 옳은 것은?**

① 업무 이해 → 데이터 이해 → 데이터 준비 → 모델링 → 평가 → 전개
② 업무 이해 → 모델링 → 데이터 이해 → 데이터 준비 → 평가 → 전개
③ 업무 이해 → 전개 → 데이터 준비 → 데이터 이해 → 모델링 → 평가
④ 업무 이해 → 전개 → 데이터 이해 → 모델링 → 데이터 준비 → 평가

## 09

**학습 과정에서 신경망의 일부를 사용하지 않는 방법을 무엇이라 하는가?**

① 드롭인
② 드롭아웃
③ 패딩
④ 원핫 인코딩

## 10
데이터 확보 계획 수립 절차를 올바르게 나열한 것은?

① 목표 정의 → 예산안 수립 → 요구사항 도출 → 계획 수립
② 계획 수립 → 목표 정의 → 예산안 수립 → 요구사항 도출
③ 목표 정의 → 요구사항 도출 → 예산안 수립 → 계획 수립
④ 계획 수립 → 목표 정의 → 요구사항 도출 → 예산안 수립

## 11
다음 중 프로토타이핑 접근법의 절차를 바르게 나열한 것은?

① 가설의 생성 → 디자인에 대한 실험 → 실제 환경에서의 테스트 → 테스트 결과에서의 통찰 도출 및 가설 확인
② 테스트 결과에서의 통찰 → 도출 및 가설 확인 가설의 생성 → 실제 환경에서의 테스트 → 디자인에 대한 실험
③ 데이터의 생성 → 실제 환경에서의 테스트 → 테스트 결과에서의 통찰 도출 및 가설 확인 → 디자인에 대한 실험
④ 디자인에 대한 실험 → 가설의 생성 → 실제 환경에서의 테스트 → 테스트 결과에서의 통찰 도출 및 가설 확인

## 12
다음 중 추출(Extract), 변환(Transform), 로드(Load)를 나타내며 조직에서 여러 시스템의 데이터를 단일 데이터베이스, 데이터 저장소, 데이터 웨어하우스 또는 데이터 레이크에 결합하기 위해 일반적으로 허용되는 방법을 나타내는 용어는?

① 스트리밍 데이터 처리　　② ETL
③ 배치 처리　　　　　　　④ 데이터 마이닝

## 13
EDA(탐색적 자료 분석)의 목적에 대한 설명으로 바르지 못한 것은 무엇인가?

① 데이터에 대한 전반적인 구조를 파악하는데 있다.
② 독립변수와 종속변수의 역할을 파악하는데 있다.
③ 주요 변수를 탐색하지만 이상치의 탐지를 하지 않는다.
④ 변수 간의 관계를 파악한다.

## 14
데이터 표준 및 정책에 따라 비즈니스 데이터를 생성·변경하고 생성된 데이터의 가용성·유용성·무결성과 보안을 관리하는 프로세스를 무엇이라 하는가?

① 데이터 표준화
② 데이터 관리체계
③ 데이터 거버넌스
④ 데이터 분석 준비도

## 15
다음 중 데이터베이스에서 자료의 구조, 자료의 표현 방법, 자료 간의 관계를 형식 언어로 정의한 구조는 무엇인가?

① 스키마(Schema)
② 트랜잭션(Transaction)
③ 인메모리(In-Memory) 데이터베이스
④ 제이슨(JSON)

## 16
다음 중 반정형 데이터의 종류가 아닌 것은?

① XML 데이터
② 영상 데이터
③ JSON 데이터
④ IoT에서 제공하는 센서 데이터

## 17
다음 중 데이터 수집을 실행하기 전에 수집 계획에 따른 사전 테스트로 점검할 사항이 아닌 것은 무엇인가?

① 네트워크 트래픽 문제
② 수집 데이터 장애 점검
③ 데이터 누락 여부
④ 원본 데이터와 샘플 데이터를 비교한 정확성 유무

## 18
빅데이터 분석 기술 유형 중 다음 뉴스에 해당하는 원인에 대해 분석하고자 하는 빅데이터 기술은 무엇인가?

"30대 초반 여성들이 빅요구르트를 많이 사 먹자 발효 요구르트 종류가 많아지고 있습니다."

① 의사결정나무
② 분류 분석
③ 회귀 분석
④ 분산 분석

## 19
다음 중 품질 개선 절차에서 고품질 데이터를 유지할 수 있는 항목이 아닌 것은 무엇인가?

① 엔티티 무결성
② 참조 무결성
③ 트리거의 비즈니스 규칙 적용
④ 도메인 무결성

## 20
저장 형태 관점의 데이터 유형 중 센서 데이터, HTTP 트랜잭션, 알람 등과 같이 네트워크를 통해서 실시간으로 전송되는 데이터는 무엇인가?

① 로그 데이터
② DBMS 데이터
③ FTP 데이터
④ 스트리밍 데이터

## 빅데이터 탐색

20문항

### 01
통계적 가설 검정을 이용한 데이터 검출 방법 중 아래에서 설명하는 방법은?

오름차순으로 정렬된 데이터에서 범위에 대한 관측치 간의 차이의 비율을 활용하여 이상값 여부를 검정하는 방법이다. 데이터 수가 30개 미만인 경우에 적절한 방법이다.

① 그럽스 T-검정
② 카이제곱 검정
③ 딕슨의 Q 검정
④ 콜드덱 검정

### 02
다음 중 변수 선택 기법에 해당하지 않는 것은?

① 필터 기법(Filter Method)
② 래퍼 기법(Wrapper Method)
③ 임베디드 기법(Embedded Method)(Embedded Method)
④ 평균 대치법(Mean imputation)

### 03
변수 선택 기법 중 임베디드 기법(Embedded Method)에 해당하지 않는 것은?

① Select From Model
② 릿지(Ridge)
③ 엘라스틱 넷(Elastic Net)
④ 카이제곱 검정(Chi-Square Test)

### 04
다음 중 이상값을 검출하는 방법이 아닌 것은?

① 다중 대치법
② 시각화
③ 마할라노비스 거리(Mahalanobis Distance)
④ LOF(Local Outlier Factor)

## 05

05 파생 변수에 대한 방법 중 다음 사례에 해당하는 방법은?

날씨를 요일로 변환
남/여 데이터를 0/1 이진 변수로 변환

① 단위 변환
② 표현 형식 변환
③ 요약 통계량 변환
④ 변수 결합

## 06

다음 중 아래에서 설명하는 차원 축소 기법으로 가장 알맞은 것은?

행렬을 특정한 구조로 분해하는 방식으로, 신호 처리와 통계학 등의 분야에서 자주 사용

① 주성분 분석(PCA)
② 요인 분석(Factor Analysis)
③ 특이값 분해(SVD)
④ 독립 성분 분석(ICA)

## 07

다음 중 변수 변환 기법이 아닌 것은?

① 정규화
② 비닝
③ 로그 변환
④ 오버 샘플링

## 08

다음 중 행정구역 및 좌표계를 지도에 표시하는 방법이 아닌 것은?

① 코로플레스 지도
② 카토그램
③ 버블 플롯맵
④ 별 그림

## 09

다음 중 변량 데이터에 관한 설명으로 부적절한 것은?

① 일변량, 이변량, 다변량 구분은 독립변수의 수에 의해 결정된다.
② 일변량 데이터는 단위에 대해 하나의 속성만 측정하여 얻게 되는 변수에 대한 자료로 단변량 자료라고도 한다.
③ 이변량 데이터는 다변량 데이터에 속한다.
④ 다변량 데이터는 하나의 단위에 대해 두가지 이상의 특성을 측정하는 경우 얻어지는 변수에 대한 자료이다.

## 10
다음 중 EDA(Exploratory Data Analysis)의 도구에 해당하지 않는 것은?

① 도표(Plot)
② 그래프(Graph)
③ 다이어그램(Diagram)
④ 요약 통계(Summary Statistics)

## 11
데이터 분석의 어떠한 특징에 해당하는가?

① 저항성
② 잔차 해석
③ 자료 재표현
④ 현시성

## 12
다음 중 수치형 데이터의 탐색 시 사용되는 데이터의 특성으로 가장 부적절한 것은?

① 평균
② 최빈값
③ 표준 편차
④ 첨도

## 13
다음 중 (A)와 (B)에 들어갈 말로 가장 적절한 것은?

(A)은(는) 어떤 두 현상이 관계가 있음을 말하지만 어느 쪽이 원인인지 알 수 없다.
(B)은(는) 어떤 상황에 대하여 현상을 발생시킨 원인과 그 결과 사이의 관계이다.

① 상관 관계, 인과 관계
② 상관 관계, 상관 관계
③ 인과 관계, 인과 관계
④ 인과 관계, 상관 관계

## 14
다음 중 상관 계수(r)의 범위를 올바르게 나타낸 것은?

① $-1 \leq r \leq 1$
② $0 \leq r \leq 1$
③ $-\infty \leq r \leq \infty$
④ $0 \leq r \leq \infty$

## 15

다음 중 가설에 대한 설명으로 부적절한 것은?

① 가설은 모집단의 특성으로, 특히 모수에 대한 가정 혹은 잠정적인 결론이다.
② 가설 검정 종류에는 귀무가설과 대립가설이 있다.
③ "A기업 직원과 B기업 직원의 연봉에는 평균적인 차이가 없다"는 귀무가설에 해당한다.
④ 대립가설이란 현재까지 주장되어 온 것이거나 기존과 비교하여 변화 혹은 차이가 없음을 나타내는 가설이다.

## 16

다음 중 평균(Mean)에 관한 설명으로 부적절한 것은?

① 전부 같은 가중치를 두고 있다.
② 평균에는 표본 평균, 모평균, 가중 평균이 있다.
③ 표본 평균은 $\frac{1}{n-1}\sum_{i=1}^{n} X_i$를 통해 구할 수 있다.
④ 표본은 조사하는 모집단의 일부분이다.

## 17

다음 중 통계량의 표준 편차를 나타내는 용어는?

① 표준 오차
② 표본 표준편차
③ 표본 추출
④ 표본 평균

## 18

다음 중 독립변수를 선택하는 방법에 해당하지 않는 것은?

① 후진 제거법(Backward Elimination)
② 전진 선택법(Forward Selection)
③ 단계적 방법(Stepwise Method)
④ 특이값 분해(SVD)

## 19

다음 중 가설 검정에 사용되는 통계량을 나타내는 용어는?

① 검정 통계량
② 추정량
③ 모수
④ 기술 통계량

## 20
**다음 중 주성분 분석(Principal Component Analysis)에 대한 설명으로 거리가 먼 것은?**

① 주성분 변수는 원래 변수 정보를 축약한 변수이다.
② 주성분 분석을 통해 일부 주성분에 의해 원래 변수의 변동이 충분히 설명되는지 알아볼 수 있다.
③ 주성분의 수는 스크리 도표(Scree plot)을 통해 결정할 수 있다.
④ P개의 변수가 있는 경우 P보다 많은 수의 주성분을 추출한다.

## 빅데이터 모델링

### 01
회귀 분석 모형 중 선형 회귀 분석과는 다르게 종속변수가 범주형 데이터를 대상으로 하며 입력 데이터가 주어졌을 때 해당 데이터의 결과가 특정 분류로 나뉘는 모형은?

① 로지스틱 회귀
② 다중 선형 회귀
③ Cox 비례 회귀
④ 비선형 회귀

### 02
다음 중 기계 학습(Machine Learning)에 대한 설명으로 가장 부적절한 것은?

① 기계가 일일이 코드로 명시하지 않은 동작을 데이터로부터 학습하여 실행할 수 있도록 하는 알고리즘을 개발하는 연구 분야이다.
② 데이터 마이닝은 훈련 데이터를 통해 학습된 알려진 속성을 기반으로 예측에 초점을 두고 있는 반면, 기계 학습은 데이터의 미처 몰랐던 속성을 발견하는 것에 집중한다.
③ 기계 학습에서의 일반화는 훈련 이후 새롭게 들어온 데이터를 정확히 처리할 수 있는 능력을 말한다.
④ 기계 학습을 통해 스팸 메일을 분류하도록 훈련할 수 있다.

### 03
다음 중 데이터를 비선형 분류를 하기 위해 커널트릭을 사용하여 주어진 데이터를 고차원 특징 공간으로 사상하는 지도학습 모델은?

① 랜덤 포레스트(Random Forest)
② 로지스틱 회귀(Logistic Regression)
③ 서포트 벡터 머신(Support Vector Machine)
④ 인공 신경망 분석(Artificial Neural Network)

### 04
다음 중 탐색적 기법의 활용에 대한 설명으로 부적절한 것은?

① 범주형 변수를 분석할 경우 히스토그램을 사용하여 각 범주의 분포를 확인한다.
② 수치형의 변수들에 대해서는 산점도를 사용해서 두 변수 간의 관계를 확인한다.
③ 세 개 이상의 연속형 변수가 포함된 경우 연속형 변수를 범주형 변수로 변환한 후 분석한다.
④ 범주형 변수가 하나 이상 포함된 경우 범주에 따라 단변량 혹은 다변량 분석이 가능하다.

## 05

다음 중 아래 빈칸에 해당하는 말로 알맞은 것은?

> 분석 대상인 데이터에 비해 모델이 너무 간단하면 ( A )이(가) 발생하고, 모델을 너무 복잡하게 선택하면 ( B )이(가) 발생하므로 적절한 모델을 사용한다.

① (A) : 과소적합, (B) : 과대적합
② (A) : 과소적합, (B) : 제1종의 오류
③ (A) : 과대적합, (B) : 과소적합
④ (A) : 제1종의 오류, (B) : 제2종의 오류

## 06

다음 중 분석을 위한 분할된 데이터 셋이 아닌 것은?

① 학습용 데이터
② 탐색용 데이터
③ 평가용 데이터
④ 검증용 데이터

## 07

다음 중 모형 선택 오류, 변수 누락, 부적합 변수 생성, 동시 편향과 같은 현상이 발생하는 분석 모형 현상을 무엇이라 하는가?

① 부적합 모형 현상
② 비지도 모형 현상
③ 준지도 모형 현상
④ 비모수 모형 현상.

## 08

다음 중 지도학습에 대한 설명으로 부적절한 것은?

① 정답인 Label이 포함되어 있는 학습 데이터를 통해 컴퓨터를 학습시킨다.
② 인식, 분류, 예측, 진단 등의 문제 해결에 적합하다.
③ 지도학습 기법의 유형은 로지스틱 회귀, 신경망, 의사결정나무, SVM 등이 있다.
④ 텍스트로부터 인상, 감정, 태도 등을 추출하는 감성 분석은 비지도학습이다.

## 09

다음 중 분석 모형 정의 시 고려할 사항에서 부적합 모형 현상이 있다. 관련이 없는 변수가 모델에 포함되어 과대적합을 유발할 때 발생하는 현상은 무엇인가?

① 모형 선택 오류
② 변수 누락
③ 부적합 변수 생성
④ 동시 편향

## 10

독립변수 x가 연속형이고 종속변수 y도 연속형일 때 데이터 유형에 따른 분석기법에 해당하지 않는 것은 무엇인가?

① 회귀 분석
② 인공 신경망 모델
③ K-최근접 이웃 모델
④ 의사결정나무

## 11

다음 중 사회 연결망 데이터를 활용하여 사회 연결망과 사회 구조 등을 사회과학적으로 분석하는 방식은?

① 사회 연결망 분석(Social Network Analysis)
② 감성 분석(Sentiment Analysis)
③ 웹 마이닝(Web mining)
④ 의사결정나무(Decision Tree)

## 12

다음 중 로지스틱 회귀, 의사결정나무, 신경망과 같은 지도학습기법 기본 모형보다 더 좋은 성능을 내고자 고안된 기법은 무엇인가?

① 분류
② 앙상블
③ SVM
④ 베이지안 기법

## 13

다음 중 앙상블 기법에 해당하지 않는 것은?

① 배깅
② 부스팅
③ 랜덤 포레스트
④ 비모수 통계

## 14

다음 중 아래와 같은 빈도 테이블에서 카이제곱 통계량은 무엇인가?

|  | 집단 1 | 집단 2 | Total |
| --- | --- | --- | --- |
| 집단 A | 25 | 15 | 40 |
| 집단 B | 15 | 45 | 60 |
| Total | 40 | 60 | 100 |

① 14.26
② 14.06
③ 14.37
④ 14.58

## 15
다음은 쇼핑몰의 거래 내역이다. 연관 규칙 '맥주 → 기저귀'에 대한 신뢰도(Confidence)는 얼마인가?

| 항목 | 맥 주 | 기저귀 | {맥주, 기저귀} | {기저귀, 빵} | 전체 거래 수 |
|---|---|---|---|---|---|
| 거래 수 | 10 | 20 | 50 | 40 | 100 |

① 0.30　　② 0.33　　③ 0.80　　④ 0.83

## 16
다음 중 음주 여부에 따른 대장암의 발생 여부에 대해 아래와 같은 결과가 나왔을 경우 음주로 인한 폐암 발생의 승산비(Odds Ratio)는 얼마인가?

|  | 대장암 발생 | 대장암 없음 |
|---|---|---|
| 음주 | 10 | 700 |
| 비음주 | 8 | 900 |

① $\dfrac{96}{56}$　　② $\dfrac{56}{96}$　　③ $\dfrac{70}{72}$　　④ $\dfrac{72}{70}$

## 17
다음 중 아래 회귀 분석의 결과에 대한 설명 중 가장 부적절한 것은?

```
Call:
lm(formula = mpg ~ wt, data = mtcars)

Residuals:
    Min     1Q  Median     3Q    Max
-4.5432 -2.3647 -0.1252  1.4096  6.8727

Coefficients:
            Estimate Std. Error t value Pr(>|t|)
(Intercept)  37.2851     1.8776  19.858  < 2e-16 ***
wt           -5.3445     0.5591  -9.559 1.29e-10 ***
---
Signif. codes:  0 '***' 0.001 '**' 0.01 '*' 0.05 '.' 0.1 ' ' 1

Residual standard error: 3.046 on 30 degrees of freedom
Multiple R-squared:  0.7528,    Adjusted R-squared:  0.7446
F-statistic: 91.38 on 1 and 30 DF,  p-value: 1.294e-10
```

① 단순 선형 회귀 분석을 사용하였다.
② 독립변수는 wt이다.
③ 회귀 모형은 유의 수준 5%에서 통계적으로 유의하다.
④ 수정된 결정계수 값은 0.7528이다.

## 18
다음 중 아래에서 설명하는 활성화 함수는 무엇인가?

- x 값이 0보다 큰 경우 y값도 지속적으로 증가함.
- 시그모이드의 기울기 소실 문제를 해결함.
- x＜0인 경우 기울기가 0인 함수.

① tanh 함수　　　　　　　② ReLU 함수
③ 계단 함수　　　　　　　④ Leaky ReLU

## 19
다음 중 서포트 벡터 머신(Support Vector Machine)에 대한 설명으로 부적절한 것은?

① 서포트 벡터 머신은 데이터가 사상된 공간에서 데이터를 분리하는 그 중 가장 큰 폭을 가진 경계를 찾는 알고리즘이다.
② 기계 학습의 분야 중 하나로 패턴 인식, 자료 분석을 위한 비지도학습 모델이며, 주로 군집화와 연관 규칙을 위해 사용한다.
③ 최대 마진(Margin)을 가지는 비확률적 선형 판별에 기초한 이진 분류기다.
④ SVM은 변수 간의 다중공선성은 고려하지 않으며 모든 속성을 활용하는 기법이다.

## 20
다음 중 연관성 분석(Association Analysis)의 측정 도구가 아닌 것은?

① 지지도(Support)　　　　② 신뢰도(Confidence)
③ 향상도(Lift)　　　　　　④ 정밀도(Precision)

# 빅데이터 결과 해석

**20문항**

## 01
다음 중 데이터 시각화 기능 중 숨겨진 관계나 패턴을 찾는 과정은 무엇인가?

① 설명  ② 탐색
③ 표현  ④ 설득

## 02
분류 모형을 평가하는 기준 중 특이도(Specificity)에 대한 계산식은?

① $\dfrac{TP+TN}{TP+TN+FP+FN}$  ② $\dfrac{TN}{TN+FP}$  ③ $\dfrac{FP+FN}{TP+TN+FP+FN}$  ④ $\dfrac{TP}{TN+FP}$

## 03
아래의 혼동 행렬(Confusion Matrix)에서 거짓 긍정률(False Negative Rate)을 의미하는 것은?

| 예측값/ 실제값 | True | False |
| --- | --- | --- |
| True | A | B |
| False | C | D |

① (A+D)/(A+B+C+D)  ② A/(A+B)
③ B/(A+B)  ④ C/(C+D)

## 04
우리나라에서 알려진 대중교통 이용률이 30%일 경우, 40명의 표본을 통해서 우리나라의 대중교통 이용률이 30%인지 검증하는 예제이다. 아래 결과에 대한 설명으로 바르지 못한 것은 무엇인가?

```
> chisq.test(c(27,13), p=c(0.7,0.3))

        Chi-squared test for given probabilities

data:  c(27, 13)
X-squared = 0.11905, df = 1, p-value = 0.7301
```

① 적합도 검정에 대한 결과이다.
② 카이제곱 분포를 이용하여 검정한다.
③ 귀무가설은 "우리나라의 대중교통 이용률은 30%이다"이다.
④ 유의 수준 5%에서 귀무가설을 기각한다.

## 05
다음 중 학습 과정에서 신경망 일부를 사용하지 않는 방법으로 학습 시에 인공 신경망이 특정 뉴런 또는 특정 조합에 너무 의존적으로 되는 것을 방지하는 방법은 무엇인가?

① 모델의 복잡도 감소
② 데이터 증강
③ 가중치 규제 적용
④ 드롭아웃(Dropout)

## 06
다음 중 다수의 모형을 사용하는 앙상블 기법에 해당하지 않는 것은?

① 다수결(Voting)
② 배깅(Bagging)
③ 드롭아웃(Dropout)
④ 랜덤 포레스트(Random Forest)

## 07
다음 중 앙상블 기법에 대한 설명으로 바르지 못한 것은 무엇인가?

① 배깅(Bagging)은 학습 데이터의 중복을 허용하며 학습 데이터 세트를 나누는 기법으로 복원 추출 방법이다.
② 다수결(Voting)은 여러 모형에서 출력된 결과를 종합하여 다수결로 나온 모형을 최종 모형으로 설정하는 방법이다.
③ 다수결(Voting)은 직접 투표(Hard Voting)와 간접 투표(Soft Voting)으로 구분된다.
④ 랜덤 포레스트(Random Forests)는 회귀 모형을 개별 모형으로 사용하는 모형 결합 방법이다.

## 08
분석 모형 시각화 절차 중 정보 구조화 단계에 해당하지 않는 것은?

① 데이터 수집 및 탐색
② 데이터 분류하기
③ 데이터 재배열
④ 데이터 분석

## 09
다음중 ROC curve 에 대한 설명으로 바르지 않은 것은 무엇인가?

① x축을 특이도 y축을 민감도로 하는 그래프이다.
② ROC curve는 X,Y가 둘다 [0,1]의 범위이고, (0,0)에서 (1,1)을 잇는 곡선이다.
③ 항상 0.5~1의 값을 가지며 1에 가까울수록 나쁜 모형이다.
④ ROC 커브는 그 면적이 1에 가까울수록 (즉 왼쪽위 꼭지점에 다가갈수록) 좋은 성능이다.

## 10
아래에서 설명하는 데이터 시각화 유형은?

> 집단 간의 상관 관계를 확인하여 다른 수치의 변화를 예측한다.
> 산점도, 버블차트, 히스토그램을 사용하여 시각화한다.

① 분포 시각화　　　　　　② 시간 시각화
③ 관계 시각화　　　　　　④ 공간 시각화

## 11
데이터 시각화 유형 중에서 다른 시각화 기법과 용도가 다른 것은 무엇인가?

① 산점도(Scatter Plot)　　② 버블 차트(Bubble Chart)
③ 히스토그램(Histogram)　④ 트리맵(Tree map)

## 12
다음 중 막대 그래프를 나타내기 위한 함수로 바른 것은?

① geom_bar( )　　　　　② ggmap( )
③ geom_point( )　　　　 ④ heatmap( )

## 13
다음 중 관계 시각화에 대한 설명으로 바르지 못한 것은?

① 시간에 따른 데이터의 변화를 표현한 시각화 방법이다.
② 상관 관계 비교유형을 표현하는 시각화 기법이다.
③ 관계 시각화의 유형으로 산점도, 버블 차트 등이 있다.
④ 관계 시각화를 위해 geom_point( ) 함수를 사용할 수 있다.

## 14
다음 중 아래에서 설명하는 인포그래픽(Infographincs)의 유형은?

> 하나의 사건이나 주제에 대해 이야기를 들려주는 방식
> 유명 인사, 기업 관련 정보와 뉴스 등에 활용

① 도표형　　　　　　　　② 지도형
③ 스토리텔링형　　　　　④ 타임라인형

## 15
다음 중 빅데이터 모형 운영 및 개선방안 수립 절차를 바르게 나열한 것은?

① 모형 개선 방향 결정 → 오차 계산 → 모형의 점검 여부 결정
② 오차 계산 → 모형의 점검 여부 결정 → 모형 개선 방향 결정
③ 오차 계산 → 모형 개선 방향 결정 → 모형의 점검 여부 결정
④ 모형의 점검 여부 결정 → 오차 계산 → 모형 개선 방향 결정

## 16
데이터 품질 오류를 판단하는 품질지표 예로 동일 데이터 중복없이 하나로 관리되어야 한다는 지표는 무엇인가?

① 완전성
② 유효성
③ 유일성
④ 정합성

## 17
다음 중 빅데이터 비즈니스 주요 실패 원인으로 가장 바르지 못한 것은?

① 빅데이터 분석 목적, 빅데이터 서비스 목적의 불명확
② 빅데이터 분석 결과를 이용할 사용자 및 활용 방안의 불명확
③ 분석 대상 데이터 품질의 상승
④ 분석 모형에 대한 정의 없이 인프라 우선 도입

## 18
다음 중 분석 모형 및 개발에 관한 절차로 바른 것은?

① 분석목적 정의-가설검토-데이터 준비 및 처리-모델링 및 분석-정확도 및 성능 평가-운영
② 가설검토-분석목적 정의-데이터 준비 및 처리-모델링 및 분석-정확도 및 성능 평가-운영
③ 가설검토-데이터 준비 및 처리-모델링 및 분석-정확도 및 성능 평가-분석목적 정의-운영
④ 분석목적 정의-가설검토-모델링 및 분석-데이터 준비 및 처리-정확도 및 성능 평가-운영

## 19

다음 중 임계치(Threshold)에 대한 설명으로 바르지 못한 것은?

① 성능 모니터링 시, 장애상황 및 성능상태의 경계선
② 빅데이터 성능을 정상과 비정상 상태를 판단하는 경계이다.
③ 임계치 설정은 서비스 형태와 시스템 특성을 고려하여 설정한다.
④ 임계치 관리는 다양한 요소를 반영할 경우 장애 요인이 된다.

## 20

다음 중 차트, 그래프, 지도를 포함한 다양한 그래픽 기능을 제공하는 시각화 도구로 클라우드 기반으로 데이터를 클라우드에 저장할 수 있도록 지원하는 빅데이터 시각화 도구는?

① 태블로(Tableau)
② 인포그램(Infogram)
③ 차트 블록(Chart Blocks)
④ 엑셀(Excel)

# 제3회 실전 모의고사

## 빅데이터 분석 기획 20문항

**01**
다음 중 빅데이터의 특징에서 데이터가 맥락에 따라 의미나 의도가 달라질 수 있으며, 데이터 활용 가치가 오랫동안 지속될 수 있는지 판단하는 특징은 무엇인가?

① Veracity(신뢰성)
② Volume(규모)
③ Value(가치)
④ Volatility(휘발성)

**02**
빅데이터의 가치는 현실 세계의 (   )를 기반으로 한 (   )과 과거 전망을 예측하여 (   )을 제거하기 위한 것이다. 괄호 안에 들어갈 단어가 올바르게 짝지어진 것은?

① 데이터 – 패턴 분석 – 확실성
② 데이터 – 자연어 분석 – 노이즈
③ 노이즈 – 패턴 분석 – 위험징후
④ 데이터 – 패턴 분석 – 불확실성

**03**
다음 중 구조적 관점의 빅데이터 유형중 정형 데이터에 속하는 것은 무엇인가?

① RDBMS(SQL)
② XML, JSON
③ TXT
④ SNS

**04**
다음 빅데이터 위기 요인에 해당하지 않는 것은 무엇인가?

① 책임원칙 훼손
② 사생활 침해
③ 알고리즘 접근허용
④ 데이터 오용

## 05

획득된 다양한 정보를 구조화하여 유의미한 정보로 분류하고 일반화한 결과물은?

① 데이터  ② 정보
③ 지식  ④ 학습

## 06

다음 중 수치로 측정이 불가능한 자료인 질적 자료에 해당하지 않는 것은 무엇인가?

① 전화번호  ② 성별
③ 혈액형  ④ 주가 지수

## 07

다음은 데이터의 양을 측정하는 단위이다. 크기에 따라 올바르게 나열한 것은?

① TB < ZB < PB < EB < YB  ② TB < PB < EB < ZB < YB
③ EB < TB < PB < YB < ZB  ④ TB < EB < ZB < YB < PB

## 08

데이터의 재사용, 데이터의 재조명, 다목적용 데이터 개발 등이 일반화되면서 특정 데이터를 언제 누가 어디서 활용하였는지 알 수 없어서 가치 산정이 어려워진 것은 무엇에 대한 문제인가?

① 데이터 활용 방식  ② 새로운 가치 창출
③ 분석 기술 발전  ④ 데이터 관리 체계

## 09

문제를 모르고 세부 내용 발견에서부터 시작해 인사이트를 제시하는 상향식 접근 방법에 대한 설명이 바르지 못한 것은 무엇인가?

① 하향식 접근법의 한계를 극복하기 위한 분석 방법이다.
② 사물을 있는 그대로 인식하는 what 관점에서 접근한다.
③ 문제 탐색 → 문제 정의 → 타당성 검토 → 솔루션 탐색 → 선택과 같은 절차를 따른다.
④ 비지도학습 방법으로 수행한다.

## 10
하향식 접근 방식에 대한 설명으로 올바르지 않은 것은?

① 분석과제가 정해져 있고 이에 대한 해법을 찾기 위해 체계적으로 분석하는 방법이다.
② 문제 탐색, 문제 정의, 해결 방안 탐색, 타당성 검토 과정을 거쳐 과제를 발굴한다.
③ 비지도학습 방법을 사용한다.
④ 사용자 관점에서 비즈니스 문제를 데이터 문제로 변환하여 문제를 정의한다.

## 11
가설 설정을 통해 통계 모델을 만들거나 기계 학습(지도학습, 비지도학습 등)을 이용하여 모델을 만드는 모델링 과정으로 거리가 먼 것은?

① 훈련용(Training)과 테스트용(Testing)으로 분할하여 과적합(Over-Fitting)을 방지하고 모델의 일반화에 이용한다.
② Training과 Testing용으로 분할하며 교차검증(Cross Validation)을 수행하거나 앙상블(Essemble) 기법을 적용할 경우 데이터 분할, 검증 횟수, 생성모델 개수 등을 설정한다.
③ 분류(Classification), 예측(Prediction), 군집(Clustering) 등의 모델을 만들어 가동중인 운영 시스템에 적용하는 것을 데이터 모델링이라 한다.
④ 프로젝트 정의서의 평가 기준에 따라 모델의 완성도 평가, 검증은 별도의 데이터 셋이 아닌 분석용 데이터 셋으로 검증한다.

## 12
다음 중 빅데이터 분석 기획 단계에서 프로젝트 위험 대응 계획을 수립하려는 경우 예상되는 위험을 대응하는 방법에 해당하지 않는 것은?

① 이관(Escalate)  ② 전가(Transfer)
③ 완화(Mitigate)  ④ 활용(Exploit)

## 13
민감도 분석결과를 표현하는 방법으로 사용되는 다이어그램은 무엇인가?

① 시퀀스 다이어그램  ② 유스케이스 다이어그램
③ 벤 다이어그램  ④ 토네이도 다이어그램

## 14
모델이 학습 데이터를 불필요할 정도로 과하게 암기하여 훈련 데이터에 포함된 노이즈까지 학습한 상태를 무엇이라 하는가?

① 과적합  ② 데이터 증식
③ 토큰화  ④ 과소적합

## 15
출판자 또는 저작권자가 그들이 배포한 디지털 자료나 하드웨어의 사용을 제어하고 이를 의도한 용도로만 사용하도록 제한하는 데 사용되는 모든 기술들을 지칭하는 용어를 무엇이라 하는가?

① ERP  ② CRM  ③ DRM  ④ SCM

## 16
다음 중 데이터 종류별 연동 방법에서 로그 형태로 센서 데이터 등 머신이 발생하는 데이터에 해당하는 것은 무엇인가?

① 소켓  ② 스트리밍
③ ftp  ④ http

## 17
데이터 수집 방법에 대한 설명이 다른 것은 무엇인가?

① DBMS : 크롤링  ② 웹 : FTP
③ 센서 : OPEN API  ④ 동영상 : Streaming

## 18
다음 중 데이터 유형에 대한 설명으로 가장 부적절한 것은?

① 스키마 구조의 유무에 따라 정형 데이터와 비정형 데이터를 구분할 수 없다.
② 비정형 데이터는 텍스트 데이터, 이미지, 동영상 같은 멀티미디어 데이터이다.
③ 정형 데이터는 데이터의 스키마 정보를 관리하는 DBMS와 데이터 내용이 저장되는 데이터 저장소로 구분된다.
④ 데이터 유형은 정형 데이터, 반정형 데이터, 비정형 데이터로 분류할 수 있다.

## 19

다음 중 데이터 속성에 대한 설명으로 적절하지 않은 것은?

① 순서형 변수는 변수가 어떤 기준에 따라 순서에 의미를 부여할 수 있는 변수이다.
② 이산형 변수는 범주형 변수 또는 이산 확률 변수라고도 한다.
③ 연속형 변수는 학생들의 평균 키처럼 변수 값이 정수처럼 명확한 값을 가진다.
④ 명목형 변수는 명사형으로 변수나 변수의 크기가 순서와 상관없고, 이름으로 의미를 부여할 수 있는 변수이다.

## 20

다양한 차원과 값을 조합하여 특이한 점 또는 의미 있는 사실을 도출하고 분석에 대한 최종 목적을 달성해 가는 과정을 무엇이라 하는가?

① EDA
② FDA
③ KPI
④ NCS

## 빅데이터 탐색　20문항

## 01
다음 중 데이터의 정제 절차를 바르게 나열한 것은?

① 데이터 오류 원인 분석 → 데이터 정제 방법 결정 → 데이터 정제 대상 선정
② 데이터 오류 원인 분석 → 데이터 정제 대상 선정 → 데이터 정제 방법 결정
③ 데이터 정제 대상 선정 → 데이터 오류 원인 분석 → 데이터 정제 방법 결정
④ 데이터 정제 대상 선정 → 데이터 정제 방법 결정 → 데이터 오류 원인 분석

## 02
다음 중 데이터 전처리 절차를 바르게 나타낸 것은?

① 데이터 분석 → 이상값 처리 → 결측값 처리 → 분석 변수 처리
② 데이터 분석 → 이상값 처리 → 분석 변수 처리 → 결측값 처리
③ 결측값 처리 → 이상값 처리 → 데이터 정제 → 분석 변수 처리
④ 데이터 정제 → 결측값 처리 → 이상값 처리 → 분석 변수 처리

## 03
다음 중 통계기법을 이용한 데이터 이상값 검출에 대한 설명으로 바르지 않은 것은?

① 딕슨 Q검정
② Grubbs test
③ 카이제곱 검정
④ 피어슨 검정

## 04
다음 중 CEP(Complex Event Processing)에 대한 설명으로 바른 것은 무엇인가?

① IoT 센싱 데이터, 로그, 음성 데이터 등 실시간 데이터의 처리 기술
② 일괄처리된 이벤트 처리에 대한 결과값을 수집하고 처리하는 기술
③ 인 메모리 기반 데이터 처리 방식
④ 대용량 데이터 집합을 분석하기 위한 플랫폼

## 05
다음 중 변수 상에서 발생하였으나 다른 변수들과 아무런 상관이 없는 결측값은?

① 완전 무작위 결측　　② 무작위 결측
③ 부분 무작위 결측　　④ 비 무작위 결측

## 06
변수 선택을 위한 방법 중 변수를 모두 포함한 상태에서 가장 적은 영향을 주는 변수부터 하나씩 제거하는 방법으로 가장 적절한 것은?

① 전진 선택법(Forward Selection)
② 후진 제거법(Backward Elimination)
③ 단계적 방법(Stepwise Method)
④ 카이제곱 검정(Chi-Square Test)

## 07
다음 중 변수들의 공분산 행렬이나 상관 행렬을 이용하며, 원래 데이터 특징을 잘 설명해주는 성분을 추출하기 위하여 고차원 공간의 표본들을 선형 연관성이 없는 저차원 공간으로 변환하는 차원축소 기법으로 가장 적절한 것은?

① 주성분 분석(PCA)　　② 특이값 분해(SVD)
③ 요인 분석(Factor Analysis)　　④ 다차원 척도법(MDS)

## 08
다음 중 언더 샘플링(Under Sampling)에 대한 설명으로 가장 부적절한 것은?

① 다운 샘플링(Down Sampling)이라고도 한다.
② 다수 클래스의 데이터를 일부만 선택하여 데이터의 비율을 맞추는 방법이다.
③ 언더 샘플링의 경우 오버 샘플링 보다 데이터의 소실이 적고, 중요한 정상 데이터를 보존할 수 있다.
④ 언더 샘플링의 대표적인 기법에는 랜덤 언더 샘플링, ENN(Edited Nearest Neighbours), 토멕링크 방법 등이 있다.

## 09
다음 중 상관 관계 분석에 대한 설명으로 가장 부적절한 것은?

① 상관 관계 분석이란 두 개 이상의 변수 사이에 존재하는 상호 연관성의 존재 여부와 연관성의 강도를 측정하여 분석하는 방법이다.
② 양의 상관 관계는 한 변수의 값이 증가할 때 다른 변수의 값도 증가하는 경향을 보이는 상관 관계이다.
③ 한 변의 값의 변화에 무관하게 다른 변수의 값이 변한다면 상관 관계가 없는 것이다.
④ 히스토그램을 통해 변수 사이의 관계를 표현할 수 있다.

## 10
다음 중 (A)와 (B)에 들어갈 말로 가장 적절한 것은?

(A)은(는) 어떤 두 현상이 관계가 있음을 말하지만 어느 쪽이 원인인지 알 수 없다.
(B)은(는) 어떤 상황에 대하여 현상을 발생시킨 원인과 그 결과 사이의 관계이다.

① 상관 관계, 인과 관계
② 상관 관계, 상관 관계
③ 인과 관계, 인과 관계
④ 인과 관계, 상관 관계

## 11
다음 중 데이터 속성에 따른 상관성 분석에 관한 설명으로 가장 거리가 먼 것은?

① 두 변수가 명목적 데이터일 경우 두 변수 사이의 연관성은 카이제곱 검정을 통하여 분석한다.
② 데이터에 대한 분류의 의미를 지닌 수치형 데이터 변수 사이의 상관 계수를 계산하는 것은 큰 의미가 없다.
③ 카이제곱 검정은 교차 분석이라고도 불린다.
④ 두 변수가 순서적 데이터일 경우에는 스피어만 순위 상관 계수를 이용하여 분석한다.

## 12
다음 데이터에 대한 사분위수 범위로 알맞은 것은?

1, 5, 8, 9, 13, 18, 19

① 6
② 9
③ 13
④ 18

## 13
다음 중 왜도와 첨도에 대한 설명으로 부적절한 것은?

① 왜도는 데이터의 분포가 정규 분포로부터 오른쪽 또는 왼쪽으로 치우친 정도를 보여주는 값이다.
② 첨도는 데이터의 분포가 정규 분포 곡선으로부터 위 또는 아래쪽으로 뾰족한 정도를 보여주는 값이다.
③ 왜도가 0보다 작을 경우 오른쪽 편포에 해당한다.
④ 정규 분포는 첨도가 3이지만 일반적으로 첨도의 정의에서 3을 뺀 0을 기준으로 하고 있다.

## 14
다음 중 변량 데이터에 관한 설명으로 부적절한 것은?

① 일변량, 이변량, 다변량 구분은 독립변수의 수에 의해 결정된다.
② 일변량 데이터는 단위에 대해 하나의 속성만 측정하여 얻게 되는 변수에 대한 자료로 단변량 자료라고도 한다.
③ 이변량 데이터는 다변량 데이터에 속한다.
④ 다변량 데이터는 하나의 단위에 대해 두가지 이상의 특성을 측정하는 경우 얻어지는 변수에 대한 자료이다.

## 15
다음 중 평균(Mean)에 관한 설명으로 부적절한 것은?

① 전부 같은 가중치를 두고 있다.
② 평균에는 표본평균, 모평균, 가중평균이 있다.
③ 표본 평균은 $\frac{1}{n-1}\sum_{i=1}^{n} X_i$를 통해 구할 수 있다.
④ 표본은 조사하는 모집단의 일부분이다.

## 16
다음 중 가설 검정에 사용되는 통계량을 나타내는 용어는?

① 검정 통계량　　　　　② 추정량
③ 모수　　　　　　　　④ 기술 통계량

## 17

다음 중 분산분석에 대한 설명으로 부적절한 것은?

① 두 개 이상의 집단 간 비교를 수행하고자 할 때 집단 내의 분산, 총 평균과 각 집단의 평균 차이에 의해 생긴 집단 간 분산을 비교하는 분석이다.
② 분산 분석의 검정 통계량은 T-통계량을 사용한다.
③ 분산 분석의 귀무가설은 "집단 간에 통계적인 차이가 없다"이다.
④ 분산 분석은 독립변수의 수에 따라 일원분산 분석, 이원분산 분석으로 구분할 수 있다.

## 18

다음 중 가설 검정의 절차를 바르게 나열한 것은?

① 가설 설정 → 유의 수준 설정 → 검정 방법 설정 → p-값 산출 → 통계적인 의사 결정
② 검정 방법 설정 → 가설 설정 → 유의 수준 설정 → p-값 산출 → 통계적인 의사 결정
③ 유의 수준 설정 → 가설 설정 → 검정 방법 설정 → p-값 산출 → 통계적인 의사 결정
④ 가설 설정 → p-값 산출 → 유의 수준 설정 → 검정 방법 설정 → 통계적인 의사 결정

## 19

다음 중 가설 검정의 오류에 대한 설명으로 부적절한 것은?

① 제1종 오류는 귀무가설이 참인데 잘못하여 이를 기각하게 되는 오류이다.
② 제2종 오류는 귀무가설이 참이 아닌데 잘못하여 이를 채택하게 되는 오류이다.
③ 일반적으로 1종 오류의 영향이 2종 오류의 영향보다 크다
④ 검정력이란 1에서 제1종의 오류가 발생할 확률을 뺀 값이다.

## 20

다음 중 p-값에 대한 설명으로 부적절한 것은?

① 귀무가설이 참이라는 가정에 따라 주어진 표본 데이터를 희소 또는 극한값으로 얻을 확률값이다.
② 검정 통계량 및 이의 확률 분포에 근거하여 귀무가설이 참일 때 귀무가설을 기각하게 되는 제1종 오류를 범할 확률로도 볼 수 있다.
③ 대립가설이 사실일 때, 이를 사실로서 결정할 확률이다.
④ p-값이 유의 수준보다 작으면 귀무가설을 기각한다.

## 빅데이터 모델링

**01**

다음 중 인공 신경망의 출력 결과와 실제 값과의 오차를 바탕으로 모형의 가중치를 갱신하는 알고리즘으로 가장 적절한 것은?

① 역전파 알고리즘
② 탐색 알고리즘
③ 그래프 알고리즘
④ 해시 알고리즘

**02**

다음 중 비지도학습에 대한 특징으로 부적절한 것은?

① 비지도학습은 입력값에 대한 목표치가 주어지지 않는다.
② 예측의 문제 보다는 주로 현상의 설명이나 특징 도출, 패턴 도출 등의 문제에 많이 활용된다.
③ 일반적으로 명확하고 목적이 있는 지도학습 기법과 비교하면 유용한 정보나 패턴을 탐색적으로 발견하고자 하는 데이터 마이닝의 성격이 더 강하다.
④ 비지도학습의 유형에는 나이브베이즈, KNN, 서포트 벡터 머신, 분류 등이 있다.

**03**

다음 중 아래 결론을 도출할 수 있는 가장 적합한 분석 모형은?

맥주를 구매하는 사람들은 기저귀를 함께 구매한다.
초콜렛을 구매하는 사람들은 우유를 함께 구매한다.

① 연관 규칙 학습
② 분류 분석
③ 기계 학습
④ 감성 분석

**04**

다음 중 분석 모형 구축 절차를 바르게 나열한 것은?

① 요건 정의 → 모델링 → 적용 → 검증 및 테스트
② 모델링 → 요건 정의 → 검증 및 테스트 → 적용
③ 요건 정의 → 모델링 → 검증 및 테스트 → 적용
④ 요건 정의 → 검증 및 테스트 → 모델링 → 적용

## 05

군집화 모델에 대한 설명이 잘못된 것은 무엇인가?

① 군집화는 사전에 정의된 정답 혹은 집단이 존재하지 않는다는 점에서 분류와 차이가 있다.
② 계층적 방법에는 응집 분석법과 분할 분석법이 있다.
③ 군집화는 비지도학습의 대표적인 기술로 클러스터란 같은 특성을 가진 데이터들의 집단이다.
④ K 평균 군집화는 K개 소집단의 중심 좌표를 이용하여 각 개체와의 거리를 측정하여 군집을 형성 후, 반복적으로 군집을 적합하게 갱신하는 방법이다.

## 06

다음 중 지도학습에 대한 설명으로 부적절한 것은?

① 정답인 Label이 포함되어 있는 학습 데이터를 통해 컴퓨터를 학습시킨다.
② 인식, 분류, 예측, 진단 등의 문제 해결에 적합하다.
③ 지도학습 기법의 유형은 로지스틱 회귀, 신경망, 의사결정나무, SVM 등이 있다.
④ 텍스트로부터 인상, 감정, 태도 등을 추출하는 감성 분석은 비지도학습이다.

## 07

다음 중 하이퍼 파라미터에 대한 설명으로 잘못된 것은 무엇인가?

① 모델 내부에서 확인이 가능하며 데이터를 통해 산출이 가능하다.
② 알고리즘 구현 과정에서 사용한다.
③ 경험에 의해 결정 가능한 값을 가진다.
④ 학습률, 의사결정나무 Depth, KNN의 k 개수라고 말할 수 있다.

## 08

시계열 모형 중 시계열을 분해하여 분석하고자 하는 경우 세가지 시계열 패턴으로 적합하지 않은 것은 무엇인가?

① 추세(trend)  ② 계절성(seasonality)
③ 주기(cycle)  ④ 분기(quarter)

## 09

시계열 자료에서 추세(trend)를 뽑아내기 위해서 이용하는 모형은 무엇인가?

① 자기 회귀 모형
② 자기 회귀 누적 이동 평균 모형
③ 시계열 분해
④ 중심 이동 평균 모형

## 10

다음 중 조건부 확률에 대한 설명으로 바르지 못한 것은 무엇인가?

① 독립된 두 사건이 함께 발생할 확률이다.
② 어떤 사건 A가 일어 났을때 다른 사건 B가 발생할 확률이다.
③ 사건 A가 조건으로 일어났을 때 사건 B의 조건부 확률은 $P(B|A) = \dfrac{P(A \cap B)}{P(B)}$, $P(A)=0$이다.
④ 음성인식이나 기계번역 분야는 조건부확률에 의해 더욱 성과를 낼 수 있었다.

## 11

다음 중 인공 신경망 내부에서 입력 받은 데이터를 근거로 다음 계층으로 출력할 값을 결정하는 기능을 수행하며 신경망 구성할 때 각각의 레이어를 정의할 때 세부적인 함수를 선택하는 용어를 무엇이라 하는가?

① 활성화 함수
② 은닉층
③ 비용 함수
④ 뉴런

## 12

다음 중 분류해야 하는 정답지(클래스)의 총 개수를 k라고 할 때, k차원의 벡터를 입력 받아 각 클래스에 대한 확률을 추정 피처 맵을 완전 연결 계층의 입력 값으로 사용하는 함수는 무엇인가?

① Softmax 함수
② Relu 함수
③ Sigmoid 함수
④ Logit 함수

## 13

다음 중 텍스트 마이닝 절차를 바르게 나열한 것은?

① 텍스트 데이터 수집 → 텍스트 특징 추출 → 패턴 분석 → 정보 생성
② 텍스트 데이터 수집 → 패턴 분석 → 텍스트 특징 추출 → 정보 생성
③ 정보 생성 → 패턴 분석 → 텍스트 데이터 수집 → 텍스트 특징 추출
④ 텍스트 특징 추출 → 텍스트 데이터 수집 → 정보 생성 → 패턴 분석

## 14

다음은 시험에 참가한 50명의 학생 중 안경을 쓴 학생 수와 안경을 쓰지 않은 학생 수를 나타낸 표이다. 전체에서 1명을 뽑았을 때 그 학생이 여성일 경우 이 학생이 안경을 쓰는 학생일 확률은 얼마인가?

| 구 분 | 남성 | 여성 |
| --- | --- | --- |
| 안경을 쓰는 학생 | 27 | 9 |
| 안경을 쓰지 않는 학생 | 8 | 6 |

① $\frac{1}{3}$   ② $\frac{3}{5}$   ③ $\frac{2}{3}$   ④ $\frac{8}{9}$

## 15

다음 중 순서형 자료의 거리 측정 방법으로 가장 적절한 것은?

① 순위 상관 계수(Rank Correlation Coefficient)
② 단순 일치 계수(Simple Matching Coefficient)
③ 자카드(Jaccard) 계수
④ 표준화(Standardized) 거리

## 16

다음 중 연관 규칙 분석에서 품목 A의 거래 수가 8, 품목 B의 거래 수가 4, A, B가 동시에 포함된 거래 수가 16, 전체 거래 수가 20일 때 품목 A, B의 지지도(Support)는?

① 0.2   ② 0.4   ③ 0.5   ④ 0.8

## 17

다음 중 회귀 모형의 계수를 추정할 때 실제 데이터와 추정된 데이터의 오차의 제곱합이 최소가 되는 모형을 구하는 방법은?

① 최대 우도 추정법
② 최소 제곱법
③ 회귀 제곱법
④ 오차 제곱법

## 18

다음 중 반응 변수가 수치형 변수인 경우 적용되는 회귀 분석 모형이 아닌 것은?

① 단순 회귀 모형
② 다항 회귀 모형
③ 곡선 회귀 모형
④ 로지스틱 회귀 모형

# 19

다음 중 의사결정나무(Decision Tree)에서 가지가 더 이상 분할하지 않고 현재의 마디가 끝마디가 되도록 하는 규칙은?

① 랜덤 포레스트　　② 가지치기
③ 정지 규칙　　　　④ 배깅

# 20

동호회의 경우 개인정보보호법으로 개인정보 수집시 암호화를 하여야 하는 개인정보가 아닌 것은?

① 고유식별정보　　② 이름 및 연락처
③ 비밀번호　　　　④ 바이오정보

# 빅데이터 결과 해석

20문항

## 01
분석 모형 검증 방법 중 다중 교차 검증에 해당하지 않는 것은?

① Random Sub-Sampling
② K-Fold Cross Validation
③ Decision Tree
④ Bootstrap

## 02
회귀 모형의 평가지표 중 전체 제곱합계를 무엇이라 하는가?

① SSE
② SST
③ MAE
④ SSR

## 03
혼동 행렬(Confusion Matrix)을 사용하여 계산할 수 있는 분류 모형의 평가지표 중 재현율과 동일하며 참 긍정률이라고도 불리는 지표는?

① 특이도(Specificity)
② 민감도(Sensitivity)
③ F1 지표
④ 정밀도(Precision)

## 04
다음 중 주어진 자료에서 단순 랜덤 복원 추출 방법을 활용하여 동일한 크기의 표본을 여러 개 생성하는 샘플링 방법은?

① 부트스트랩
② 랜덤 서브샘플링
③ K-Fold Cross Validation
④ Leave-One-Out Cross Validation(LOOCV)

## 05
다음 중 통계적 추측의 하나로서, 모집단 실제의 값이 얼마가 된다는 주장과 관련해, 표본의 정보를 사용해서 가설의 합당성 여부를 판정하는 과정은?

① 가설 검정
② 머신 러닝
③ 기술 통계
④ 시각화

## 06
다음 중 동일한 확률 분포를 가진 독립 확률 변수 n개의 분포는 n이 적당히 크다면 정규 분포에 가까워진다는 이론은 무엇인가?

① 중심 극한 정리  ② 대수의 법칙
③ 차원의 저주  ④ 과적합

## 07
다음 중 데이터를 난수로 균등하게 K개의 부분 집합으로 나누고, 그 중 1개 그룹을 평가 데이터로, 나머지(K-1)개 집합을 학습 데이터로 선정하여 분석 모형을 평가하는 기법은?

① 홀드 아웃 교차 검증
② 랜덤 서브 샘플링
③ K-Fold Cross Validation
④ LOOCV(Leave-One-Out Cross Validation)

## 08
다음 중 정규성을 진단하는 방법으로 부적절한 것은?

① 샤피로-윌크 검정(Shapiro-Wilk Test)
② 콜모고로프-스미르노프 적합성 검정(Kolmogorov-Smirnov Goodness of Fit Test)
③ 카이제곱 검정
④ Q-Q Plot

## 09
다음 중 과대 적합을 방지하기 위한 방법으로 적절하지 않은 것은?

① 데이터 증강(Data Augmentation)  ② 모델의 복잡도 증가
③ 가중치 규제 적용  ④ 드롭아웃(Dropout)

## 10
다음 중 머신러닝 모델의 출력값과 사용자가 원하는 실젯값의 차이인 오차를 나타내는 용어는?

① 손실 함수(Loss Function)  ② 가중치(Weight)
③ 편향(Bias)  ④ 하이퍼 파라미터(Hyper Parameter)

## 11
다음 중 캐릭터 등의 만화적 요소를 활용한 방식의 인포그래픽(Infographics) 유형은?

① 지도형
② 도표형
③ 타임라인형
④ 만화형

## 12
다음 중 목표 성취를 위해 필요한 요소를 뜻하는 용어로 기업 경쟁력 향상을 위한 핵심 내부 역량이며, 목표 달성을 위해 반드시 수행해야 하는 필수 요소는?

① 핵심 성공 요인(Critical Success Factor)
② 핵심 성과 지표(Key Performance Indicator)
③ 신뢰도(Reliability)
④ 최적화(Optimization)

## 13
다음 중 빅데이터 모형 개발 및 운영 프로세스를 바르게 나열한 것은?

① 분석 목적 정의 → 가설 검토 → 데이터 수집 및 전처리 → 모델링 → 정확도 및 성능 평가 → 배치
② 분석 목적 정의 → 모델링 → 가설 검토 → 데이터 수집 및 전처리 → 정확도 및 성능 평가 → 배치
③ 분석 목적 정의 → 가설 검토 → 모델링 → 데이터 수집 및 전처리 → 정확도 및 성능 평가 → 배치
④ 분석 목적 정의 → 데이터 수집 및 전처리 → 가설 검토 → 모델링 → 정확도 및 성능 평가 → 배치

## 14
다음 중 빅데이터 분석의 4단계에서 어떤 일이 일어났는가에 해당하는 분석은?

① 묘사 분석
② 진단 분석
③ 예측 분석
④ 처방 분석

## 15
다음 중 평균과 개별 관측치 사이 거리의 평균으로 편차의 산술 평균을 무엇이라 하는가?

① 중앙값 절대 편차(Median Absolute Deviation)
② 평균 절대 편차(Average Absolute Deviation)
③ 표준 오차(Standard error)
④ 표본 분산(Sample Variance)

## 16
다음 중 빅데이터 비즈니스 주요 실패 원인으로 가장 바르지 못한 것은?

① 빅데이터 분석 목적, 빅데이터 서비스 목적의 불명확
② 빅데이터 분석 결과를 이용할 사용자 및 활용 방안의 불명확
③ 분석 대상 데이터 품질의 상승
④ 분석 모형에 대한 정의 없이 인프라 우선 도입

## 17
다음 중 정보 시스템에서 작업 처리를 요청한 시간으로부터 이를 시스템이 처리하여 결과를 보낼 때까지 소요된 시간을 나타내는 것은?

① 사용률(Utilization)
② 응답 시간(Response Time)
③ 가용성(Availability)
④ 정확성(Accuracy)

## 18
다음 중 분석 모형 리모델링 절차를 바르게 나열한 것은?

① 개선용 데이터 수집/처리 → 분석 모델 개선 → 분석 결과 평가 및 분석 모델 등록
② 분석 모델 개선 → 개선용 데이터 수집/처리 → 분석 결과 평가 및 분석 모델 등록
③ 개선용 데이터 수집/처리 → 분석 결과 평가 및 분석 모델 등록 → 분석 모델 개선
④ 분석 결과 평가 및 분석 모델 등록 → 개선용 데이터 수집/처리 → 분석 모델 개선

## 19
다음 중 빅데이터 리모델링 시 고려사항으로 조건과 가중치 변화 계수값을 조정하는데 필요한 기법은 무엇인가?

① 핵심 성공 요인(Critical Success Factor)
② 핵심 성과 지표(Key Performance Indicator)
③ 신뢰도(Reliability)
④ 최적화(Optimization)

## 20

**다음 중 데이터 시각화에 대한 설명으로 바르지 못한 것은?**

① 빅데이터의 시각화 측면에서는 시각화의 방법론적 요소가 없더라도 모든 데이터를 살펴볼 수 있으므로 그 중요성이 줄어들고 있다.
② 전통적인 시각화 기술은 주로 시스템 로그나 실험 분석 결과 등에 대한 통계정보를 그래프로 보여주는 방식이다.
③ 데이터에 대한 이해를 돕기 위해 그림, 도형 등 그래픽 요소들을 이용해 데이터를 묘사하고 표현하는 과정이다.
④ 데이터 시각화 유형으로는 시간, 분포, 관계, 비교, 공간 시각화가 있다.

# 제4회 실전 모의고사

## 빅데이터 분석 기획 — 20문항

**01**
빅데이터의 가치는 현실 세계의 (　　)를 기반으로 한 (　　)과 과거 전망을 예측하여 (　　)을 제거하기 위한 것이다. 괄호 안에 들어갈 단어가 올바르게 짝지어진 것은?

① 데이터 – 패턴 분석 – 확실성
② 데이터 – 자연어 분석 – 노이즈
③ 노이즈 – 패턴 분석 – 위험징후
④ 데이터 – 패턴 분석 – 불확실성

**02**
다음 중 구조적 관점의 빅데이터 유형중 정형 데이터에 속하는 것은 무엇인가?

① RDBMS(SQL)
② XML, JSON
③ TXT
④ SNS

**03**
데이터에 대한 설명이 바르지 못한 것은?

① 문자, 숫자, 소리, 그림, 영상, 단어 등의 형태로 된 의미 단위
② 자료를 의미 있게 정리하면 정보가 된다.
③ 보통 연구나 조사 등의 바탕이 되는 재료
④ 자료(data)와 정보(information)는 서로 교환되어 사용하는 경우가 많아 같은 의미로 사용한다.

**04**
다음 중 수치로 측정이 불가능한 자료인 질적 자료에 해당하지 않는 것은 무엇인가?

① 전화번호
② 성별
③ 혈액형
④ 주가 지수

## 05
다음 중 자신에 관한 정보가 언제/어떻게/어느 범위까지 타인에게 전달/이용될 수 있는지 정보 주체가 스스로 결정할 수 있는 권리를 무엇이라 하는가?

① 개인정보 보호법
② 정보통신망법
③ 개인정보 자기 결정권
④ 개인정보 보호

## 06
다음 중 데이터 비식별화 처리 기법에 대한 설명이 잘못 짝지어진 것은?

① 가명처리 – 개인 식별이 가능한 데이터에 대하여 직접 식별할 수 없는 다른 값으로 대체하는 기법
② 데이터 범주화 – 단일 식별 정보를 해당 그룹의 대푯값으로 변환(범주화)하거나 구간 값으로 변환(범위화)하여 고유 정보 추적 및 식별 방지 기법
③ 총계처리 – 개인 식별 정보에 대하여 전체 또는 부분적으로 대체값으로 변환하는 기법
④ 데이터 삭제 – 개인정보 식별이 가능한 특정 데이터 값 삭제 처리 기법

## 07
개인정보 보호 관련 법령으로 가장 거리가 먼 것은?

① 개인정보 보호법
② 정보통신망법
③ 위치정보 보호법
④ 가명처리법

## 08
다음 중 비지도학습에 속하지 않는 것은 무엇인가?

① 연관 분석
② 군집 분석
③ 분류
④ 기술 통계 및 프로파일링

## 09

**가설 설정을 통해 통계 모델을 만들거나 기계 학습(지도학습, 비지도학습 등)을 이용하여 모델을 만드는 모델링 과정으로 거리가 먼 것은?**

① 훈련용(Training)과 테스트용(Testing)으로 분할하여 과적합(Over-Fitting)을 방지하고 모델의 일반화에 이용한다.
② Training과 Testing용으로 분할하며 교차검증(Cross Validation)을 수행하거나 앙상블(Essemble) 기법을 적용할 경우 데이터 분할, 검증 횟수, 생성모델 개수 등을 설정한다.
③ 분류(Classification), 예측(Prediction), 군집(Clustering) 등의 모델을 만들어 가동중인 운영 시스템에 적용하는 것을 데이터 모델링이라 한다.
④ 프로젝트 정의서의 평가 기준에 따라 모델의 완성도 평가, 검증은 별도의 데이터 셋이 아닌 분석용 데이터 셋으로 검증한다.

## 10

**탐색적 자료 분석(EDA)에 대한 설명으로 바르지 못한 것은 무엇인가?**

① EDA는 수치적 및 시각적 분석 방법을 전부 포함한다.
② EDA를 하기 위한 가설은 분석할 데이터를 정형화하며 세분화하는 것을 돕기 위함이다.
③ 본격적인 데이터 분석을 하기 전 데이터의 주요 특성을 시각화하고 요약하는데 있다.
④ EDA를 위해 통계방법이 사용될 수 없으며 EDA는 통계모델링을 한 후에 데이터에 대한 이해를 돕기 위해 실시한다.

## 11

**다음 중 진단 분석에 대한 원인과 이해하는 과정이 잘못된 것은 무엇인가?**

① A제품이 왜 특정지역에서 잘 팔렸는가?
② 분기별로 매출 차이가 발생한 이유는 무엇인가?
③ 제품에 대한 불만이 발생했다면 그 이유는 무엇인가?
④ 고객 불만의 내용은 '좋다' 혹은 '싫다'라고 한 내용은 무엇인가?

## 12

**다음 중 정형 데이터 수집 방식 및 기술이 아닌 것은 무엇인가?**

① ETL  ② FTP  ③ API  ④ RSS

## 13
데이터의 유형 중 정형 데이터-반정형 데이터-비정형 데이터 순서로 알맞게 짝지어진 것은?

① DB 데이터-스프레드 시트-웹 게시판  ② RSS-웹 로그-텍스트
③ JSON-시스템 로그-웹 게시판  ④ DB 데이터-JSON-웹 게시판

## 14
다음 중 데이터 속성에 대한 설명으로 적절하지 않은 것은?

① 순서형 변수는 변수가 어떤 기준에 따라 순서에 의미를 부여할 수 있는 변수이다.
② 이산형 변수는 범주형 변수 또는 이산 확률 변수라고도 한다.
③ 연속형 변수는 학생들의 평균 키처럼 변수 값이 정수처럼 명확한 값을 가진다.
④ 명목형 변수는 명사형으로 변수나 변수의 크기가 순서와 상관없고, 이름으로 의미를 부여할 수 있는 변수이다.

## 15
다음 중 범주형 변수에 관한 예시가 바르지 못한 것은?

① 조사 결과(1=찬성, 2=반대)  ② 결제 방법(현금 또는 신용카드)
③ 요일(평일, 주말, 공휴일)  ④ 제품의 판매 가격

## 16
빅데이터 분석 기술 유형 중 다음 뉴스에 해당하는 원인에 대해 분석하고자 하는 빅데이터 기술은 무엇인가?

"30대 초반 여성들이 빅요구르트를 많이 사 먹자 발효 요구르트 종류가 많아지고 있습니다."

① 의사결정나무  ② 분류 분석
③ 회귀 분석  ④ 분산 분석

## 17
EDA(데이터 탐색)는 최근 Visualization이 데이터 분석의 화두로 떠오르면서. 주목을 받게 된 분석 유형의 주로 사용되는 그래프와 거리가 먼 것은 무엇인가?

① Scatter plot  ② Bubble chart
③ Time series chart  ④ Box plot

# 18
다음 중 품질 개선 절차에서 고품질 데이터를 유지할 수 있는 항목이 아닌 것은 무엇인가?

① 엔티티 무결성
② 참조 무결성
③ 트리거의 비즈니스 규칙 적용
④ 도메인 무결성

# 19
소비자가 스스로 정보의 주체로서 개인정보의 제공범위와 활용범위를 결정하고 통제할 수 있음을 의미하는 용어는 무엇인가?

① 개인정보 자기결정권
② 개인정보 정보주체권
③ 개인정보 오남용 방지권
④ 개인정보 처리방침권

# 20
다음 중 개인정보의 수집, 이용, 제공에 대하여 정보주체가 비공개를 원하는 것이기 때문에 반드시 동의를 받아야 하는 것은 무엇인가?

① 정보주체의 필요에 의하여 정보주체가 직접 휴대전화번호를 기재하는 것
② 졸업 앨범에서 회원의 동의를 얻지 않고 마케팅 행위 등에 이용하는 것
③ 기업정보 즉, 업체명, 설립 연도, 사업장 주소, 주요 생산품, 대표이사 또는 대표자의 성명
④ 비회원을 대상으로 게시판에서 이름과 이메일 2가지 정도만 수집하여 개인을 식별하는 것

# 빅데이터 탐색    20문항

## 01
다음 중 데이터 오류 원인에 대한 설명으로 바르지 않은 것은?

① 결측값은 필수 데이터가 입력되지 않고 누락된 값이다.
② R에서 결측값이 들어있는 상태에서 통계 분석을 진행하면 NA라는 결과가 나올…경우 is.na( ) 한 후에 TRUE, FALSE 논리형 값을 확인할 수 있다.
③ 이상값은 실제는 입력되지 않았지만 입력되었다고 잘못 판단된 값이다.
④ 파이썬에서 matrix( ) 함수는 결측 데이터를 시각화 하는 명령이다.

## 02
다음 중 데이터 결측값에 대한 설명으로 바른 것은?

① 필수적인 데이터가 입력되지 않고 누락된 값
② 실제로는 입력되지 않았지만 입력되었다고 잘못 판단된 값
③ 상한값과 하한값을 대체하는 값
④ 데이터의 범위에서 많이 벗어난 아주 작은 값이나 아주 큰 값

## 03
데이터 일관성 유지를 위한 정제 기법 중 주민 등록 번호를 생년월일, 성별로 분할하는 방법에 해당하는 것은?

① 변환(Transform)  ② 파싱(Parsing)
③ 보강(Enhancement)  ④ 추출(Extraction)

## 04
다음 중 CEP(Complex Event Processing)에 대한 설명으로 바른 것은 무엇인가?

① IoT 센싱 데이터, 로그, 음성 데이터 등 실시간 데이터의 처리 기술
② 일괄처리된 이벤트 처리에 대한 결과값을 수집하고 처리하는 기술
③ 인 메모리 기반 데이터 처리 방식
④ 대용량 데이터 집합을 분석하기 위한 플랫폼

## 05
다음 중 단순 확률 대치법에 해당하지 않는 것은?

① 핫덱(Hot-Deck) 대체　　② 평균 대치법
③ 콜드덱(Cold-Deck) 대체　　④ 혼합 방법

## 06
다음 중 분포가 작은 클래스의 값을 분포가 큰 클래스로 맞춰주는 샘플링 방법은 무엇인가?

① Over Sampling　　② Under Sampling
③ Combine Sampling　　④ Data Argumentation

## 07
ESD(Extreme Studentized Deviation)를 사용하여 이상값을 검출할 때 평균이 20, 분산이 9인 데이터의 적절한 하한값과 상한값은?

① 하한값 : 17, 상한값 : 23　　② 하한값 : 14, 상한값 : 26
③ 하한값 : 11, 상한값 : 29　　④ 하한값 : 8, 상한값 : 32

## 08
다음 중 변수들의 공분산 행렬이나 상관 행렬을 이용하며, 원래 데이터 특징을 잘 설명해주는 성분을 추출하기 위하여 고차원 공간의 표본들을 선형 연관성이 없는 저차원 공간으로 변환하는 차원축소 기법으로 가장 적절한 것은?

① 주성분 분석(PCA)　　② 특이값 분해(SVD)
③ 요인 분석(Factor Analysis)　　④ 다차원 척도법(MDS)

## 09
변수의 유형에 따른 데이터 탐색 방법에 대한 설명으로 바르지 않은 것은?

① 수치형 데이터의 경우 데이터의 분포 특성을 중심성, 변동성, 정규성 측면에서 파악한다.
② 범주형 데이터는 주로 막대형 그래프를 이용하여 시각화한다.
③ 등간 척도와 비율 척도의 경우 수치형 데이터에 해당한다.
④ 명목 척도와 순위 척도에 대해서는 박스 플롯이나 히스토그램을 주로 사용한다.

## 10
다음 중 상관 관계 분석에 대한 설명으로 가장 바르지 못한 것은?

① 상관 관계 분석이란 두 개 이상의 변수 사이에 존재하는 상호 연관성의 존재 여부와 연관성의 강도를 측정하여 분석하는 방법이다.
② 양의 상관 관계는 한 변수의 값이 증가할 때 다른 변수의 값도 증가하는 경향을 보이는 상관 관계이다.
③ 한 변의 값의 변화에 무관하게 다른 변수의 값이 변한다면 상관 관계가 없는 것이다.
④ 히스토그램을 통해 변수 사이의 관계를 표현할 수 있다.

## 11
다음 중 수치적-순서적-명목적 데이터에 따른 상관 관계 분석 방법을 바르게 나열한 것은?

① 피어슨 상관 계수-스피어만 순위 상관 분석-카이제곱 검정
② 카이제곱 검정-피어슨 상관 계수-스피어만 순위 상관 분석
③ 피어슨 상관 계수-카이제곱 검정-스피어만 순위 상관 분석
④ 스피어만 순위 상관 분석-카이제곱 검정-피어슨 상관 계수

## 12
다음 중 행정구역 및 좌표계를 지도에 표시하는 방법이 아닌 것은?

① 코로플레스 지도  ② 카토그램
③ 버블 플롯맵  ④ 별 그림

## 13
다음 중 두 변수가 업종(건설업, 농업, 금융업)과 지역(서울, 대구, 부산)과 같은 데이터일 경우 두 변수 사이의 연관성을 분석하는 방법으로 가장 적절한 것은?

① 카이제곱 검정  ② 피어슨 상관 계수
③ 스피어만 순위상관 계수  ④ T-검정

## 14
다음 중 데이터 탐색 시각화 도구가 아닌 것은?

① 히스토그램  ② 주성분 분석
③ 박스 플롯  ④ 산점도

## 15
다음 중 비정형 데이터 탐색 플랫폼에 대한 설명으로 바르지 못한 것은?

① HDFS - 마스터/슬레이브 구조를 가지는 분산형 파일 시스템
② 주키퍼 - 분산 환경에서 노드 간의 정보를 공유, 락, 이벤트 등 보조 기능을 제공하는 프레임워크이다.
③ Avro - 이기종 간 데이터 타입을 교환할 수 있는 체계를 제공하는 기술
④ 스쿱 - 대규모 데이터 세트에 대한 분석을 위한 쿼리 인터페이스

## 16
다음 중 아래 빈칸에 들어갈 말로 알맞은 것은?

- 표본의 몇몇 특정을 수치화한 값으로 정해진 함수가 있을 때에 표본의 분포가 무엇이든지 표본의 함수 값을 (　　)라 한다.

① 모수　　② 통계량　　③ 표본의 크기　　④ 표본 분포

## 17
다음 중 연속 확률 분포로 바르지 못한 것은?

① 표준 정규 분포　　② 베르누이 분포
③ T-분포　　④ F-분포

## 18
표본 추출 기법 중 모집단을 여러 계층으로 나누고, 계층별로 무작위 추출을 수행하는 방식은 무엇인가?

① 단순 무작위 추출　　② 계통 추출
③ 층화 추출　　④ 군집 추출

## 19

**표본 분포의 유형에 대한 설명으로 바르지 않는 것은?**

① Z-분포는 표본 통계량이 표본 평균일 때, 이를 표준화시킨 분포이다.
② T-분포는 모집단이 정규 분포라는 정도만 알고, 모 표준 편차는 모를 때 사용하는 표본 분포이다.
③ 카이제곱 분포는 k개의 서로 독립적인 표준 정규 확률 변수를 각각 제곱한 다음 합해서 얻어지는 분포이다.
④ F-분포는 표본 통계량이 두 독립 표본에서 계산된 표본 평균들의 비율일 때의 표본 분포이다.

## 20

**다음 중 피어슨 상관 계수에 대한 설명으로 바르지 못한 것은?**

① $r = \dfrac{\sum_{i=1}^{n}(x_i-\bar{x})(y_i-\bar{y})}{\sqrt{\sum_{i=1}^{n}(x_i-\bar{x})^2}\sqrt{\sum_{i=1}^{n}(y_i-\bar{y})^2}}$ 이다.
② 모집단의 상관 계수와 표본 집단의 상관 계수 계산식은 같다.
③ x와 y가 선형적으로 독립이면 r=0이다.
④ 두 명목형 변수에 대한 관계를 나타낸다.

# 빅데이터 모델링 20문항

## 01
다음 중 통계학에서 두 개 이상 다수의 집단을 서로 비교하고자 할 때 집단 내의 분산, 총평균 그리고 각 집단의 평균의 차이에 의해 생긴 집단 간 분산의 비교를 통해 가설 검정을 수행하는 방법은?

① 회귀 분석　　　　② 상관 분석
③ 분산 분석　　　　④ 주성분 분석

## 02
회귀 분석 모형 중 선형 회귀 분석과는 다르게 종속변수가 범주형 데이터를 대상으로 하며 입력 데이터가 주어졌을 때 해당 데이터의 결과가 특정 분류로 나뉘는 모형은?

① 로지스틱 회귀　　　② 다중 선형 회귀
③ Cox 비례 회귀　　　④ 비선형 회귀

## 03
다음 중 지도학습에 해당하지 않는 기법은?

① 로지스틱 회귀(Logistic Regression)
② 의사결정나무(Decision Tree)
③ K-군집화(K-means)
④ 은닉 마르코프 모델(Hidden Markov model)

## 04
다음 중 데이터를 비선형 분류를 하기 위해 커널트릭을 사용하여 주어진 데이터를 고차원 특징 공간으로 사상하는 지도학습 모델은?

① 랜덤 포레스트(Random Forest)
② 로지스틱 회귀(Logistic Regression)
③ 서포트 벡터 머신(Support Vector Machine)
④ 인공 신경망 분석(Artificial Neural Network)

## 05

다음 중 하이퍼 파라미터에 대한 설명으로 부적절한 것은?

① 모델 학습 과정에서는 데이터와 관계없이 고정된 값이다.
② 시행 착오를 통해 최적의 값을 결정한다.
③ 모형에 관계 없이 최적의 하이퍼 파라미터 값은 동일하다.
④ 모델에서 외적인 요소로 연구자가 직접 설정하는 파라미터이다.

## 06

다음 중 지도 학습에 대한 설명으로 바르지 못한 것은?

① 정답인 Label이 포함되어 있는 학습 데이터를 통해 컴퓨터를 학습시킨다.
② 인식, 분류, 예측, 진단 등의 문제 해결에 적합하다.
③ 지도학습 기법의 유형은 로지스틱 회귀, 신경망, 의사결정나무, SVM 등이 있다.
④ 텍스트로부터 인상, 감정, 태도 등을 추출하는 감성 분석은 비지도학습이다.

## 07

다음 중 분석 모형 정의 시 고려할 사항에서 부적합 모형 현상이 있다. 관련이 없는 변수가 모델에 포함되어 과대적합을 유발할 때 발생하는 현상은 무엇인가?

① 모형 선택 오류　　　　② 변수 누락
③ 부적합 변수 생성　　　④ 동시 편향

## 08

독립변수 x가 연속형이고 종속변수 y도 연속형일 때 데이터 유형에 따른 분석기법에 해당하지 않는 것은 무엇인가?

① 회귀 분석　　　　　　② 인공 신경망 모델
③ K-최근접 이웃 모델　　④ 의사결정나무

## 09

변수 선택 방법 중 가장 단순한 회귀 모형인 영모형(null model)에서 출발하여 가장 중요한 변수들을 골라 차례대로 모형에 포함시켜 나가는 과정을 반복하여 회귀 방정식을 적합시키는 방법은?

① 전진 선택법(Forward Selection)
② 후진 제거법(Backward Elimination)
③ 단계적 방법(Stepwise Method)
④ 주성분 분석(Principal Component Analysis)

## 10

다음 중 로지스틱 회귀 분석에 대한 설명으로 바르지 못한 것은?

① 독립변수의 선형 결합으로 종속변수를 설명한다는 관점에서는 선형 회귀 분석과 유사하다.
② 로지스틱 회귀 분석은 독립변수가 범주형일 경우 적용할 수 없다.
③ 종속변수 또는 결과 값은 로짓 변환을 통해 항상 0과 1사이에 있도록 한다.
④ 모형의 적합을 통해 추정된 확률을 사후 확률로도 부른다.

## 11

다음 중 의사결정나무(Decision Tree)에 대한 설명으로 옳지 않은 것은?

① 데이터가 가진 속성으로부터 분할 기준을 추출하고, 분할 기준에 따른 트리 구조의 모델을 이용하는 분류 예측 모델이다.
② 결정 트리를 구성하는 알고리즘에는 주로 하향식 기법이 사용된다.
③ 반응 변수가 범주형인 경우 적용되는 회귀 분석 모델의 한 종류이다.
④ 의사결정나무 기법의 해석이 용이한 이유는 트리모델이 시각적이고 명시적인 방법으로 의사 결정 과정과 결정된 의사를 보여주는데에 있다.

## 12

다음 중 인공 신경망에 대한 설명으로 바른 것은?

① 인공지능 모델 학습의 목표는 평균적으로 작은 손실을 갖는 은닉층과 출력층의 집합을 찾는 것이다.
② 활성 함수(Activation Function)는 가중치의 학습을 위해 출력 함수의 결과와 반응값 간의 오차를 측정한다.
③ 인공 신경망은 입력값을 받아서 출력값을 만들기 위해 손실 함수를 사용한다.
④ 딥러닝은 오류역전파 알고리즘을 사용한다.

## 13

다음 중 활성화 함수의 종류에 해당하지 않는 것은?

① 시그모이드 함수(Sigmoid Function)
② 부호 함수
③ 코사인 함수(Cosine Function)
④ ReLU(Rectified Linear Unit)

## 14

다음 중 연관성 분석(Association Analysis)의 측정 도구가 아닌 것은?

① 지지도(Support)
② 신뢰도(Confidence)
③ 향상도(Lift)
④ 정밀도(Precision)

## 15

다음 중 군집 간의 거리 측정 방법이 아닌 것은?

① 중심 연결법
② 평균 연결법
③ 최고 연결법
④ 최단 연결법

## 16

다음 중 k-means 군집 기법에 대한 설명으로 바르지 못한 것은?

① 분석자가 설정한 K개의 군집 중심점을 랜덤하게 선정하는 알고리즘이다.
② k-means 군집 기법에서 군집의 수(k)는 하이퍼 파라미터로서 미리 정해주어야 한다.
③ 기존의 중심과 새로 계산한 군집 중심이 달라질 때까지 반복한다.
④ k-means 군집 기법은 관측치를 가장 가까운 군집 중심에 할당한 후 군집 중심을 새로 계산한다.

## 17

다음 중 시계열의 구성 요소 중 우연적으로 발생하는 예측 불가능한 변동 요인은?

① 추세 요인
② 순환 요인
③ 계절 요인
④ 불규칙 요인

## 18
다음 중 RNN(Recurrent Neural Network)의 특징으로 바른 것은?

① 기존 영상처리의 필터 기능과 신경망을 결합하여 성능을 발휘하도록 만든 구조이다.
② 필터 기능을 이용하여 입력 이미지로부터 특징을 추출한 뒤 신경망에서 분류작업을 수행한다.
③ 이 알고리즘에서는 합성곱 연산과, 서브 샘플링 연산이 반복된다.
④ 연속적 시계열 데이터 분석에 적합하다.

## 19
다음 중 연관 규칙 분석에서 품목 A의 거래 수가 8, 품목 B의 거래 수가 4, A, B가 동시에 포함된 거래 수가 16, 전체 거래 수가 20일 때 품목 A, B의 지지도(Support)는?

① 0.2　　② 0.4　　③ 0.5　　④ 0.8

## 20
다음 중 아래와 같은 빈도 테이블에서 카이제곱 통계량은 무엇인가?

|  | 집단 1 | 집단 2 | Total |
|---|---|---|---|
| 집단 A | 25 | 15 | 40 |
| 집단 B | 15 | 45 | 60 |
| Total | 40 | 60 | 100 |

① 14.26　　② 14.06　　③ 14.37　　④ 14.58

# 빅데이터 결과 해석

20문항

## 01

다음 중 분류 모형의 평가지표에 대한 설명으로 바르지 못한 것은 무엇인가?

① 혼동 행렬(Confusion Matrix)을 이용한 평가지표와 ROC 곡선의 AUC를 많이 사용하여 분류 모형의 결과를 평가한다.
② 카파(Kappa) 통계량은 −1부터 +1까지의 값을 가지며 0의 값을 가지면 관측된 클래스와 예측된 클래스 사이의 합의점이 전혀 없음을 말한다.
③ ROC란 실제값과 모델이 예측한 예측값을 한 눈에 알아볼 수 있게 배열한 행렬이다.
④ 회귀 모형이 실제값을 얼마나 잘 나타내는지에 대한 비율을 결정계수를 통해서 설명 할 수 있다.

## 02

다음 중 데이터 시각화 절차를 바르게 나열한 것은?

① 구조화 → 시각화 → 시각 표현
② 시각화 → 구조화 → 시각 표현
③ 시각 표현 → 구조화 → 시각화
④ 구조화 → 시각 표현 → 시각화

## 03

분류 모형을 평가하는 기준 중 특이도(Specificity)에 대한 계산식은?

① $\dfrac{TP+TN}{TP+TN+FP+FN}$
② $\dfrac{TN}{TN+FP}$
③ $\dfrac{FP+FN}{TP+TN+FP+FN}$
④ $\dfrac{TP}{TN+FP}$

## 04

아래의 혼동 행렬(Confusion Matrix)에서 거짓 긍정률(False Negative Rate)을 의미하는 것은?

| 예측값/ 실제값 | True | False |
|---|---|---|
| True | A | B |
| False | C | D |

① (A+D)/(A+B+C+D)
② A/(A+B)
③ B/(A+B)
④ C/(C+D)

## 05
다음 중 K-Fold Cross Validation 절차를 바르게 나열한 것은?

① 훈련 데이터 분할 → 개별 모델 학습 → 학습/평가 데이터 구성 → 모델 성능 확인
② 학습/평가 데이터 구성 → 모델 성능 확인 훈련 → 데이터 분할 → 개별 모델 학습
③ 훈련 데이터 분할 → 학습/평가 데이터 구성 → 개별 모델 학습 → 모델 성능 확인
④ 개별 모델 학습 → 훈련 데이터 분할 → 학습/평가 데이터 구성 → 모델 성능 확인

## 06
다음 중 주어진 자료에서 단순 랜덤 복원 추출 방법을 활용하여 표본에서 표본 데이터를 반복적으로 추출하는 방법은?

① 랜덤 서브샘플링
② K-Fold Cross Validation
③ 부트스트랩
④ Leave-One-Out Cross Validation (LOOCV)

## 07
다음 중 카이제곱 검정에 대한 내용으로 바른 것은 무엇인가?

① 관찰된 빈도가 기대되는 빈도와 유의미하게 다른 지를 검정하기 위해 사용되며 카이제곱 분포에 기초한 통계적 검정 방법이다.
② 단일 표본의 모집단이 정규 분포를 따르며 분산을 모르고 있는 경우에 적용한다.
③ N개의 데이터를 랜덤하게 섞어 균등하게 K개의 그룹을 나눈다.
④ 각 집단 간의 평균 차이에 의해 생긴 집단간 분산을 비교한다.

## 08
우리나라에서 알려진 대중교통 이용률이 30%일 경우, 40명의 표본을 통해서 우리나라의 대중교통 이용률이 30%인지 검증하는 예제이다. 아래 결과에 대한 설명으로 바르지 못한 것은 무엇인가?

```
> chisq.test(c(27,13), p=c(0.7,0.3))

        Chi-squared test for given probabilities

data:  c(27, 13)
X-squared = 0.11905, df = 1, p-value = 0.7301
```

① 적합도 검정에 대한 결과이다.
② 카이제곱 분포를 이용하여 검정한다.
③ 귀무가설은 "우리나라의 대중교통 이용률은 30%이다"이다.
④ 유의 수준 5%에서 귀무가설을 기각한다.

## 09
다음 중 학습 과정에서 신경망 일부를 사용하지 않는 방법으로 학습 시에 인공 신경망이 특정 뉴런 또는 특정 조합에 너무 의존적으로 되는 것을 방지하는 방법은 무엇인가?

① 모델의 복잡도 감소
② 데이터 증강
③ 가중치 규제 적용
④ 드롭아웃(Dropout)

## 10
다음 중 모델 학습에 사용되는 AdaGrad(Adaptive Gardient Algorithm)기법의 특징이 아닌 것은?

① AdaGrad기법의 최적점 탐색 경로를 보면, 최적점을 향해 매우 효율적으로 움직인다.
② 처음에는 작은 폭으로 움직이지만, 그 작은 움직임에 비례하여 갱신 정도도 작은 폭으로 꺼진다.
③ 갱신 강도가 빠르게 약해지고, 지그재그 움직임이 눈에 띄게 줄어들어 빠르게 최적점으로 수렴한다.
④ 각각의 매개 변수에 맞는 학습률 값을 만들어주는 방식이다.

## 11
다음 중 비교 시각화 기법에 해당하는 것은?

① 히트맵
② 체르노프 페이스
③ 버블 차트
④ 다차원 척도법

## 12
공간 시각화 기법 중 의석 수나 선거인단 수, 인구 등의 특정한 데이터 값의 변화에 따라 지도의 면적이 왜곡되는 그림은?

① 버블 차트
② 등치선도
③ 도트맵
④ 카토그램

## 13
다음 중 관계 시각화에 대한 설명으로 바르지 못한 것은?

① 시간에 따른 데이터의 변화를 표현한 시각화 방법이다.
② 상관 관계 비교유형을 표현하는 시각화 기법이다.
③ 관계 시각화의 유형으로 산점도, 버블 차트 등이 있다.
④ 관계 시각화를 위해 geom_point( ) 함수를 사용할 수 있다.

## 14
다음 중 인포그래픽(Infographincs)에 대한 설명으로 바르지 않은 것은?

① 정보를 빠르고 분명하게 표현하기 위해 정보, 자료, 지식을 그래픽 시각적으로 표현한 것
② 정보를 구체적, 표면적, 실용적으로 전달한다.
③ 인포그래픽은 기호, 지도, 기술 문서 등에서 사용된다.
④ 다이어그램, 흐름도, 로고, 달력, 일러스트레이션, 텔레비전 프로그램 편성표 등은 인포그래픽에 포함되지 않는다.

## 15
웹로그나 최신 소식과 같은 웹 콘텐츠의 신디케이션을 위한 XML 기반의 문서 포맷이자, 웹로그 편집을 위한 HTTP 기반의 프로토콜을 무엇이라 하는가?

① ATOM
② NAME SPACE
③ PREFIX
④ PRAMETER

## 16
데이터 품질 오류를 판단하는 품질지표 예로 필수 속성은 반드시 데이터 값이 채워져 있어야 한다는 정보의 누락시 데이터 오류를 일으키는 지표는 무엇인가?

① 완전성
② 유효성
③ 유일성
④ 정합성

## 17
다음 중 분류 모형 평가지표가 아닌 것은?

① 혼동 행렬　　　　　　② ROC Curve
③ AUC　　　　　　　　④ 결정계수

## 18
다음 중 정보 시스템에서 작업 처리를 요청한 시간으로부터 이를 시스템이 처리하여 결과를 보낼 때까지 소요된 시간을 나타내는 것은?

① 사용률(Utilization)　　　② 응답 시간(Response Time)
③ 가용성(Availability)　　　④ 정확성(Accuracy)

## 19
다음 중 빅데이터 모형 개발 및 운영 프로세스를 바르게 나열한 것은?

① 분석 목적 정의 → 가설 검토 → 데이터 수집 및 전처리 → 모델링 → 정확도 및 성능 평가 → 배치
② 분석 목적 정의 → 모델링 → 가설 검토 → 데이터 수집 및 전처리 → 정확도 및 성능 평가 → 배치
③ 분석 목적 정의 → 가설 검토 → 모델링 → 데이터 수집 및 전처리 → 정확도 및 성능 평가 → 배치
④ 분석 목적 정의 → 데이터 수집 및 전처리 → 가설 검토 → 모델링 → 정확도 및 성능 평가 → 배치

## 20
한 커피전문점을 방문하는 사람 중에서 20%는 카드로 계산을 한다고 한다. 신용카드 사용자 10명을 조사했을 때 신용카드로 계산하는 사람이 2명일 확률을 구하시오. (e는 2.7로 계산)

① 0.27　　　　　　　　② 0.37
③ 0.47　　　　　　　　④ 0.57

# 제5회 실전 모의고사

## | 빅데이터 분석 기획 | 20문항

### 01
( )은 추출(Extract), 변환(Transform), 로드(Load)를 나타내며 조직에서 여러 시스템의 데이터를 단일 데이터베이스, 데이터 저장소, 데이터 웨어하우스 또는 데이터 레이크에 결합하기 위해 일반적으로 허용되는 방법을 말한다. 괄호 안에 들어갈 단어는 무엇인가?

① ETL  ② Open API  ③ Cloud  ④ Crawling

### 02
다음 중 빅데이터 분석 방법의 분석 절차 순서가 바르게 된 것은 무엇인가?

① 분석 기획 → 데이터 준비 → 데이터 분석 → 평가 및 전개 → 시스템 구현
② 분석 기획 → 데이터 준비 → 데이터 분석 → 시스템 구현 → 평가 및 전개
③ 데이터 준비 → 데이터 분석 → 분석 기획 → 시스템 구현 → 평가 및 전개
④ 데이터 준비 → 분석 기획 → 데이터 분석 → 평가 및 전개 → 시스템 구현

### 03
딥러닝에 대한 설명이 바르지 못한 것은?

① 동일 입력층에 대해 원하는 값이 출력되도록 개개의 가중치를 조정하는 방법으로 사용되며, 속도는 느리지만 안정적인 결과를 얻을 수 있는 장점이 있어 기계 학습에 널리 사용되며 다층 퍼셉트론 학습에 사용되는 통계적 기법인 오류 역전파 알고리즘을 사용한다.
② 시그모이드 함수는 주로 신경망에 이용된다.
③ "딥"이라는 용어는 뉴럴 네트워크를 구성하는 숨겨진 레이어(Hidden Layer)의 가중치를 가리킨다.
④ CNN을 사용하면 수동으로 특징 추출을 할 필요가 없으므로 이미지를 분류하는데 사용되는 특징을 식별하지 않아도 된다.

## 04
스팸 메일 분류 문제나 어떤 데이터들의 연속된 값을 예측하는 문제로 주로 패턴이나 트렌드 경향을 예측할 때 예를 들면 어느 아파트 가격 예측 등의 회귀에 관한 문제에 활용하는 분석 방법은 무엇인가?

① 강화 학습　　　　　　　　　② 지도 학습
③ 비지도 학습　　　　　　　　④ 기계 학습

## 05
다음 중 비식별화 조치에서 프라이버시 보호 모델로 재식별 가능성을 검토하는 모델의 설명으로 바르지 못한 것은 무엇인가?

① k-익명성 기법은 특정인을 추론할 수 있는지 여부를 검토하는 방법으로 동일한 값을 가진 레코드를 k개 이상 특정 개인을 식별할 확률을 1/k개로 만든다는 것이다.
② l-다양성은 민감한 정보의 다양성을 높여 추론 가능성을 높이는 기법이다.
③ t-근접성은 민감한 정보의 분포를 낮춰 추론 가능성을 더욱 감소시키는 기법이다.
④ 프라이버시 모델을 기반으로 적정성 평가 절차는 ▲기초자료 작성 ▲평가단 구성 ▲평가 수행 ▲추가 비식별 조치 ▲데이터 활용 등의 순서로 진행된다.

## 06
다음 중 데이터에서 발견되는 이상치를 찾아내 전체 데이터 패턴에 끼치는 영향을 관찰하고, 속성 간의 관계에서 패턴을 발견하는 과정을 일컫는 용어는 무엇인가?

① 확증적 데이터 분석　　　　② 추론적 데이터 분석
③ 탐색적 데이터 분석　　　　④ 기술통계적 분석

## 07
개인정보 비식별화 처리 방법으로 올바르지 않은 것은 무엇인가?

① 가명 처리　　　　　　　　　② 데이터 범주화
③ 데이터 보호　　　　　　　　④ 섭동

## 08
다음 중 분석 대상이 불분명하고 분석 방법을 알고 있는 경우 문제 해결 방법은?

① 최적화　　② 통찰　　③ 솔루션　　④ 발견

## 09
다음 중 데이터 3법에 해당하지 않는 것은 무엇인가?

① 개인정보보호법　　② 정보통신망법
③ 신용정보법　　　　④ 개인정보판단 기준법

## 10
데이터 품질 기준에서 필수 항목에 누락이 없어야 하는 정의를 가진 기준은 무엇인가?

① 완전성　　② 유일성
③ 유효성　　④ 일관성

## 11
다음 중 EDA(탐색적 데이터 분석) 과정에 대한 설명으로 바르지 못한 것은 무엇인가?

① 데이터에 대한 질문 또는 문제를 만든다.
② 데이터를 시각화하고 변환하고 모델링하여 통계적으로 데이터를 바라본다.
③ 찾는 과정에서 배운 것들을 토대로 데이터에 대한 이해를 높이는 것이다.
④ 수집한 데이터로 가설을 평가하고 추론 통계를 주로 사용하는 전통적인 분석기법이다.

## 12
다음 중 적합한 변수를 찾기 위해 파라미터와 하이퍼 파라미터를 선택하는 분석 절차는 무엇인가?

① 모델링　　　② EDA(탐색적 데이터 분석)
③ 분류 분석　　④ 모형화

## 13
진단 분석의 목적으로 바른 것은 무엇인가?

① 무엇이 발생했는가?　　② 원인은 무엇인가?
③ 어떻게 될 것인가?　　　④ 무엇을 할 것인가?

## 14
통계적 자료 분석에서 분포의 집중경향치를 왜곡시키거나 제거, 치환, 분리에 의한 처리 방법을 가지고 있는 변수값을 무엇이라 하는가?

① 이상치  ② 편향
③ 결측치  ④ 표준편차

## 15
다음 중 데이터 유형에 따른 수집 방법이 잘못된 것은 무엇인가?

① DBMS : Crawling  ② 웹 : FTP
③ 센서 데이터 : Open API  ④ 동영상 : Streaming

## 16
데이터 분석 성숙도 모델의 성숙 단계에 해당하지 않는 것은 무엇인가?

① 도입  ② 활용
③ 확산  ④ 플랫폼

## 17
다음 중 개인정보 수집 이용에 관한 동의 사항으로 바르지 못한 것은 무엇인가?

① 개인정보의 수집ㆍ이용 목적 : 경품 당첨 시 본인 확인 및 배송 목적
② 수집하는 개인정보의 항목 : 성명, 주민번호, 휴대번호, 주소
③ 개인정보의 보유 및 이용 기간 : 이벤트 종료 시
④ 개인정보 파기 의무

## 18
다음 중 상향식 접근 방식의 문제 정의 방법을 바르게 설명한 것은 무엇인가?

① 문제를 모르는 경우 해결 방안을 탐색하고 개선하는 비지도 학습에 의해 수행된다.
② 비즈니스 모델 기반 문제 탐색 방법을 사용하여 플랫폼 비즈니스 모델이 그 예이다.
③ 외부 참조 모델 기반 문제 탐색으로 브레인스토밍을 한다.
④ 고객 이탈의 증대라는 문제점을 알고 다각도로 해결 방안을 탐색한다.

## 19

학습데이터 정답 라벨링이 일관성 있게 구축되었는지 측정하는 품질 지표는 무엇인가?

① 적합성　　　　　　　② 정확성
③ 유효성　　　　　　　④ 완전성

## 20

다음 중 데이터 표준 및 정책을 기준으로 비즈니스 데이터를 생성, 변경하고 생성된 데이터의 보안을 관리하는 프로세스를 비즈니스 의사 결정에 활용하는 전사적 데이터 관리 체계를 무엇이라 하는가?

① 데이터 아키텍쳐　　　② 데이터 자원관리
③ 데이터 거버넌스　　　④ 데이터 표준

# 빅데이터 탐색

**20문항**

## 01
다음 중 박스 플롯을 통해 알 수 없는 통계량은 무엇인가?

① 최소값  ② 이상치
③ 분산  ④ 중앙값

## 02
다음 중 변수 선택 기법에 대한 설명 중 바르지 못한 것은 무엇인가?

① 전진 선택법은 가장 설명력이 좋은 변수를 기존 모형에 하나씩 추가하는 방법이다.
② 후진 소거법은 설명력이 가장 적은 변수를 모든 변수가 포함된 모형에서 제거하는 방법이다.
③ 단계별 선택법은 변수가 많아지면 계산량이 늘어나거나 일치성을 만족하지 않는 단점이 있다.
④ 라쏘 회귀 모형은 변수들의 중요도가 전반적으로 비슷한 경우에 효과적이다.

## 03
머신러닝 수행 시 데이터 불균형 문제에 대하여 바르지 못한 설명은 무엇인가?

① 불균형 데이터 상태 그대로 예측하게 된다면 과적합 문제가 발생할 수 있다.
② 불균형 문제를 해결하지 않을 경우 정확도는 높아질 수 있지만 분포가 작은 값에 대한 예측 값은 낮아질 수 있다.
③ Train Set에서는 높은 성능을 보이지만 새로운 데이터 혹은 테스트 데이터에서는 예측 성능이 더 낮을 수 있다.
④ 데이터 불균형을 해결하는 방법 중 Under Sampling은 분포가 작은 클래스의 값을 분포가 큰 클래스로 맞춰주는 샘플링 방법이다.

## 04
다음 중 변수를 활용한 데이터 분석에 대한 설명으로 바르지 못한 것은 무엇인가?

① R은 데이터의 요약 통계량을 summary로 파악한다.
② 상관 계수는 상관관계 분석에서 두 변수 간에 선형 관계의 정도를 수량화하는 측도이다.
③ 데이터 준비 단계에서 파생 변수를 만들 수 있다.
④ 데이터가 특정 위치에 집중된 정도를 첨도라고 한다.

## 05

어느 공장에서 생산하는 노트북의 종류가 A, B, C일 때 각자의 생산은 60%, 40%, 10%, 제품 A의 불량률은 10%, 제품 B의 불량률은 7%, 제품 C의 불량률은 2%이다. 불량품 검사 과정에서 해당 제품이 A일 확률은 얼마인가?

① 9.3%
② 4.3%
③ 0.3%
④ 12.3%

## 06

모평균이 $\mu$이고 모표준편차가 $\partial=5$인 정규 분모를 따르는 모집단에서 크기가 16인 표본을 추출하여 평균을 계산하여 35가 나왔다. 이때 모평균 $\mu$에 대한 신뢰 구간을 구하는 공식이 바르게 된 것은 무엇인가?

① $(35-1.96\times(5\div\sqrt{16}),\ 35+1.96\times(5\div\sqrt{16}))$
② $(35+1.96\times(5\div\sqrt{16}),\ 35-1.96\times(5\div\sqrt{16}))$
③ $(35-2.56\times(5\div\sqrt{16}),\ 35-1.96\times(5\div\sqrt{16}))$
④ $(35-2.56\times(5\div\sqrt{16}),\ 35+1.96\times(5\div\sqrt{16}))$

## 07

어느 병원에서 세 환자의 진료 시간은 15분, 25분, 17분이라고 한다. 지수확률분포를 따른다고 가정했을 때 지수분포의 파라미터인 최대 우도 추정치는 얼마인가?

① $\dfrac{3}{47}$
② $\dfrac{47}{3}$
③ $\dfrac{15}{47}$
④ $\dfrac{17}{47}$

## 08

다음 중 3개 이상의 변수 간 관계를 한꺼번에 볼 때 유용한 그래프가 아닌 것은 무엇인가?

① 바 차트
② 레이더 차트
③ 스타 차트
④ 산점도 행렬

## 09

다음 중 입력 필드 x만큼 y축을 만들어 동일한 행에 있는 값을 선으로 연결하여 그리는 그래프는 무엇인가?

① Parallel Coordinates Plot
② Scatter plot
③ Pie plot
④ Box plot

## 10

다음 중 통계적 추론에 대한 설명으로 바르지 못한 것은 무엇인가?

① 확률분포에서 귀무가설을 기각하는 영역을 기각역이라 한다.
② 신뢰구간에서 기각역으로 넘어가는 기준이 되는 x값을 임계치라 한다.
③ 귀무가설의 신뢰구간을 벗어나는 확률을 p-value라고 한다.
④ 자유도는 표본수 +1 로 나타낸다.

## 11

어느 공장에서 판매되는 과자의 평균 무게는 200g이고 분산은 25이다. 새로운 과자의 무게에서 190g이 나왔을 때 과자에 대한 z-score는 얼마인가?

① -2
② 2
③ 0.4
④ -0.4

## 12

다음 중 제 1종 오류와 제 2종 오류에 대한 값을 순서대로 표시한 것은 무엇인가?

| 구 분 | | 판단(예측) 귀무가설 | |
|---|---|---|---|
| | | 참 | 거짓 |
| 실제 귀무가설 | 기각안함 | 100 | 250 |
| | 기각 | 50 | 170 |

① (50, 250)
② (250, 50)
③ (100, 170)
④ (170, 100)

## 13

다음 중 차원의 저주에 대한 설명으로 바르지 못한 것은 무엇인가?

① 데이터의 특징이 너무 많아서 알고리즘 성능 저하가 발생하는 현상이다.
② 차원이 커지면 근접한 이웃의 거리가 점점 멀어지게 된다.
③ 차원의 저주를 해결하는 법은 더 많은 데이터를 모은다.
④ 차원이 증가하면서 학습 데이터 수가 차원 수보다 커져 모델 성능이 저하된다.

## 14

인기 유튜버의 연봉은 매우 높은 상위권에 분포되어 있다. 하지만 일반 유튜버의 연봉은 일반적인 범위에 있을 때 유튜버의 연봉 데이터를 활용하여 대표값을 산출하고자 할 경우 의미있는 통계량은 무엇인가?

① 평균
② 중앙값
③ 표준편차
④ 분산

## 15

다음 중 모집단을 어떤 기준에 따라 비슷한 층으로 나누고 각 소집단들로부터 표본을 무작위로 추출하는 방법은 무엇인가?

① 계통 추출법
② 층화 추출법
③ 비례 추출법
④ 군집 추출법

## 16

다음 중 데이터의 불균형에 대한 처리 방법으로 바르지 못한 것은 무엇인가?

① 언더 샘플링의 단점은 잠재적 가치가 높은 데이터도 버려서 유용한 데이터가 사라지는 단점이 있다.
② 오버 샘플링은 상대적으로 적은 클래스의 데이터를 증식하여 늘리는 방식이다.
③ 오버 샘플링 방식이 일반적으로 언더 샘플링보다 예측 성능이 더 유리하기 때문에 많은 경우 오버 샘플링을 주로 사용한다.
④ 랜덤오버 샘플링은 정보가 손실되지는 않지만 정보가 복사되지 않아 과적합이 발생하지 않는다.

## 17

다음 중 확률 분포에 대한 설명으로 바르지 못한 것은 무엇인가?

① 확률 변수의 종류에 따라 크게 이산확률분포와 연속확률분포로 나뉜다.
② n번의 독립 베르누이 시행(한 번의 시행에서 결과가 성공 또는 실패로 결정되는 시행)에서 성공 확률이 p일 때의 확률 분포를 이항분포라 한다.
③ 성공 확률이 p인 독립 베르누이 시행에서 최초로 성공인 시행이 나오기까지 시도한 횟수를 확률변수로 갖는 확률분포를 기하분포라 한다.
④ 지수 분포는 단위 시간 또는 단위 공간에서 어떤 사건이 발생하는 횟수를 나타내는 확률분포이다.

## 18
다음 중 이산확률분포에 속하지 않는 것은 무엇인가?

① 베르누이 분포
② 기하 분포
③ 포아송 분포
④ 지수 분포

## 19
표본 분포의 유형에 대한 설명으로 바르지 않은 것은?

① Z-분포는 표본 통계량이 표본 평균일 때, 이를 표준화시킨 분포이다.
② T-분포는 모집단이 정규 분포라는 정도만 알고, 모표준편차는 모를 때 사용하는 표본 분포이다.
③ 카이제곱 분포는 k개의 서로 독립적인 표준 정규 확률변수를 각각 제곱한 다음 합해서 얻어지는 분포이다.
④ F-분포는 표본 통계량이 두 독립 표본에서 계산된 표본평균들의 비율일 때의 표본 분포이다.

## 20
다음 중 피어슨 상관 계수에 대한 설명으로 바르지 못한 것은?

① $r = \dfrac{\sum_{i=1}^{n}(x_i-\bar{x})(y_i-\bar{y})}{\sqrt{\sum_{i=1}^{n}(x_i-\bar{x})^2}\sqrt{\sum_{i=1}^{n}(y_i-\bar{y})^2}}$ 이다.
② 모집단의 상관 계수와 표본 집단의 상관 계수 계산식은 같다.
③ x와 y가 선형적으로 독립이면 r=1이다.
④ 두 수치형 변수에 대한 상관 관계를 나타낸다.

# 빅데이터 모델링

20문항

## 01
회귀 분석 수행 후 독립변수 선택 방법 중 모든 변수가 유의하며 더 이상 제거할 변수가 없을 때까지 제거하는 방법은 무엇인가?

① 후진 제거법
② 전진 선택법
③ 단계적 선택법
④ 부분 집합법

## 02
다음 중 인공 신경망에서 훈련시키는 값은 무엇인가?

① 뉴런값
② 가중치
③ 손실
④ 활성화 함수

## 03
합성곱 신경망에서 특성 맵의 크기 계산 방법으로 연산의 결과를 낼 때 필요하지 않은 인자는 무엇인가?

① 입력의 크기
② 커널의 크기
③ 스트라이드의 값
④ 필터의 깊이

## 04
다음 중 데이터를 비선형 분류를 하기 위해 커널트릭을 사용하여 주어진 데이터를 고차원 특징 공간으로 사상하는 지도학습 모델은?

① 랜덤 포레스트(Random Forest)
② 로지스틱 회귀(Logistic Regression)
③ 서포트 벡터 머신(Support Vector Machine)
④ 인공 신경망 분석(Artificial Neural Network)

## 05
다음 중 회귀분석의 가정에서 오차항에 대한 가정으로 관련이 없는 것은 무엇인가?

① 정규성
② 등분산성
③ 선형성
④ 독립성

## 06

다음 중 다차원 척도법에 대한 통계 데이터 분석기법으로 바르지 못한 것은 무엇인가?

① 다차원 척도법은 계량적인 방법과 비계량적인 방법으로 구분된다.
② 각 개체들 간의 유클리드 거리 행렬을 계산하고 개체들 간의 비유사성을 공간 상에 표현한다.
③ 간격 척도나 비율 척도로 측정된 데이터는 유클리드 거리를 계산한다.
④ 명목 척도나 서열 척도로 측정된 비계량 데이터(non metrix data)가 포함되면 유클리드 거리로 계산하는 것이 적합하다.

## 07

다음 중 아래 회귀분석 방법에 대한 설명으로 바르지 않은 것은 무엇인가?

$$\text{RSS} + \lambda \sum_{j=1}^{p} |\beta_j|$$

① 라쏘는 제약조건이 절대값이라 아래의 그림처럼 마름모꼴의 형태로 나타난다.
② 라쏘 회귀는 파라미터의 크기에 관계없이 같은 수준의 Regularization을 적용한다.
③ 라쏘는 중요하지 않은 변수를 0으로 만들어 해당 변수를 모델에서 제거한다.
④ 라쏘는 변수 간 상관관계가 높은 상황에서 좋은 예측 성능을 가진다.

## 08

데이터 분석 모델링 절차의 순서를 옳게 나타낸 것은 무엇인가?

① 성능 평가 – 탐색적 분석 – 모델링 – 모델링 마트 설계 – 운영 테스트
② 모델링 – 모델링 마트 설계 – 탐색적 분석 – 성능 평가 – 운영 테스트
③ 모델링 마트 설계 – 탐색적 분석 – 모델링 – 성능 평가 – 운영 테스트
④ 모델링 마트 설계 – 모델링 – 성능 평가 – 탐색적 분석 – 운영 테스트

## 09

다음 중 독립 변수가 시간이나 날짜와 같은 연속형이고 종속 변수가 성별이나 성공여부를 나타내는 범주형일 때 필요한 분석 모델은 무엇인가?

① 다중 선형 회귀
② 의사결정나무
③ 로지스틱 회귀
④ 카이제곱 검정

## 10

아래의 표는 폐암 환자를 예측한 것과 실제 진단 결과를 혼동행렬로 표현한 것이다. 다음 표에서 FP와 TP의 확률을 계산 하시오.

|  |  | 예측(Predicted) | |
|---|---|---|---|
|  |  | 0 | 1 |
| Real | 1 | 30 | 10 |
|  | 0 | 15 | 45 |

① TP : 3/10, FP : 3/20
② TP : 1/10, FP : 9/20
③ TP : 3/10, FP : 1/10
④ TP : 1/10, FP : 3/20

## 11

다음 중 앙상블 기법에서 여러 개의 약한 학습기(weak learner)를 순차적으로 학습-예측하면서 잘못 예측한 데이터에 가중치를 부여해 오류를 개선해 나가며 학습하는 방식으로 예측 성능이 높지만 시간이 오래 걸리고 과적합이 발생하는 단점이 있는 학습 방식으로 바르게 연결된 것은 무엇인가?

① 부스팅 – Random Forest
② 배깅 – Adaboost
③ 배깅 – GBM
④ 부스팅 – GBM

## 12

G사에 입사한 신입사원은 업무 메일보다 스팸 메일을 많이 받는 편이다. 이메일의 80%는 스팸 메일이었다. 메일의 단어를 조사해 보니 90%의 스팸 메일에서 '광고'를 볼 수 있었고, 정상 메일의 5%에서도 '광고'를 볼 수 있었다. 방금 전 받은 메일에 '광고'라는 단어가 들어있는 경우 이 메일이 스팸일 확률을 구하는 공식이 잘못된 것은 무엇인가?

① P(스팸|광고) = P(광고|스팸)P(스팸)/P(광고)로 정의할 수 있다.
② P(스팸) = 0.80, P(광고) = P(광고|스팸)P(스팸) + P(광고|정상)P(정상)로 계산식을 세우면
   P(광고) = 0.90 × 0.80 + 0.05 × 0.20 = 0.73이다.
③ P(스팸|광고) = 0.90 × 0.80 / 0.73 = 98.6%이다.
④ P(정상) = 0.30이다.

## 13

데이터를 학습 세트, 검증 세트, 시험 세트로 분할하는 방법은 무엇인가?

① 카이스퀘어 검증
② 홀드아웃
③ K겹 교차 검증
④ 유효성 Test

## 14
다음 중 비지도 학습이 아닌 것은 무엇인가?

① 블로그 방문자들을 성별, 날짜, 연령대로 그룹화
② 개와 고양이 시각화와 차원 축소
③ 중고차 가격 예측을 위한 주행거리 측정
④ 신용카드의 부정거래 감지

## 15
그림과 같이 손 글씨를 학습시킨 후 라벨링 되지 않은 손 글씨를 맞추는 모델 분석 방법은 무엇인가?

① 회귀  ② 분류  ③ 예측  ④ 군집

## 16
수도권 내 지역을 도시적 특성에 따라 도시의 구성요소인 인구, 활동, 토지 및 시설을 나타내는 지표로 나누고자 할 경우 올바른 분석 방법은?

① 회귀  ② 분류  ③ 예측  ④ 군집

## 17
다음 중 시계열 분석과 관련된 내용이 아닌 것은 무엇인가?

① 지수 평활법
② 이동 평균법
③ 자기 회귀
④ 군집화

## 18
다음 중 비정형 데이터 처리법에 대한 설명으로 바르지 못한 것은 무엇인가?

① 텍스트 데이터를 수집하기 위해서 크롤링 또는 스크래핑 기술을 사용한다.
② 음성은 푸리에 변환을 통해 주파수 분석을 할 수 있다.
③ 웹문서는 크롤링을 통해 정보를 저장할 수 있다.
④ 사진은 흑백으로 변환한 값을 저장한다.

## 19
랜덤 포레스트에 대한 설명으로 바르지 못한 것은 무엇인가?

① 여러 의사 결정 나무를 생성한 후에 다수결 또는 평균에 따라 출력 변수를 예측하는 알고리즘이다.
② 데이터의 수가 많아지면 의사 결정나무에 비해 속도가 크게 떨어진다.
③ 과적합을 방지하며 결측치에 영향을 적게 받는다.
④ 결과에 대한 해석이 쉬운 장점이 있다.

## 20
K-Fold 교차 검증에 대한 설명으로 바르지 못한 설명은 무엇인가?

① k=5일 경우 전체 데이터 셋을 5등분한다.
② 훈련 셋은 k-1개의 데이터 셋을 사용한다.
③ 총 k-1개의 성능 결과가 나온다.
④ k개의 평균을 해당 학습 모델의 성능으로 한다.

## 빅데이터 결과 해석

**20문항**

### 01
다음 중 활쏘기 분석 모형에서 분산과 편향에 대한 설명이 바르지 못한 것은 무엇인가?

① 예측값들끼리 정답 근방에 서로 몰려 있는 경우 분산이 낮고 편향이 낮다.
② 예측값들이 대체로 정답 근방에 있을 때 편향이 낮고 흩어짐 정도가 크면 분산이 높다.
③ 예측값들이 정답과 멀어져 있는경우 편향이 높다
④ 편향이 높고 분산이 높을수록 좋은 분석 모델이라고 할 수 있다.

### 02
다음 중 신경망 모형의 하이퍼 파라미터가 아닌 것은 무엇인가?

① 학습률
② 배치크기
③ Hidden Layer 수
④ 가중치

### 03
다음 중 관계 시각화 방법이 아닌 것은 무엇인가?

① 산점도
② 버블 차트
③ 히스토그램
④ 히트맵

### 04
다음 중 축에 측정 값을 표시하는 비교 시각화 방법이 아닌 것은 무엇인가?

① 레이더 차트
② 방사 차트
③ 버블 차트
④ 스타 차트

### 05
불균형 데이터 상태 그대로 예측하게 되면 과적합 문제가 발생할 수 있다. 데이터 불균형을 해소하기 위한 방법으로 바르지 못한 것은 무엇인가?

① Under sampling
② Over sampling
③ Weight balancing
④ Cross sampling

## 06

다음 중 ROC curve에 대한 설명이 바르지 못한 것은 무엇인가?

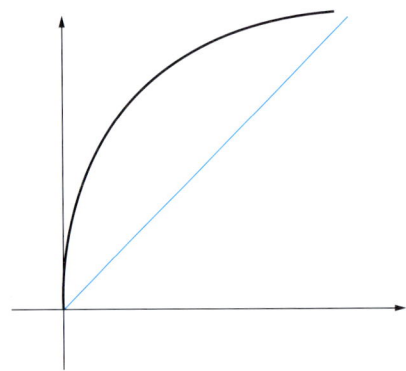

① x축은 FPR 1- 특이도(가짜 중에 가짜를 찾은 비율) 값이다.
② y축은 민감도로 진짜 중에 진짜를 찾은 비율이다.
③ 곡선 아래 면적이 0에 가까울수록 분석모형의 성능이 좋다.
④ 곡선이 좌측 상단에 위치할수록 유용하다.

## 07

다음 중 심장질환 환자를 관측하기 위해 행은 알고리즘이 예측하는 클래스, 열은 실제 관측 클래스로 네가지 상황을 행렬로 나타낸 것은 무엇인가?

① AUC 곡선
② 혼동 행렬
③ 항등 행렬
④ 확률 분포표

## 08

다음 중 머신러닝의 원리에서 고혈압을 진단하는 알고리즘을 만들 때 고혈압 발생에 영향을 미치는 요소 예를 들어 식습관, 흡연, 술, 수면, 스트레스와 같은 학습한 결과로 구해지는 파라미터를 무엇이라 하는가?

① 학습률
② 커널
③ 가중치
④ 배치 크기

## 09

다음 중 K 평균 알고리즘에서 군집 분석을 할 경우 오차 제곱합이 최소가 되도록 군집의 중심을 결정해 나가는 방법을 무엇이라고 하는가?

① 와드 연결법
② 엘보우 기법
③ 실루엣 기법
④ 드롭아웃(Dropout)

## 10
정밀도와 재현율의 조화평균으로 전체 모형의 성능을 평가하는 것을 무엇이라 하는가?

① 나이브베이즈 분류
② F1-score
③ 민감도
④ 특이도

## 11
다음 중 종속 변수가 범주형인 이항 분포를 따르고 그 모수가 독립변수에 의존한다고 가정하는 분석 방법은 무엇인가?

① 분산 분석
② 로지스틱 회귀분석
③ 연관 분석
④ 의사결정나무

## 12
다음 중 인포그래픽에 대한 설명으로 옳은 것은 무엇인가?

① 다양한 그래픽 정보를 수치화하는 것이다.
② 딥러닝을 학습시킬 때 이미지 학습을 위한 도구로 사용된다.
③ 도표나 글보다 이해하기가 어렵다.
④ 데이터의 패턴, 구조를 통해 관계성을 밝히는 것이 목적이다.

## 13
다음 중 카이제곱 검정에 대한 설명으로 바르지 못한 것은 무엇인가?

① 두 개 이상의 범주형 자료가 동일한 분포를 갖는 모집단에서 추출될 지 검정한다.
② 기대 빈도는 귀무가설에 의해 만들어진다.
③ 기대 빈도와 관측 빈도의 차이가 클수록 카이제곱 통계량이 커진다.
④ 카이제곱 통계량이 0.05보다 작으면 귀무가설을 채택한다.

## 14
다음 중 분석 모형 평가 지표에 대한 설명으로 바르지 못한 것은 무엇인가?

① 종속 변수가 범주형인 경우 분류가 주목적이며 연속형인 경우 예측이 주목적이다.
② 정분류율은 전체 관측치 중 실제값과 예측값이 일치한 정도를 나타낸다.
③ 실제값이 False인 관측치 중 예측치가 적당한 정도를 민감도라 한다.
④ ROC 곡선은 모든 분류 임계값에서 분류 모델의 성능을 보여주는 그래프이다.

## 15

제품을 생산하는 제조 공장에서 품질 테스트시 분석 모형 진단 평가에 대한 설명으로 바르지 못한 것은 무엇인가?

|  | 불량품이라고 예측 | 정상제품이라고 예측 |
|---|---|---|
| 실제로 불량품 | True Positive | False Negative |
| 실제로 정상제품 | False Positive | True Negative |

① 정확도는 전체 샘플 중 맞게 예측한 샘플 수의 비율을 뜻하며 TP+TN/TP+TN+FP+FN으로 평가한다.
② 정밀도는 불량품이라고 판단한 제품 중 실제 불량일 확률로 TP/ TP + FP이다.
③ 민감도 또는 재현율이라 하며 TP/TP+FN이다.
④ 1에서 F 점수를 뺀 값을 특이도라고 한다.

## 16

다음 중 분석 모형 검증에 대한 설명으로 바르지 않은 것은 무엇인가?

① 홀드아웃은 랜덤추출 방식으로 훈련용, 검증용, 테스트셋으로 나눈다.
② 교차 검증은 데이터를 k개로 나누어 k번 반복 측정한다.
③ 붓스트랩은 훈련용 데이터를 반복 재선정한다.
④ 데이터가 한쪽으로 편향되어 있을 경우 K겹 교차검증을 사용하면 성능 평가가 잘 된다.

## 17

다음 중 분류 모형 평가지표가 아닌 것은?

① 혼동 행렬
② ROC Curve
③ AUC
④ 결정계수

## 18

다음 중 시계열 분해법으로 볼 수 없는 자료는 무엇인가?

① 추세(Trend)
② 순환(Cycle)
③ 잔차(Residual)
④ 일정(Timeline)

## 19

다음 회귀모형 결과에 대한 설명으로 바르지 못한 것은 무엇인가?

```
Call:
lm(formula = cars)

Residuals:
    Min      1Q   Median      3Q     Max
-7.5293  -2.1550  0.3615  2.4377  6.4179

Coefficients:
            Estimate Std. Error t value Pr(>|t|)
(Intercept)  8.28391    0.87438   9.474 1.44e-12 ***
dist         0.16557    0.01749   9.464 1.49e-12 ***
---
Signif. codes:
0 '***' 0.001 '**' 0.01 '*' 0.05 '.' 0.1 ' ' 1

Residual standard error: 3.156 on 48 degrees of freedom
Multiple R-squared:  0.6511,    Adjusted R-squared:  0.6438
F-statistic: 89.57 on 1 and 48 DF,  p-value: 1.49e-12
```

① Y(예측치) = 8.28391 + (0.16557 × x) + e로 표현할 수 있다.
② 유의 수준 0.05에서 dist의 예측값은 0.16557이다.
③ 회귀직선이 종속변수의 몇 %를 설명할 수 있는지 확인하기 위한 수정된 결정계수의 값은 0.6511이다.
④ 자유도는 48이고 잔차의 표준오차는 3.156이다.

## 20

다음 회귀 모형의 잔차도에 대한 그래프에 대한 설명과 진단 방법이 바르게 설명된 것은 무엇인가?

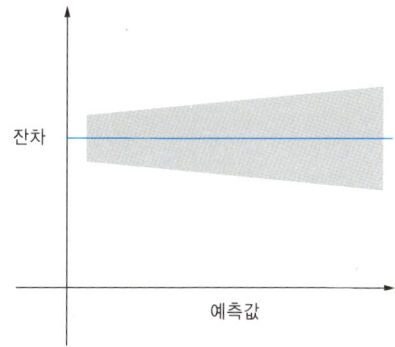

① 잔차가 무작위 패턴으로 독립 변수의 이차항이나 다차항을 삽입한다.
② 잔차와 예측값의 산점도가 이차 함수 형태를 가지므로 독립변수의 제곱 항이 필요하다.
③ 등분산성이 무너져 예측값이 커지거나 작아지므로 종속변수 변환을 통해 Log변환을 하는 것이 일반적이다.
④ 잔차의 평균은 0으로 새로운 변수가 필요하다.

# 실전 모의고사 1회 정답

## 빅데이터 분석 기획

| 문번 | 1 | 2 | 3 | 4 | 5 | 6 | 7 | 8 | 9 | 10 |
|---|---|---|---|---|---|---|---|---|---|---|
| 정답 | 4 | 2 | 1 | 4 | 2 | 4 | 1 | 2 | 2 | 2 |
| 문번 | 11 | 12 | 13 | 14 | 15 | 16 | 17 | 18 | 19 | 20 |
| 정답 | 2 | 1 | 1 | 4 | 1 | 4 | 2 | 4 | 2 | 4 |

## 빅데이터 탐색

| 문번 | 1 | 2 | 3 | 4 | 5 | 6 | 7 | 8 | 9 | 10 |
|---|---|---|---|---|---|---|---|---|---|---|
| 정답 | 3 | 2 | 4 | 4 | 4 | 1 | 2 | 4 | 2 | 2 |
| 문번 | 11 | 12 | 13 | 14 | 15 | 16 | 17 | 18 | 19 | 20 |
| 정답 | 4 | 2 | 2 | 3 | 4 | 3 | 3 | 4 | 2 | 2 |

## 빅데이터 모델링

| 문번 | 1 | 2 | 3 | 4 | 5 | 6 | 7 | 8 | 9 | 10 |
|---|---|---|---|---|---|---|---|---|---|---|
| 정답 | 4 | 4 | 3 | 3 | 1 | 4 | 4 | 3 | 3 | 4 |
| 문번 | 11 | 12 | 13 | 14 | 15 | 16 | 17 | 18 | 19 | 20 |
| 정답 | 1 | 1 | 2 | 1 | 4 | 1 | 3 | 4 | 2 | 4 |

## 빅데이터 결과 해석

| 문번 | 1 | 2 | 3 | 4 | 5 | 6 | 7 | 8 | 9 | 10 |
|---|---|---|---|---|---|---|---|---|---|---|
| 정답 | 3 | 3 | 1 | 2 | 2 | 3 | 1 | 3 | 1 | 2 |
| 문번 | 11 | 12 | 13 | 14 | 15 | 16 | 17 | 18 | 19 | 20 |
| 정답 | 4 | 3 | 4 | 3 | 4 | 4 | 3 | 1 | 1 | 1 |

# 실전 모의고사 2회 정답

## 빅데이터 분석 기획

| 문 번 | 1 | 2 | 3 | 4 | 5 | 6 | 7 | 8 | 9 | 10 |
|---|---|---|---|---|---|---|---|---|---|---|
| 정 답 | 4 | 4 | 2 | 2 | 3 | 1 | 4 | 1 | 2 | 3 |
| 문 번 | 11 | 12 | 13 | 14 | 15 | 16 | 17 | 18 | 19 | 20 |
| 정 답 | 1 | 2 | 3 | 3 | 1 | 2 | 2 | 3 | 3 | 4 |

## 빅데이터 탐색

| 문 번 | 1 | 2 | 3 | 4 | 5 | 6 | 7 | 8 | 9 | 10 |
|---|---|---|---|---|---|---|---|---|---|---|
| 정 답 | 3 | 4 | 4 | 1 | 2 | 2 | 4 | 4 | 1 | 3 |
| 문 번 | 11 | 12 | 13 | 14 | 15 | 16 | 17 | 18 | 19 | 20 |
| 정 답 | 3 | 2 | 1 | 1 | 4 | 3 | 1 | 4 | 1 | 4 |

## 빅데이터 모델링

| 문 번 | 1 | 2 | 3 | 4 | 5 | 6 | 7 | 8 | 9 | 10 |
|---|---|---|---|---|---|---|---|---|---|---|
| 정 답 | 1 | 2 | 3 | 1 | 1 | 2 | 1 | 4 | 3 | 4 |
| 문 번 | 11 | 12 | 13 | 14 | 15 | 16 | 17 | 18 | 19 | 20 |
| 정 답 | 1 | 4 | 4 | 2 | 4 | 1 | 4 | 2 | 3 | 4 |

## 빅데이터 결과 해석

| 문 번 | 1 | 2 | 3 | 4 | 5 | 6 | 7 | 8 | 9 | 10 |
|---|---|---|---|---|---|---|---|---|---|---|
| 정 답 | 3 | 2 | 4 | 4 | 4 | 3 | 4 | 4 | 3 | 3 |
| 문 번 | 11 | 12 | 13 | 14 | 15 | 16 | 17 | 18 | 19 | 20 |
| 정 답 | 4 | 1 | 1 | 3 | 2 | 1 | 3 | 1 | 4 | 1 |

## 실전 모의고사 3회 정답

### 빅데이터 분석 기획

| 문번 | 1 | 2 | 3 | 4 | 5 | 6 | 7 | 8 | 9 | 10 |
|---|---|---|---|---|---|---|---|---|---|---|
| 정답 | 4 | 4 | 1 | 3 | 3 | 4 | 2 | 2 | 3 | 3 |
| 문번 | 11 | 12 | 13 | 14 | 15 | 16 | 17 | 18 | 19 | 20 |
| 정답 | 4 | 4 | 4 | 1 | 3 | 2 | 1 | 1 | 3 | 1 |

### 빅데이터 탐색

| 문번 | 1 | 2 | 3 | 4 | 5 | 6 | 7 | 8 | 9 | 10 |
|---|---|---|---|---|---|---|---|---|---|---|
| 정답 | 2 | 4 | 4 | 1 | 1 | 2 | 1 | 3 | 4 | 1 |
| 문번 | 11 | 12 | 13 | 14 | 15 | 16 | 17 | 18 | 19 | 20 |
| 정답 | 2 | 3 | 3 | 1 | 3 | 1 | 2 | 1 | 4 | 3 |

### 빅데이터 모델링

| 문번 | 1 | 2 | 3 | 4 | 5 | 6 | 7 | 8 | 9 | 10 |
|---|---|---|---|---|---|---|---|---|---|---|
| 정답 | 1 | 4 | 1 | 3 | 2 | 4 | 1 | 4 | 4 | 3 |
| 문번 | 11 | 12 | 13 | 14 | 15 | 16 | 17 | 18 | 19 | 20 |
| 정답 | 1 | 1 | 1 | 2 | 1 | 4 | 2 | 4 | 3 | 2 |

### 빅데이터 결과 해석

| 문번 | 1 | 2 | 3 | 4 | 5 | 6 | 7 | 8 | 9 | 10 |
|---|---|---|---|---|---|---|---|---|---|---|
| 정답 | 3 | 3 | 2 | 1 | 1 | 1 | 3 | 3 | 2 | 1 |
| 문번 | 11 | 12 | 13 | 14 | 15 | 16 | 17 | 18 | 19 | 20 |
| 정답 | 4 | 1 | 1 | 1 | 2 | 3 | 2 | 1 | 4 | 1 |

# 실전 모의고사 4회 정답

## 빅데이터 분석 기획

| 문번 | 1 | 2 | 3 | 4 | 5 | 6 | 7 | 8 | 9 | 10 |
|---|---|---|---|---|---|---|---|---|---|---|
| 정답 | 4 | 1 | 4 | 4 | 3 | 3 | 2 | 3 | 4 | 4 |
| 문번 | 11 | 12 | 13 | 14 | 15 | 16 | 17 | 18 | 19 | 20 |
| 정답 | 4 | 4 | 4 | 3 | 4 | 3 | 4 | 3 | 1 | 4 |

## 빅데이터 탐색

| 문번 | 1 | 2 | 3 | 4 | 5 | 6 | 7 | 8 | 9 | 10 |
|---|---|---|---|---|---|---|---|---|---|---|
| 정답 | 3 | 1 | 2 | 1 | 2 | 1 | 3 | 1 | 4 | 4 |
| 문번 | 11 | 12 | 13 | 14 | 15 | 16 | 17 | 18 | 19 | 20 |
| 정답 | 1 | 4 | 1 | 2 | 4 | 2 | 2 | 3 | 4 | 4 |

## 빅데이터 모델링

| 문번 | 1 | 2 | 3 | 4 | 5 | 6 | 7 | 8 | 9 | 10 |
|---|---|---|---|---|---|---|---|---|---|---|
| 정답 | 3 | 1 | 3 | 3 | 2 | 4 | 3 | 4 | 1 | 2 |
| 문번 | 11 | 12 | 13 | 14 | 15 | 16 | 17 | 18 | 19 | 20 |
| 정답 | 3 | 4 | 3 | 4 | 3 | 3 | 4 | 4 | 4 | 2 |

## 빅데이터 결과 해석

| 문번 | 1 | 2 | 3 | 4 | 5 | 6 | 7 | 8 | 9 | 10 |
|---|---|---|---|---|---|---|---|---|---|---|
| 정답 | 3 | 1 | 2 | 4 | 3 | 3 | 1 | 4 | 4 | 2 |
| 문번 | 11 | 12 | 13 | 14 | 15 | 16 | 17 | 18 | 19 | 20 |
| 정답 | 3 | 4 | 1 | 4 | 1 | 1 | 4 | 2 | 1 | 1 |

# 실전 모의고사 5회 정답

## 빅데이터 분석 기획

| 문 번 | 1 | 2 | 3 | 4 | 5 | 6 | 7 | 8 | 9 | 10 |
|---|---|---|---|---|---|---|---|---|---|---|
| 정 답 | 1 | 2 | 3 | 2 | 2 | 3 | 3 | 3 | 4 | 1 |
| 문 번 | 11 | 12 | 13 | 14 | 15 | 16 | 17 | 18 | 19 | 20 |
| 정 답 | 4 | 4 | 2 | 1 | 1 | 4 | 4 | 4 | 2 | 3 |

## 빅데이터 탐색

| 문 번 | 1 | 2 | 3 | 4 | 5 | 6 | 7 | 8 | 9 | 10 |
|---|---|---|---|---|---|---|---|---|---|---|
| 정 답 | 3 | 4 | 4 | 4 | 1 | 1 | 1 | 1 | 1 | 4 |
| 문 번 | 11 | 12 | 13 | 14 | 15 | 16 | 17 | 18 | 19 | 20 |
| 정 답 | 1 | 1 | 4 | 2 | 2 | 4 | 4 | 4 | 4 | 3 |

## 빅데이터 모델링

| 문 번 | 1 | 2 | 3 | 4 | 5 | 6 | 7 | 8 | 9 | 10 |
|---|---|---|---|---|---|---|---|---|---|---|
| 정 답 | 1 | 2 | 4 | 3 | 3 | 4 | 4 | 3 | 3 | 1 |
| 문 번 | 11 | 12 | 13 | 14 | 15 | 16 | 17 | 18 | 19 | 20 |
| 정 답 | 4 | 4 | 2 | 3 | 2 | 4 | 4 | 4 | 4 | 3 |

## 빅데이터 결과 해석

| 문 번 | 1 | 2 | 3 | 4 | 5 | 6 | 7 | 8 | 9 | 10 |
|---|---|---|---|---|---|---|---|---|---|---|
| 정 답 | 4 | 4 | 1 | 2 | 4 | 3 | 2 | 3 | 2 | 2 |
| 문 번 | 11 | 12 | 13 | 14 | 15 | 16 | 17 | 18 | 19 | 20 |
| 정 답 | 2 | 4 | 4 | 3 | 4 | 4 | 4 | 4 | 3 | 3 |